U0570116

萬曆

紹興府志

1

紹興大典

史部

中華書局

圖書在版編目（CIP）數據

（萬曆）紹興府志 /（明）蕭良榦修；（明）張元忭，（明）孫鑛纂．－北京：中華書局，2024.6．－（紹興大典）．－ISBN 978-7-101-16922-5

Ⅰ．K295.53

中國國家版本館 CIP 數據核字第 2024EK1721 號

書　　名	（萬曆）紹興府志（全六册）
叢 書 名	紹興大典・史部
修　　者	〔明〕蕭良榦
纂　　者	〔明〕張元忭　孫鑛
項目策劃	許旭虹
責任編輯	梁五童
裝幀設計	許麗娟
責任印製	管　斌
出版發行	中華書局
	（北京市豐臺區太平橋西里38號 100073）
	http: // www. zhbc. com. cn
	E-mail: zhbc@zhbc. com. cn
印　　刷	天津藝嘉印刷科技有限公司
版　　次	2024年6月第1版
	2024年6月第1次印刷
規　　格	開本787×1092毫米　1/16
	印張214¼　插頁6
國際書號	ISBN 978-7-101-16922-5
定　　價	2800.00元

學術顧問

（按姓氏筆畫排序）

安平秋　李　岩　吴　格

袁行霈　張志清　葛劍雄

樓宇烈

編纂工作指導委員會

主　　任　盛閱春（二〇二二年九月至二〇二三年一月在任）
　　　　　温　暖　施惠芳　肖啓明　熊遠明

第一副主任　丁如興

副 主 任　陳偉軍　汪俊昌　馮建榮

成　　員（按姓氏筆畫排序）
　　　　　王静静　朱全紅　沈志江　金水法　俞正英
　　　　　胡華良　茹福軍　徐　軍　陳　豪　黄旭榮
　　　　　裘建勇　樓　芳　魯霞光　魏建東

編纂委員會

序

紹興是國務院公布的首批中國歷史文化名城，是中華文明的多點起源地之一和越文化的發祥、壯大之地。從嵊州小黄山遺址迄今，已有一萬多年的文化史；從大禹治水迄今，已有四千多年的文明史；從越國築句踐小城和山陰大城迄今，已有兩千五百多年的建城史。建炎四年（一一三〇），宋高宗駐蹕越州，取義「紹奕世之宏庥，興百年之丕緒」，次年改元紹興，賜名紹興府，領會稽、山陰、蕭山、諸暨、餘姚、上虞、嵊、新昌等八縣。元改紹興路，明初復爲紹興府，清沿之。

紹興坐陸面海，嶽峙川流，風光綺麗，物産富饒，民風淳樸，士如過江之鯽，彬彬稱盛。春秋末越國有「八大夫」佐助越王卧薪嘗膽，力行「五政」，崛起東南，威續戰國，四分天下有其一，成就越文化的第一次輝煌。秦漢一統後，越文化從尚武漸變崇文。晋室東渡，北方士族大批南遷，王、謝諸大家紛紛遷居於此，一時人物之盛，雲蒸霞蔚，學術與文學之盛冠於江左，給越文化注入了新的活力。唐時的越州是詩人行旅歌詠之地，形成一條江南唐詩之路。至宋代，尤其是宋室南遷後，越中理學繁榮，文學昌盛，領一時之先。明代陽明心學崛起，這一時期的越文化，宣導致良知、知行合一，重於事功，伴隨而來的是越中詩文、書畫、戲曲的興盛。明清易代，有劉宗周等履忠蹈義，慷慨赴死，亦有黄宗羲率其門人，讀書窮經，關注世用，成其梨洲一派。至清中葉，會稽章學誠等人紹承梨洲之學而開浙東史學之新局。晚清至現代，越中知識分子心懷天下，秉持先賢「膽劍精神」，再次站在歷史變革的潮頭，蔡元培、魯迅等人「開拓越學」，使紹興成爲新文化運動和新民主主義革命的重要陣地。越文化兼容並包，與時偕變，勇於創新，隨着中國社會歷史的變遷，無論其内涵和特質發生何種變化，均以其獨特、强盛的生命力，推動了中華文明的發展。

文獻典籍承載着廣博厚重的精神財富、生生不息的歷史文脉。紹興典籍之富，甲於東南，號爲文獻之邦。從兩漢到魏晋再至近現代，紹興人留下了浩如煙海、綿延不斷的文獻典籍。陳橋驛先生在《紹興地方文獻考録·前言》中説：「紹興是我國歷史上地方文獻最豐富的地方之一。」有我國地方志的開山之作《越絶書》，有唯物主義的哲學巨著《論衡》，有書法藝術和文學價值均登峰造極的《蘭亭集序》，有詩爲「中興之冠」的陸游《劍南詩稿》，有輯録陽明心學精義的儒學著作《傳習録》等，這些文獻，不僅對紹興一地具有重要價值，對浙江乃至全國來説，也有深遠意義。

紹興藏書文化源遠流長。歷史上的藏書家多達百位，知名藏書樓不下三十座，其中以澹生堂最爲著名，藏書十萬餘卷。近現代，紹興又首開國内公共圖書館之先河。光緒二十六年（一九〇〇），紹興鄉紳徐樹蘭獨力捐銀三萬餘兩，圖書七萬餘卷，創辦國内首個公共圖書館——古越藏書樓。越中多名士，自也與藏書聚書風氣有關。

習近平總書記强調，「我們要加强考古工作和歷史研究，讓收藏在博物館裏的文物、陳列在廣闊大地上的遺産、書寫在古籍裏的文字都活起來，豐富全社會歷史文化滋養」。黨的十八大以來，黨中央站在實現中華民族偉大復興的高度，對傳承和弘揚中華優秀傳統文化作出一系列重大決策部署。中共中央辦公廳、國務院辦公廳二〇一七年一月印發了《關於實施中華優秀傳統文化傳承發展工程的意見》，二〇二二年四月又印發了《關於推進新時代古籍工作的意見》。

盛世修典，是中華民族的優秀傳統，是國家昌盛的重要象徵。近年來，紹興地方文獻典籍的利用呈現出多層次、多方位探索的局面，從文史界到全社會都在醞釀進一步保護、整理、開發、利用紹興歷史文獻的措施，形成了廣泛共識。中共紹興市委、市政府深入學習貫徹習近平總書記重要指示精神，積極響應國家重大戰略部署，以提振紹興人文氣運的文化自覺和存續一方文脉的歷史擔當，作出了編纂出版《紹興大典》的重大決定，計劃用十年時間，系統、全面、客觀梳理紹興文化傳承脉絡，收集、整理、編纂、出版紹興地方歷史文獻。二〇二二年十月，中共紹興市委辦公室、紹興市人民政府辦公室印發《關於〈紹興大典〉編纂出版工作實施方案的通知》。自此，《紹興大典》編纂出版各項工作開始有序推進。

百餘年前，魯迅先生提出「開拓越學，俾其曼衍，至於無疆」的願景，今天，我們繼先賢之志，實施紹興歷史上前無古人的文化工程，希冀通過《紹興大典》的編纂出版，從浩瀚的紹興典籍中尋找歷史印記，從豐富的紹興文化中挖掘鮮活資源，從悠遠的紹興歷史中把握發展脉絡，古爲今用，繼往開來，爲新時代「文化紹興」建設注入强大動力。我們將懷敬畏之心，以古人「三不朽」的立德修身要求，爲紹興這座中國歷史文化名城和「東亞文化之都」立傳畫像，爲全世界紹興人築就恒久的精神家園。

是爲序。

温暖

二〇二三年十月

前言

越國故地，是中華文明的重要起源地，中華優秀傳統文化的重要貢獻地，中華文獻典籍的重要誕生地。紹興，是越國古都，國務院公布的第一批歷史文化名城。編纂出版《紹興大典》，是綿延中華文獻之大計，弘揚中華文化之良策，傳承中華文明之壯舉。

一

紹興有源遠流長的文明，是中華文明的縮影。

中國有百萬年的人類史，一萬年的文化史，五千多年的文明史。中華文明，是中華民族長期實踐的積累，集體智慧的結晶，不斷發展的產物。各個民族，各個地方，都爲中華文明作出了自己獨具特色的貢獻。紹興人同樣爲中華文明的起源與發展，作出了自己傑出的貢獻。

現代考古發掘表明，早在約十六萬年前，於越先民便已經在今天的紹興大地上繁衍生息。二〇一七年初，在嵊州崇仁安江村蘭山廟附近，出土了於越先民約十六萬年前使用過的打製石器[一]。這是曹娥江流域首次發現的舊石器遺存，爲探究這一地區中更新世晚期至晚更新世早期的人類活動、

[一] 陸瑩等撰《浙江蘭山廟舊石器遺址網紋紅土釋光測年》，《地理學報》英文版，二〇二〇年第九期，第一四三六至一四五〇頁。

華南地區與現代人起源的關係、小黄山遺址的源頭等提供了重要綫索。

距今約一萬至八千年的嵊州小黄山遺址[一]，於二〇〇六年與上山遺址一起，被命名爲上山文化。該遺址中的四個重大發現，引人矚目：一是水稻實物的穀粒印痕遺存，以及儲藏坑、鐮形器、石磨棒、石磨盤等稻米儲存空間與收割、加工工具的遺存；二是種類與器型衆多的夾砂、夾炭、夾灰紅衣陶與黑陶等遺存；三是我國迄今發現的最早的立柱建築遺存，以及石杵立柱遺存；四是我國新石器時代遺址中迄今發現的最早的石雕人首。

蕭山跨湖橋遺址出土的山茶種實，表明於越先民在八千多年前已開始對茶樹及茶的利用與探索[二]。距今約六千年前的餘姚田螺山遺址發現的山茶屬茶樹根遺存，有規則地分布在聚落房屋附近，特别是其中出土了一把與現今茶壺頗爲相似的陶壺，表明那時的於越先民已經在有意識地種茶用茶了[三]。

對美好生活的嚮往無止境，創新便無止境。於越先民在一萬年前燒製出世界上最早的彩陶的基礎上[四]，經過數千年的探索實踐，終於在夏商之際，燒製出了人類歷史上最早的原始瓷[五]；繼而又在東漢時，燒製出了人類歷史上最早的成熟瓷。現代考古發掘表明，漢時越地的窑址，僅曹娥江兩岸的上虞，就多達六十一處[六]。

中國是目前發現早期稻作遺址最多的國家，是世界上最早發現和利用茶樹的國家，更是瓷器的故

〔一〕浙江省文物考古研究所編《上山文化：發現與記述》，文物出版社二〇一六年版，第七一頁。

〔二〕浙江省文物考古研究所、蕭山博物館編《跨湖橋》，文物出版社二〇〇四年版，彩版四五。

〔三〕北京大學中國考古學研究中心、浙江省文物考古研究所編《田螺山遺址自然遺存綜合研究》，文物出版社二〇一一年版，第一一七頁。

〔四〕孫瀚龍、趙曄著《浙江史前陶器》，浙江人民出版社二〇二二年版，第三頁。

〔五〕鄭建華、謝西營、張馨月著《浙江古代青瓷》，浙江人民出版社二〇二二年版，上册，第四頁。

〔六〕宋建明主編《早期越窑——上虞歷史文化的豐碑》，中國書店二〇一四年版，第二四頁。

鄉。《（嘉泰）會稽志》卷十七記載「會稽之産稻之美者，凡五十六種」，稻作文明的進步又直接促成了紹興釀酒業的發展。同卷又單列「日鑄茶」一條，釋曰「日鑄嶺在會稽縣東南五十五里，嶺下有僧寺名資壽，其陽坡名油車，朝暮常有日，産茶絶奇，故謂之日鑄」。可見紹興歷史上物質文明之發達，真可謂「天下無儔」。

二

紹興有博大精深的文化，是中華文化的縮影。

文化是一條源遠流長的河，流過昨天，流到今天，還要流向明天。悠悠萬事若曇花一現，唯有文化與日月同輝。

大量的歷史文獻與遺址古迹表明，四千多年前，大禹與紹興結下了不解之緣。大禹治平天下之水，漸九川，定九州，至於諸夏乂安，《史記·夏本紀》載：「禹會諸侯江南，計功而崩，因葬焉，命曰會稽。會稽者，會計也。」裴駰注引《皇覽》曰：「禹冢在山陰縣會稽山上。會稽山本名苗山，在縣南，去縣七里。」《（嘉泰）會稽志》卷六「大禹陵」：「禹巡守江南，上苗山，會稽諸侯，死而葬焉。……劉向書云：禹葬會稽，不改其列，謂不改林木百物之列也。苗山自禹葬後，更名會稽。是山之東，有隴隱若劍脊，西嚮而下，下有窆石，或云此正葬處。」另外，大禹在以會稽山爲中心的越地，還有一系列重大事迹的記載，包括娶妻塗山、得書宛委、畢功了溪、誅殺防風、禪祭會稽、築治邑室等。

以至越王句踐，「其先禹之苗裔，而夏后帝少康之庶子也，封於會稽，以奉守禹之祀」（《史記·越王句踐世家》）。句踐的功績，集中體現在他一系列的改革舉措以及由此而致的强國大業上。

他創造了「法天象地」這一中國古代都城選址與布局的成功範例，奠定了近一個半世紀越國號稱天下强國的基礎，造就了紹興發展史上的第一個高峰，更實現了東周以來中國東部沿海地區暨長江下游地區的首次一體化，讓人們在數百年的分裂戰亂當中，依稀看到了一統天下的希望，爲後來秦始皇統一中國，建立真正大一統的中央政權，進行了區域性的準備。因此，司馬遷稱：「苗裔句踐，苦身焦思，終滅强吴，北觀兵中國，以尊周室，號稱霸王。句踐可不謂賢哉！蓋有禹之遺烈焉。」

千百年來，紹興涌現出了諸多譽滿海内、雄稱天下的思想家，他們的著述世不絶傳、遺澤至今，他們的思想卓犖英發、光彩奪目。哲學領域，聚諸子之精髓，啓後世之思想。政治領域，以家國之情懷，革社會之弊病。經濟領域，重生民之生業，謀民生之大計。教育領域，育天下之英才，啓時代之新風。史學領域，創史志之新例，傳千年之文脉。

紹興是中國古典詩歌藝術的寶庫。四言詩《候人歌》被稱爲「南音之始」。於越《彈歌》是我國文學史上僅存的二言詩。《越人歌》是越地的第一首情歌、中國的第一首譯詩。山水詩的鼻祖，是上虞人謝靈運。唐代，這裏涌現出了賀知章等三十多位著名詩人。宋元時，這裏出了别開詩歌藝術天地的陸游、王冕、楊維楨。

紹興是中國傳統書法藝術的故鄉。鳥蟲書與《會稽刻石》中的小篆，影響深遠。中國的文字成爲藝術品之習尚；文字由書寫轉向書法，是從越人的鳥蟲書開始的。而自王羲之《蘭亭序》之後，紹興更是成爲中國書法藝術的聖地。翰墨碑刻，代有名家精品。

紹興是中國古代繪畫藝術的重鎮。世界上最早彩陶的燒製，展現了越人的審美情趣。「文身斷髮」與「鳥蟲書」，實現了藝術與生活最原始的結合。戴逵與戴顒父子、僧仲仁、王冕、徐渭、陳洪綬、趙之謙、任熊、任伯年等在中國繪畫史上有開宗立派的地位。

一九一二年一月，魯迅爲紹興《越鐸日報》創刊號所作發刊詞中寫道：「於越故稱無敵於天下，海岳精液，善生俊異，後先絡繹，展其殊才；其民復存大禹卓苦勤勞之風，同句踐堅確慷慨之志，力作治生，綽然足以自理。」可見，紹興自古便是中華文化的重要發源地與傳承地，紹興人更是世代流淌着「卓苦勤勞」「堅確慷慨」的精神血脉。

三

紹興有琳琅滿目的文獻，是中華文獻的縮影。

自有文字以來，文獻典籍便成了人類文明與人類文化的基本載體。紹興地方文獻同樣爲中華文明與中華文化的傳承發展，作出了傑出的貢獻。

中華文明之所以成爲世界上唯一没有中斷、綿延至今、益發輝煌的文明，在於因文字的綿延不絶而致的文獻的源遠流長、浩如煙海。中華文化之所以成爲中華民族有别於世界上其他任何民族的顯著特徵並流傳到今天，靠的是中華兒女一代又一代的言傳身教、口口相傳，更靠的是文獻典籍一代又一代的忠實書寫、守望相傳。

無數的甲骨、簡牘、古籍、拓片等中華文獻，無不昭示着中華文明的光輝燦爛、欣欣向榮，無不昭示着中華文化的廣博淵綜、蒸蒸日上。它們既是中華文明與中華文化的基本載體，又是中華文明與中華文化的重要組成部分，是十分重要的物質文化遺産。

紹興地方文獻作爲中華文獻重要的組成部分，積澱極其豐厚，特色十分明顯。

（一）文獻體系完備

紹興的文獻典籍根基深厚，載體體系完備，大體經歷了四個階段的歷史演變。

一是以刻符、紋樣、器型爲主的史前時代。代表性的，有作爲上山文化的小黄山遺址中出土的彩陶上的刻符、印紋、圖案等。

二是以金石文字爲主的銘刻時代。代表性的，有越國時期玉器與青銅劍上的鳥蟲書等銘文、秦《會稽刻石》、漢「大吉」摩崖、漢魏六朝時的會稽磚甓銘文與會稽青銅鏡銘文等。

三是以雕版印刷爲主的版刻時代。代表性的，有中唐時期越州刊刻的元稹、白居易的詩集。唐長慶四年（八二四），浙東觀察使兼越州刺史元稹，在爲時任杭州刺史的好友白居易《白氏長慶集》所作的序言中寫道：「揚、越間多作書模勒樂天及予雜詩，賣於市肆之中也。」這是有關中國刊印書籍的最早記載之一，説明越地開創了「模勒」這一雕版印刷的風氣之先。宋時，兩浙路茶鹽司等機關和紹興府、紹興府學等，競相刻書，版刻業快速繁榮，紹興成爲兩浙乃至全國的重要刻書地，所刻之書多稱「越本」「越州本」。明代，紹興刊刻呈現出了官書刻印多、鄉賢先哲著作和地方文獻多、私家刻印特色叢書多的特點。清代至民國，紹興整理、刊刻古籍叢書成風，趙之謙、平步青、徐友蘭、章壽康、羅振玉等，均有大量輯刊，蔡元培早年應聘於徐家校書達四年之久。

四是以機器印刷爲主的近代出版時期。這一時期呈現出傳統技術與西方新技術並存、傳統出版物與維新圖强讀物並存的特點。代表性的出版機構，在紹興的有徐友蘭於一八六二年創辦的墨潤堂等。另外，吴隱於一九〇四年參與創辦了西泠印社；紹興人沈知方於一九一二年參與創辦了中華書局，還於一九一七年創辦了世界書局。代表性的期刊，有羅振玉於一八九七年在上海創辦的《農學報》，杜亞泉於一九〇一年在上海創辦的《普通學報》，羅振玉於一九〇一年在上海發起、王國維主筆的《教育世界》，杜亞泉等於一九〇二年在上海編輯的《中外算報》，秋瑾於一九〇七年在上海創辦的《中國女報》等。代表性的報紙，有蔡元培於一九〇三年在上海創辦的《俄事警聞》等。

紹興文獻典籍的這四個演進階段，既相互承接，又各具特色，充分彰顯了走在歷史前列、引領時代潮流的特徵，總體上呈現出了載體越來越多元、内涵越來越豐富、傳播越來越廣泛、對社會生活的影響越來越深遠的歷史趨勢。

（二）藏書聲聞華夏

紹興歷史上刻書多，便爲藏書提供了前提條件，因而藏書也多。大禹曾「登宛委山，發金簡之書，案金簡玉字，得通水之理」（《吴越春秋》卷六），還「巡狩大越，見耆老，納詩書」（《越絶書》卷八），這是紹興有關采集收藏圖書的最早記載。句踐曾修築「石室」藏書，「晝書不倦，晦誦竟旦」（《越絶書》卷十二）。

造紙術與印刷術的發明和推廣，使得書籍可以成批刷印，爲藏書提供了極大便利。王充得益於藏書資料，寫出了不朽的《論衡》。南朝梁時，山陰人孔休源「聚書盈七千卷，手自校治」（《梁書·孔休源傳》），成爲紹興歷史上第一位有明文記載的藏書家。唐代時，越州出現了集刻書、藏書、讀書於一體的書院。五代十國時，南唐會稽人徐鍇精於校勘，雅好藏書，「江南藏書之盛，爲天下冠，鍇力居多」（《南唐書·徐鍇傳》）。

宋代雕版印刷術日趨成熟，爲書籍的化身千百與大規模印製創造了有利條件，也爲藏書提供了更多來源。特別是宋室南渡、越州升爲紹興府後，更是出現了以陸氏、石氏、李氏、諸葛氏等爲代表的藏書世家。陸游曾作《書巢記》，稱「吾室之内，或棲於櫝，或陳於前，或枕藉於床，俯仰四顧，無非書者」。《（嘉泰）會稽志》中專設《藏書》一目，説明了當時藏書之風的盛行。元時，楊維楨「積書數萬卷」（《鐵笛道人自傳》）。

明代藏書業大發展，出現了鈕石溪的世學樓等著名藏書樓。其中影響最大的藏書家族，當數山陰祁氏；影響最大的藏書樓，當數祁承㸁創辦的澹生堂，至其子彪佳時，藏書達三萬多卷。

清代是紹興藏書業的鼎盛時期，有史可稽者凡二十六家，諸如章學誠、李慈銘、陶濬宣等。上虞王望霖建天香樓，藏書萬餘卷，尤以藏書家之墨迹與鈎摹鐫石聞名。徐樹蘭創辦的古越藏書樓，以存古開新爲宗旨，以資人觀覽爲初心，成爲中國近代第一家公共圖書館。

民國時，代表性的紹興藏書家與藏書樓有：羅振玉的大雲書庫、徐維則的初學草堂、蔡元培創辦的養新書藏、王子餘開設的萬卷書樓、魯迅先生讀過書的三味書屋等。

根據二〇一六年完成的古籍普查結果，紹興全市十家公藏單位，共藏有一九一二年以前産生的中國傳統裝幀書籍與民國時期的傳統裝幀書籍三萬九千七百七十七種、二十二萬六千一百二十五册，分别占了浙江省三十三萬七千四百零五種的百分之十一點七九、二百五十萬六千六百三十三册的百分之九點零二。這些館藏的文獻典籍，有不少屬於名人名著，其中包括在别處難得見到的珍稀文獻。這是紹興這個地靈人傑的文獻名邦確實不同凡響的重要見證。

一部紹興的藏書史，其實也是一部紹興人的讀書、用書、著書史。歷史上的紹興，刻書、藏書、讀書、用書、著書，良性循環，互相促進，成爲中國文化史上一道亮麗的風景。

（三）著述豐富多彩

紹興自古以來，論道立説、卓然成家者代見輩出，創意立言、名動天下者繼踵接武，歷朝皆有傳世之作，各代俱見槃槃之著。這些文獻，不僅對紹興一地有重要價值，而且也是浙江文化乃至中國古代文化的重要組成部分。

一是著述之風，遍及各界。越人的創作著述，文學之士自不待言，爲政、從軍、業賈者亦多喜筆耕，屢有不刊之著。甚至於鄉野市井之口頭創作、謡歌俚曲，亦代代敷演，蔚爲大觀，其中更是多有内藴厚重、哲理深刻、色彩斑斕之精品，遠非下里巴人，足稱陽春白雪。

二是著述整理，尤爲重視。越人的著述，包括對越中文獻乃至我國古代文獻的整理。宋孔延之的《會稽掇英總集》，清杜春生的《越中金石記》，近代魯迅的《會稽郡故書雜集》等，都是收輯整理地方文獻的重要成果。陳橋驛所著《紹興地方文獻考録》，是另一種形式的著述整理，其中考録一九四九年前紹興地方文獻一千二百餘種。清代康熙年間，紹興府山陰縣吴楚材、吴調侯叔侄選編的《古文觀止》，自問世以來，一直是古文啓蒙的必備書，也深受古文愛好者的推崇。

三是著述領域，相涉廣泛。越人的著述，涉及諸多領域。其中古代以經、史與諸子百家研核之作爲多，且基本上涵蓋了經、史、子、集的各個分類，近現代以文藝創作爲多，當代則以科學研究論著爲多。這也體現了越中賢傑經世致用、與時俱進的家國情懷。

四

盛世修典，承古啓新，以「紹興」之名，行紹興之實。

紹興這個名字，源自宋高宗的升越州爲府，並冠以年號，時在紹興元年（一一三一）的十月廿六日。這是對這座城市傳統的畫龍點睛。紹興這兩個字合在一起，蘊含的正是承繼前業而壯大之、開創未來而昌興之的意思。數往而知來，今天的紹興人正賦予這座城市、這個名字以新的意蘊，那就是繼承中華優秀傳統文化，建設中華民族現代文明，爲實現中華民族偉大復興，作出自己新的更大的貢獻。

編纂出版《紹興大典》，正是紹興地方黨委、政府文化自信、文化自覺的體現，是集思廣益、精心實施的德政，是承前啓後、繼往開來的偉業。

（一）科學的決策

《紹興大典》的編纂出版，堪稱黨委、政府科學決策的典範。二〇二〇年十二月十一日，中共紹興市委八届九次全體（擴大）會議審議通過了關於紹興市「十四五」規劃和二〇三五年遠景目標的建議，其中首次提出要啓動《紹興大典》的編纂出版工作。

二〇二一年二月五日，紹興市第八届人民代表大會第六次會議批准了市政府根據市委建議編製的紹興市「十四五」規劃和二〇三五年遠景目標綱要，其中又專門寫到要啓動《紹興大典》的編纂出版工作。二月八日，紹興市人民政府正式印發了這個重要文件。

二〇二二年二月二十八日的中共紹興市第九次代表大會市委工作報告與三月三十日的紹興市九届人大一次會議政府工作報告，均對編纂出版《紹興大典》提出了要求。

二〇二二年九月十五日，紹興市人民政府第十一次常務會議專題聽取了《〈紹興大典〉編纂出版工作實施方案》起草情況的匯報，決定根據討論意見對實施意見進行修改完善後，提交市委常委會議審議。九月十六日，中共紹興市委九届二十次常委會議專題聽取《〈紹興大典〉編纂出版工作實施方案》起草情况的匯報，並進行了討論，決定批准這個方案。十月十日，中共紹興市委辦公室、紹興市人民政府辦公室正式印發了《〈紹興大典〉編纂出版工作實施方案》。

（二）嚴謹的體例

在中共紹興市委、紹興市人民政府研究批准的實施方案中，《紹興大典》編纂出版的各項相關事宜，均得以明確。

一是主要目標。系統、全面、客觀梳理紹興文化傳承脉絡，收集、整理、編纂、研究、出版紹興地方文獻，使《紹興大典》成爲全國鄉邦文獻整理編纂出版的典範和紹興文化史上的豐碑，爲努力打造「文獻保護名邦」「文史研究重鎮」「文化轉化高地」三張紹興文化的金名片作出貢獻。

二是收録範圍。《紹興大典》收録的時間範圍爲：起自先秦時期，迄至一九四九年九月三十日，部分文獻酌情下延。地域範圍爲：今紹興市所轄之區、縣（市），兼及歷史上紹興府所轄之蕭山、餘姚。内容範圍爲：紹興人的著述，域外人士有關紹興的著述，歷史上紹興刻印的古籍善本和紹興收藏的珍稀古籍善本。

三是編纂方法。對所録文獻典籍，按經、史、子、集和叢五部分類方法編纂出版。

根據實施方案明確的時間安排與階段劃分，在具體編纂工作中，采用先易後難、先急後緩，邊編纂出版、邊深入摸底的方法。即先編纂出版情况明瞭、現實急需的典籍，與此同時，對面上的典籍情况進行深入的摸底調查。這樣的方法，既可以用最快的速度出書，以滿足保護之需、利用之需，又可以爲一些難題的破解争取時間；既可以充分發揮我國實力最强的專業古籍出版社中華書局的編輯出版優勢，又可以充分借助與紹興相關的典籍一半以上收藏於我國古代典籍收藏最爲宏富的國家圖書館的優勢。這是最大限度地避免時間與經費上的重複浪費的方法，也是地方文獻編纂出版工作方法上的創新。

另外，還將適時延伸出版《紹興大典·要籍點校叢刊》《紹興大典·文獻研究叢書》《紹興大典·善本影真叢覽》等。

（三）非凡的意義

正如紹興的文獻典籍在中華文獻典籍史上具有重要的影響那樣，編纂出版《紹興大典》的意義，同樣也是非同尋常的。

一是編纂出版《紹興大典》，對於文獻典籍的更好保護——活下來，具有非同尋常的意義。歷史上的文獻典籍，是中華文明歷經滄桑留下的最寶貴的東西。然而，這些瑰寶或因天災人禍，或因自然老化，或因使用過度，或因其他緣故，有不少已經處於岌岌可危甚至奄奄一息的境況。

編纂出版《紹興大典》，可以爲系統修復、深度整理這些珍貴的古籍争取時間；可以最大限度呈現底本的原貌，緩解藏用的矛盾，更好地方便閱讀與研究。這是文獻典籍眼下的當務之急，最好的續命之舉。

二是編纂出版《紹興大典》，對於文獻典籍的更好利用——活起來，具有非同尋常的意義。歷史上的文獻典籍，流傳到今天，實屬不易，殊爲難得。它們雖然大多保存完好，其中不少還是善本，但分散藏於公私，積久塵封，世人難見；也有的已成孤本，或至今未曾刊印，僅有稿本、抄本，秘不示人，無法查閱。

編纂出版《紹興大典》，將穿越千年的文獻、深度密鎖的秘藏、散落全球的珍寶匯聚起來，化身萬千，走向社會，走近讀者，走進生活，既可防它們失傳之虞，又可使它們嘉惠學林，也可使它們古爲今用，文旅融合，還可使它們延年益壽，推陳出新。這是於文獻典籍利用一本萬利、一舉多得的好事。

三是編纂出版《紹興大典》，對於文獻典籍的更好傳承——活下去，具有非同尋常的意義。歷史上的文獻典籍，能保存至今，是先賢們不惜代價，有的是不惜用生命爲代價换來的。對這些傳承至今的古籍本身，我們應當倍加珍惜。

編纂出版《紹興大典》，正是爲了述録先人的開拓，啓迪來者的奮鬥，使這些珍貴古籍世代相傳，使藴藏在這些珍貴古籍身上的中華優秀傳統文化世代相傳。這是中華文化創造性轉化、創新性發展的通途所在。

編纂出版《紹興大典》，是紹興文化發展史上的曠古偉業。編成後的《紹興大典》，將成爲全國範圍内的同類城市中，第一部收録最爲系統、内容最爲豐贍、品質最爲上乘的地方文獻集成。

紹興這個地方，古往今來，都在不懈超越。超乎尋常，追求卓越。超越自我，超越歷史。《紹興大典》的編纂出版，無疑會是紹興文化發展史上的又一次超越。

道阻且長，行則將至；行而不輟，成功可期。「後之視今，亦猶今之視昔」；「後之覽者，亦將有感於斯文」（《蘭亭集序》）。讓我們一起努力吧！

馮建榮

二〇二三年六月十日，星期六，成稿於寓所

二〇二三年中秋、國慶假期，校改於寓所

編纂説明

紹興古稱會稽，歷史悠久。

大禹治水，畢功了溪，計功今紹興城南之茅山（苗山），崩後葬此，此山始稱會稽，此地因名會稽，距今四千多年。

大禹第六代孫夏后少康封庶子無餘於會稽，以奉禹祀，號曰「於越」，此爲吾越得國之始。《竹書紀年》載，成王二十四年，於越來賓。是亦此地史載之始。

距今兩千五百多年，越王句踐遷都築城於會稽山之北（今紹興老城區），是爲紹興建城之始，於今城不移址，海内罕有。

秦始皇滅六國，御海内，立郡縣，成定制。是地屬會稽郡，郡治爲吴縣，所轄大率吴越故地。東漢順帝永建四年（一二九），析浙江之北諸縣置吴郡，是爲吴越分治之始。會稽名仍其舊，郡治遷山陰。由隋至唐，會稽改稱越州，時有反復，至中唐後，「越州」遂爲定稱而至於宋。所轄時有增減，至五代後梁開平二年（九〇八），吴越析剡東十三鄉置新昌縣，自此，越州長期穩定轄領會稽、山陰、蕭山、諸暨、餘姚、上虞、嵊縣、新昌八邑。

建炎四年（一一三〇），宋高宗趙構駐蹕越州，取「紹奕世之宏庥，興百年之丕緒」之意，下詔從建炎五年正月改元紹興。紹興元年（一一三一）十月己丑升越州爲紹興府，斯地乃名紹興，沿用至今。歷史的悠久，造就了紹興文化的發達。數千年來文化的發展、沉澱，又給紹興留下了燦爛的文化載體——鄉邦文獻。保存至今的紹興歷史文獻，有方志著作、家族史料、雜史輿圖、文人筆記、先賢文集、醫卜星相、碑刻墓誌、摩崖遺存、地名方言、檔案文書等不下三千種，可以説，凡有所録，應有盡有。這些文獻從不同角度記載了紹興的山川地理、風土人情、經濟發展、人物傳記、著述藝文等各個方面，成爲人們瞭解歷史、傳承文明、教育後人、建設社會的重要參考資料，其中許多著作不僅對紹興本地有重要價值，也是江浙文化乃至中華古代文化的重要組成部分。

紹興歷代文人對地方文獻的探尋、收集、整理、刊印等都非常重視，並作出過不朽的貢獻，陳橋驛先生就是代表性人物。正是在他的大力呼籲下，時任紹興縣政府主要領導作出了編纂出版《紹興叢書》的決策，爲今日《紹興大典》的編纂出版積累了經驗，奠定了基礎。

時至今日，爲貫徹落實習近平總書記系列重要講話精神，奮力打造新時代文化文明高地，重輝「文獻名邦」，中共紹興市委、市政府毅然作出編纂出版《紹興大典》的決策部署。延請全國著名學者樓宇烈、袁行霈、安平秋、葛劍雄、吴格、李岩、熊遠明、張志清諸先生參酌把關，與收藏紹興典籍最豐富的國家圖書館等各大圖書館以及專業古籍出版社中華書局展開深度合作，成立專門班子，精心規劃組織，扎實付諸實施。《紹興大典》是地方文獻的集大成之作，出版形式以紙質書籍爲主，同步開發建設數據庫。其基本内容，包括以下三方面：

一、《紹興大典》影印精裝本文獻大全。這方面内容囊括一九四九年前的紹興歷史文獻，收録的原則是「全而優」，也就是文獻求全收録；同一文獻比對版本優劣，收優斥劣。同時特别注重珍稀性、孤罕性、史料性。

《紹興大典》影印精裝本收録範圍：

時間範圍：起自先秦時期，迄至一九四九年九月三十日，部分文獻可酌情下延。

地域範圍：今紹興市所轄之區、縣（市），兼及歷史上紹興府所轄之蕭山、餘姚。

内容範圍：紹興人（本籍與寄籍紹興的人士、寄籍外地的紹籍人士）撰寫的著作，非紹興籍人士撰寫的與紹興相關的著作，歷史上紹興刻印的古籍珍本和紹興收藏的古籍珍本。

《紹興大典》影印精裝本編纂體例，以經、史、子、集、叢五部分類的方法，對收録範圍内的文獻，進行開放式收録，分類編輯，影印出版。五部之下，不分子目。

經部：主要收録經學（含小學）原創著作；經校勘校訂，校注校釋，疏、證、箋、解、章句等的經學名著；爲紹籍經學家所著經學著作而撰的著作，等等。

史部：主要收録紹興地方歷史書籍，重點是府縣志、家史、雜史等三個方面的歷史著作。

子部：主要收録專業類書，比如農學類、書畫類、醫卜星相類、儒釋道宗教類、陰陽五行類、傳奇類、小説類，等等。

集部：主要收録詩賦文詞曲總集、别集、專集，詩律詞譜，詩話詞話，南北曲韻，文論文評，等等。

叢部：主要收録不入以上四部的歷史文獻遺珍、歷史文物和歷史遺址圖録彙總、戲劇曲藝脚本、報章雜志、音像資料等。不收傳統叢部之文叢、彙編之類。

《紹興大典》影印精裝本在收録、整理、編纂出版上述文獻的基礎上，同時進行書目提要的撰寫，並細編索引，以起到提要鈎沉、方便實用的作用。

二、《紹興大典》點校研究及珍本彙編。主要是《紹興大典》影印精裝本的延伸項目，形成三個成果，即《紹興大典·要籍點校叢刊》《紹興大典·文獻研究叢書》《紹興大典·善本影真叢覽》三叢。

選取影印出版文獻中的要籍，組織專家分專題開展點校等工作，排印出版《紹興大典·要籍點校叢刊》；及時向社會公布推出出版文獻書目，開展《紹興大典》收録文獻研究，分階段出版研究成果《紹興大典·文獻研究叢書》；選取品相完好、特色明顯、内容有益的優秀文獻，原版原樣綫裝影印出版《紹興大典·善本影真叢覽》。

三、《紹興大典》文獻數據庫。以《紹興大典》影印精裝本和《紹興大典·要籍點校叢刊》《紹興大典·文獻研究叢書》《紹興大典·善本影真叢覽》三叢爲基幹構建。同時收録大典編纂過程中所涉其他相關資料，未用之版本，書佚目存之書目等，動態推進。

《紹興大典》編纂完成後，應該是一部體系完善、分類合理、全優兼顧、提要鮮明、檢索方便的大型文獻集成，必將成爲地方文獻編纂的新範例，同時助力紹興打造完成「歷史文獻保護名邦」「地方文史研究重鎮」「區域文化轉化高地」三張文化金名片。

《紹興大典》在中共紹興市委、市政府領導下組成編纂工作指導委員會，組織實施並保障大典工程的順利推進，同時組成由紹興市爲主導、國家圖書館和中華書局爲主要骨幹力量、各地專家學者和圖書館人員爲輔助力量的編纂委員會，負責具體的編纂工作。

《紹興大典》編纂委員會

二〇二三年五月

史部編纂説明

紹興自古重視歷史記載，在現存數千種紹興歷史文獻中，史部著作占有極爲重要的位置。因其内容豐富、體裁多樣、官民兼撰的特點，成爲《紹興大典》五大部類之一，而别類專纂，彙簡成編。

按《紹興大典·編纂説明》規定：「以經、史、子、集、叢五部分類的方法，對收録範圍内的文獻，進行開放式收録，分類編輯，影印出版。五部之下，不分子目。」「史部：主要收録紹興地方歷史書籍，重點是府縣志、家史、雜史等三個方面的歷史著作。」

紹興素爲方志之鄉，纂修方志的歷史較爲悠久。據陳橋驛《紹興地方文獻考録》（浙江人民出版社，一九八三年版）統計，僅紹興地區方志類文獻就「多達一百四十餘種，目前尚存近一半」。在最近三十多年中，紹興又發現了不少歷史文獻，堪稱卷帙浩繁。

據《紹興大典》編纂委員會多方調查掌握的信息，府縣之中，既有最早的府志——南宋二志《（嘉泰）會稽志》和《（寶慶）會稽續志》，也有最早的縣志——宋嘉定《剡録》；既有耳熟能詳的《（萬曆）紹興府志》，也有海内孤本《（嘉靖）山陰縣志》；更有寥若晨星的《永樂大典》本《紹興府志》，等等。存世的紹興府縣志，明代纂修並存世的萬曆爲最多，清代纂修並存世的康熙爲最多。

家史資料是地方志的重要補充，紹興地區家史資料豐富，《紹興家譜總目提要》共收録紹興相關家譜資料三千六百七十九條，涉及一百七十七個姓氏。據二〇〇六年《紹興叢書》編委會對上海圖書館藏紹興文獻的調查，上海圖書館館藏的紹興家史譜牒資料有三百多種，據紹興圖書館最近提供的信息，其館藏譜牒資料有二百五十多種，一千三百七十八册。紹興人文薈萃，歷來重視繼承弘揚耕讀傳統，家族中尤以登科進仕者爲榮，每見累世科甲、甲第連雲之家族，如諸暨花亭五桂堂黄氏、山陰狀元坊張氏，等等。家族中每有中式，必進祠堂，祭祖宗，禮神祇，乃至重纂家乘。因此纂修家譜之風頗盛，聯宗聯譜，聲氣相通，呼應相求，以期相將相扶，百世其昌，因此留下了浩如煙海、簡册連編的家史譜牒資料。家史資料入典，將遵循「姓氏求全，譜目求全，譜牒求優」的原則遴選。

雜史部分是紹興歷史文獻中内容最豐富、形式最多樣、撰者最衆多、價值極珍貴的部分。記載的内容無比豐富，撰寫的體裁多種多樣，留存的形式面目各異。其中私修地方史著作，以東漢袁康、吴平所輯的《越絶書》及稍後趙曄的《吴越春秋》最具代表性，是紹興現存最早較爲系統完整的史著。

雜史部分的歷史文獻，有非官修的專業志、地方小志，如《三江所志》《倉帝廟志》《螭陽志》等；有以韻文形式撰寫的如《山居賦》《會稽三賦》等；有碑刻史料如《會稽刻石》《龍瑞宫刻石》等；有詩文游記如《沃洲雜詠》等；有珍貴的檔案史料如《明浙江紹興府諸暨縣魚鱗册》等；有名人日記如《祁忠敏公日記》《越縵堂日記》等；有綜合性的歷史著作如海内外孤本《越中雜識》等；也有鉤沉稽古的如《虞志稽遺》等。既有《救荒全書》《欽定浙江賦役全書》這樣專業的經濟史料，也有《越中八景圖》這樣的圖繪史料等。舉凡經濟、人物、教育、方言風物、名人日記等，應有盡有，不勝枚舉。尤以地理爲著，諸如山川風物、名勝古迹、水利關津、衛所武備、天文医卜等，莫不悉備。

這些歷史文獻，有的是官刻，有的是坊刻，有的是家刻。有特別珍貴的稿本、鈔本、寫本，也有珍稀孤罕首次面世的史料。由於《紹興大典》的編纂出版，這些文獻得以呈現在世人面前，俾世人充分深入地瞭解紹興豐富多彩的歷史文化。受編纂者學識見聞以及客觀條件之限制，難免有疏漏錯訛之處，祈望方家教正。

《紹興大典》編纂委員會
二〇二三年五月

萬曆紹興府志 五十卷

〔明〕蕭良榦修，〔明〕張元忭、孫鑛纂

明萬曆十五年（一五八七）刻本

影印説明

《（萬曆）紹興府志》五十卷，（明）蕭良榦修，（明）張元忭、孫鑛纂。明萬曆十五年（一五八七）刻本。半葉十行行二十字，小字雙行同，白口，單魚尾，左右雙邊，有圖。原書版框尺寸高20.9釐米，寬14.9釐米。書前有郡人趙錦元及張元忭序，書末有蕭良榦序，另有修志姓名。修志姓名葉有「姜氏家藏」印，目録葉有「定庵」「希轍」印，可知此書曾爲姜希轍所藏。姜希轍，字二濱，號定庵，會稽人，明崇禎十五年（一六四二）舉人，清代曾任奉天府府丞。康熙十年（一六七一）高登先所修《山陰縣志》、康熙十二年張三異所修《紹興府志》書前皆有姜希轍序。

蕭良榦，字以寧，號拙齋，涇縣人，隆慶五年（一五七一）進士，萬曆十一年（一五八三）來任紹興知府。張元忭，字子藎，號陽和，山陰人，隆慶五年狀元，官至翰林侍讀，《明史》有傳。孫鑛，字文融，號月峰，餘姚人，萬曆二年（一五七四）進士。

此次影印，以北京師範大學圖書館藏本爲底本。原書趙錦元序闕第一葉，卷三「餘姚縣圖」闕前半葉，卷四闕第四十一至五十葉，卷二十九闕第三葉，卷三十四闕第九至十九葉，今據浙江圖書館藏本補；原書又闕卷二十五第九葉，今據上海圖書館藏本補。卷十二、十三部分葉面有破損闕字，可參閱《紹興叢書·地方志叢編》第一册所收《（萬曆）紹興府志》。

紹興府志叙

古之帝王疆理天下其略猶見之禹貢職方而仲尼志二代之禮嘗歎無徵於杞宋故郡邑之有志猶國之有史其體皆主於記載而不可缺也古者議事以制又云前事之不忘後事之師也故垂法戒於將來史之所係

誠重酌治道於茲今志之為用自急志固不可謂後於史也紹興故越句踐之遺墟而東海之裔郡肇自禹會諸侯於此垂數千年矣聖哲之所創營賢豪之所表豎既已著之簡冊輝暎後先而襟帶江海山川鬱紆徃徃又為海内名儒達士僊釋隱逸者所

豔慕而游處故越之有志不惟一方不可缺亦四方所共欲遺睹者也

明興文教綦隆偏壤陋邦一事之署莫不有志而吾越郡之志自宋待制陸公游之後歷元逮今四百年於茲矣弘嘉間前守戴公琥南公大吉嘗欲輯之未就今守蕭公良榦來視郡事

之二年政通人和懼墜典久湮慨然上其事於監司咸是之於是禮聘郡人宮諭張公元忭奉常孫公鑛屬郡志焉朞而告成爲綱凡十有六曰疆域曰城池曰署廨曰山川曰古蹟曰物産曰風俗曰災祥曰田賦曰水利曰學校曰祠祀曰武備曰職官曰選

舉曰人物為目凡二百有奇釐為五十卷以傳其事具其言校統之有宗而析之不紊詳哉旨乎其言之矣旁諏而博考酌古而準今發前所未明補前所未備其用心亦勤且精矣蓋自陸志之後歷年不可謂不多賢守代作任事不可謂無人而一郡之鉅

典迄於今始成蓋非誠知其重者不
知所圖而知所圖者時或未暇其積
之也彌久則其圖之也彌難幸其知
所重得乘時且不阻於所難矣又或
不得其人以託之則其成不傳蓋事
之不易圖也如此今張孫二公皆以
中朝之望良史之才先後爭寧以歸故

蕭公湯以其暇相與商確而遂成此
書謂非越人之幸與越之才賢雖代
不乏人然亦未有卓然於斯道升堂
入室若近世王公守仁之盛者蕭公
淵源師友雅宗王公故其施之政也
黜邪淫舉廢墜捍災患諸所注厝大
都以阜民生正風俗長養人才爲務

不擇利害爲趨舍劇易爲前卻凡善
宦者之所顧忌一切身任之弗辭則
蕭公之賢自是方駕古人垂範未哲
而越産之盛亦未有加於此時者筆
之於書可無愧色庸詎非斯志之幸
與異日者
國家發金匱石室之藏以成一代之信

史亦將有徵於斯志非苟然者若二
守張君延陛司理陳君汝璧同事而
叶謀於始別駕葛君希賢卜君鏜繼
至而樂觀厥成皆于志有勞例得並
書亦以見郡僚一旨之盛云
賜同進士出身資德大夫正治上卿太
子少保兵部尚書兼都察院右都御

史掌院事兩奉

勑居守侍

經筵官郡人趙錦元朴甫撰

紹興府志序

紹興古稱荒服自禹會諸侯句踐以伯迨建炎駐蹕衣冠從而徙者多賢聖之裔明興人文益盛斌斌焉軼鄒魯而冠東南矣郡有志在宋嘉泰間至於今餘四百年無繼其響者弘嘉之際戴訓南守而嘗輯之而卒不就以去先大夫既纂邑志迺屬意於郡而兩公遺草嘗購而藏之笥中他所采擷頗衆余小子趨庭之暇竊與聞之同年

友宛陵蕭侯以萬曆癸未來守郡下車詢
掌故知志久闕狀訏然咨嗟明年甲申會
余宅憂亟以謀於余余謝不敏又明年乙
酉孫太常文融亦以太夫人之憂歸蕭侯
曰太常與太史皆廬居時豈偶耶遂申前
請益勤余與文融辭弗獲則取八邑志若
諸史傳稍纂次之而文融執禮不入郡廨
各就廬中有事焉蕭侯又曰事不分任且
久而罔功於是以疆域諸志屬之文融以

職官選舉若人物志屬之余而又互相叅訂併志殫精不輟寒燠閱一歲而書成為卷凡五十有奇揔之為綱凡十有六曰疆域曰城池曰署廨曰山川曰古蹟曰土產曰風俗曰災祥曰田賦曰水利曰學校曰祠祀曰武備曰職官曰選舉曰人物而以序志終焉夫志猶史也自昔為史者皆雜出於衆手而取裁於一人惟新唐書作於歐宋迺分任之而間多枝梧詒譏後世今

緐志分任類之而余與文融不猶迹而逹心必考衷而求是蓋文不敢比於歐宋而所謂枝梧者或寡矣余又惟緐志之成有二得亦有二失焉夫先此名太守寧詎謂南若羅戴魯游皆嘗謀之而卒無成者何也人衆則議論難齊時久則機會易失迺今任專而成速是其所以得也然而蒐羅之未廣揚搉之未精則亦惟人寡而時促焉耳即操筆者且不能自慊於心而況於

旁觀者乎嗚呼志者一郡之公也亦千百世之公也敢以余二人私之所望於大雅君子討其闕攻其瑕而彌縫潤澤之是迺所以賛其淂而匡其失也豈余二人是賴寔吾郡有大賴哉迺其詳具序志中者余不復著

萬曆丙戌秋日

賜進士及第翰林院修撰儒林郎直

起居館

經筵官管理

誥勑纂修　會典郡人張元忭撰

修志姓名

左春坊左諭德兼侍讀山陰張元忭

太常寺少卿餘姚孫鑛纂修

兵部尚書掌都察院事餘姚趙錦

南京兵部尚書餘姚翁大立參訂

知紹興府事宛陵蕭良榦

紹興府推官沔陽陳汝璧參閱

原任福建歸化縣知縣餘姚宋惠

原任六合縣儒學教諭蕭山黃九川

山陰縣庠生張元益分校

庠生毛德齊 何天柱
陳 淙 周洪才
俞一中 王股肱
儒士陳縉 言有時對讀

同知紹興府事桂林張延熙
通判紹興府事郢郡葛希賢
秣陵卜 鏜
山陰縣知縣張鶴鳴 毛壽南
會稽縣知縣曹繼孝
餘姚縣知縣丁懋遜 周子文

上虞縣知縣朱維藩 蔡淑逵

蕭山縣知縣劉 會

諸暨縣知縣汪應泰

新昌縣知縣錢達道

嵊 縣知縣萬民紀同梓

三江所守禦千戶張應奇重校

宋禮 俞一道

高明 王廷臣寫

紹興府志　[illegible]所前序　十

紹興府志目録

卷之一

疆域志 沿革 隸州 領縣 區界 坊里
市 鎮 關 形勝
附圖九 府境圖 山陰境圖 會稽境圖
蕭山境圖 諸暨境圖 餘姚境圖
上虞境圖 嵊境圖
新昌境圖

卷之二

城池志 府城 縣城 衛城 所城
巡司城 古城 衢路
附圖九 舊府城圖 舊子城圖 今府城圖
蕭山城圖 諸暨城圖 餘姚城弁江
南城圖 上虞城圖
嵊城圖 新昌城圖

卷之三

署廨志府所縣雜署行署廢署衙

附圖四
舊州宅圖　西園圖
今府署圖　紹興衛圖

卷之四

山川志一山上

附圖九
塗山圖　梅山圖　會稽山圖
秦望山圖　大亭山圖　城山圖
長山圖　五洩山圖
鐵崖山圖

卷之五

山川志二山下

附圖十三
龍泉山圖　歷山圖　客星山圖
四明山圖　東山圖　蘭芎山圖
剡山圖　太白山圖　嶀山圖
石城山圖　南巖山圖　天姥山圖

沃洲山圖

卷之六

山川志三　嶺　峯　尖　崢　阜　巖　嶠
嶼　洞　穴　窠　石　塢　島
丘　岸　林　野
源　砦　古地名
附圖八　日鑄嶺圖　梅里尖圖　穿巖圖
陽明洞圖　僊姑洞圖　水濂洞圖
望夫石圖
雙筍石圖

卷之七

山川志四　海　江
河　湖
附圖十三　浙江潮圖　曹娥江圖　餘姚江圖
運河圖　鑑湖圖　湘湖圖
泌湖圖　汝仇湖圖　牟山湖圖
夏蓋湖圖　白馬上妃二湖圖　西溪湖圖

卷之八

山川志五　溪　澗　浦　涇　匯　川　瀆

渚　港　水　洲　汀　灘　瀉

潭　池　泉　井　渡

津　橋　步　塘

附圖二　若耶溪圖

剡溪圖

卷之九

古蹟志一　臺　壇　宮　室　闕　亭

樓　閣　堂　軒　齋　榭

附圖二　蘭亭脩禊圖

重修蘭亭圖

卷之十

古蹟志二　園　宅　墅　館　舍　居

別業　山房　義門　倉　巢

器物

附圖一
卷之十一
物産志穀　蔬　果　花　木　草　竹
藥　鳥　獸　魚　介屬　蟲　貨　器
卷之十二
風俗志
卷之十三
災祥志分野　天　日　月　星　雲　雹　風　地　山川　有年　水旱　蝗螟　饑　疫　寒　火
血　人　龍　六畜　鳥獸　介屬　蟲　草木　金錢　雜異　訛言
卷之十四
田賦志一戸口　貢
賦上
卷之十五

田賦志二 賦下
卷之十六
水利志一 湖 溪 河 江
卷之十七
水利志二 隄塘 壩 閘陡門 堰 埭 水碓
附圖十 海隄圖 西江塘圖 東隄圖 三江閘圖 三山陡門圖 扁拖閘圖
長山閘圖 龕山閘圖 雙河閘圖 孝行碶圖
卷之十八
學校志 府學 縣學 學田 社學 鄉學 義學 書院
卷之十九

祠祀志一壇廟祠堂亭
附圖六府社稷壇圖　府風雲雷雨山川壇圖
府厲壇圖　府城隍廟圖
南鎮廟圖
王烈婦祠圖
卷之二十
祠祀志二陵墓
附圖二禹陵圖
宋攢宮陵圖
卷之二十一
祠祀志三寺院庵塔
附圖二天衣寺圖
雲門四寺圖
卷之二十二

祠祀志四　觀　宮　道院　殿

附圖二　祠宇觀圖　金庭觀圖

卷之二十三

武備志一　軍制　軍需　賞格　險要　教場　戰舡

附圖九　海防圖　三江所圖　瀝海所圖　臨山衛圖　三山所圖　觀海衛圖　龍山所圖　教場圖　戰舡圖

卷之二十四

武備志二

卷之二十五

職官志一　統轄

卷之二十六
職官志二　郡守
卷之二十七
職官志三　郡佐
卷之二十八
職官志四　縣職
卷之二十九
職官志五　學職
職官志六　武職
卷之三十
選舉志一　薦辟

卷之三十一

選舉志二歲貢

卷之三十二

選舉志三舉人

卷之三十三

選舉志四進士

卷之三十四

選舉志五制科　選舉志六武舉

卷之三十五

人物志一帝后

卷之三十六
人物志二王侯
卷之三十七
人物志三名宦前
卷之三十八
人物志四名宦後
卷之三十九
人物志五寓賢
卷之四十
人物志六鄉賢之一列傳前

卷之四十一
人物志七鄉賢之二列傳後
卷之四十二
人物志八鄉賢之三理學
卷之四十三
人物志九鄉賢之四儒林
卷之四十四
人物志十鄉賢之五忠節
卷之四十五
人物志十一鄉賢之六孝義

卷之四十六
人物志十二　鄉賢之七　隱逸
卷之四十七
人物志十三　列女
卷之四十八
人物志十四　仙釋
卷之四十九
人物志十五　方技
卷之五十
序志

紹興府志目錄

府八縣總圖
夏蓋湖
臨山衛
曹娥江
上虞縣
東山
餘姚江
餘姚縣
四明山
東至寧波府界
嵊縣
新昌縣
南明山
沃洲山
天姥山
關嶺天台
南至金

大海
三江所
白洋巡司
西興
蕭山縣
錢清江
湘湖
紹興府
會稽縣
山陰縣
紹興衛
西至杭州府界
臨浦
諸暨江
蘭渚山
秦望山
會稽山
陽明洞天
禹陵
諸暨縣
五泄山
華府界

山陰縣境圖
北至
南至諸暨
山陰縣
蓬萊驛
馬安山
大峯山
王山
陡門閘
梅山
獨婦山
扁拖閘
亭山
容山
容山湖
王架峯
法華山
蘭渚山
木客山
陳音山
秦望山

大海
白洋山
羊石山
黨山
航塢山
浮橋
黄蛇湖
西湖
瓜沂
東湖
錢清江
西至蕭山縣界
項里山
外山
臨江山
螺山閘
諸暨湖
麻姑山
大巖山
六峯
花徑山
古博嶺
縣界

會稽縣境圖

大海
三江所
蟶浦渡
賀家池
玉城山
火燄山
若耆山
白峇洋
濁樹洋
龍尾山
葛山
鹿池山
霧連山
宋帝攢宫
石甕山
寶山
赤堇山
禹陵
會稽山
南鎮
天柱山
新嵊界
日鑄嶺
益

北至
蕭山縣境圖
龕山
鼈子門
洛思山
航塢山
東至山陰縣界
螺山
苧蘿山
碩石山
越王山
文筆山
皇路塘
新河閘

大海
長山
去虎山
比榦山
西興驛
龜山
布政分司
蕭山縣
按察分司
儒學
西至錢塘江
排馬湖
湘湖
官山
連山
箬山
利市湖
周家湖
龍門山
漁浦
漁浦巡司
稅課局

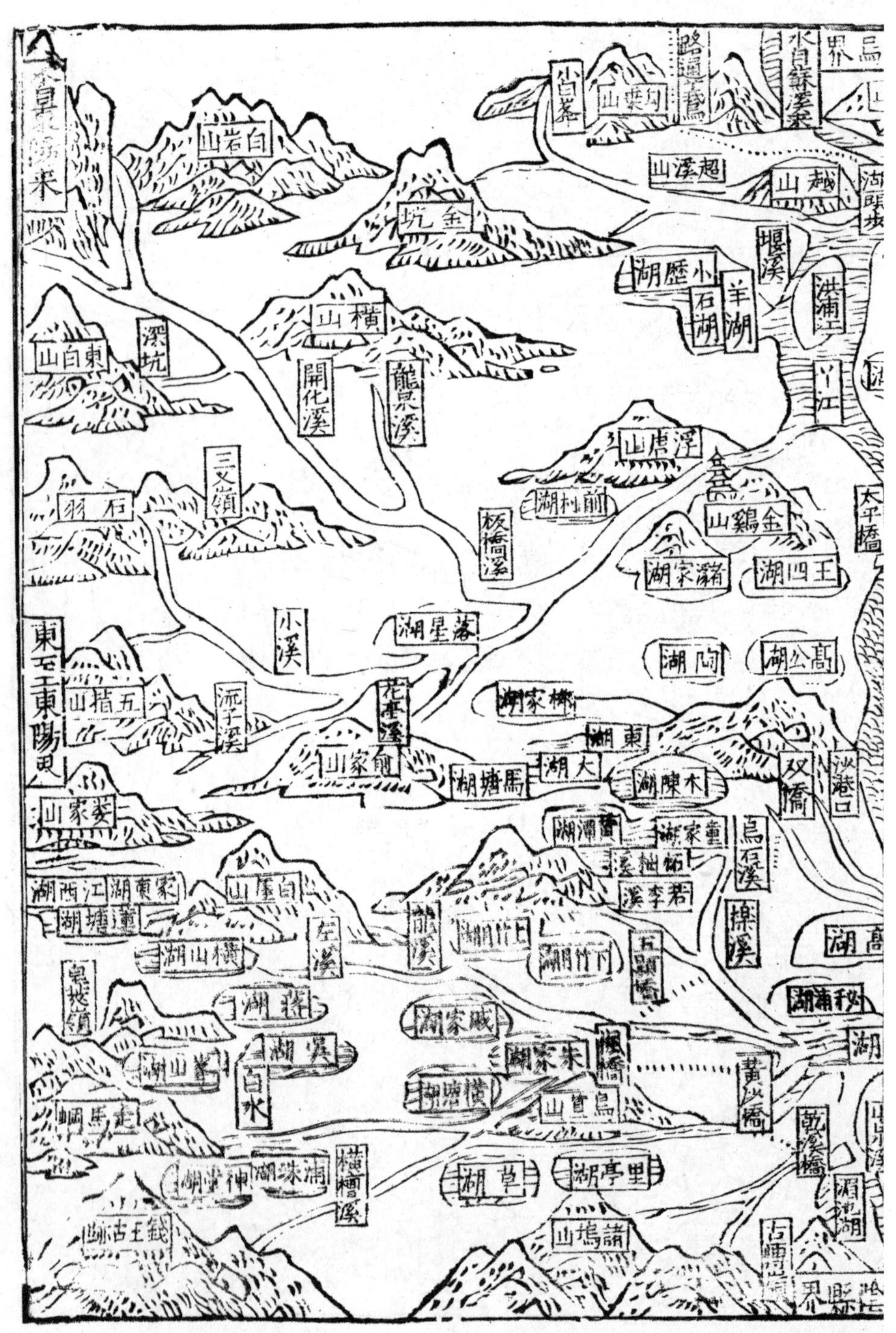
白岩山
金坑山
越山
超溪山
東白山
深坑
横山
開化溪
龍泉溪
三叉嶺
浮唐山
金鷄山
王四湖
板橋溪
落星湖
小溪
高公湖
五指山
俞家山
東湖
大湖
馬塘湖
姜家山
小歷湖
石湖
羊湖
洪浦江
太平橋
双橋
鳥石溪
横山湖
白水
黄沙橋
里亭湖
草湖
諸塢山
錢王古跡

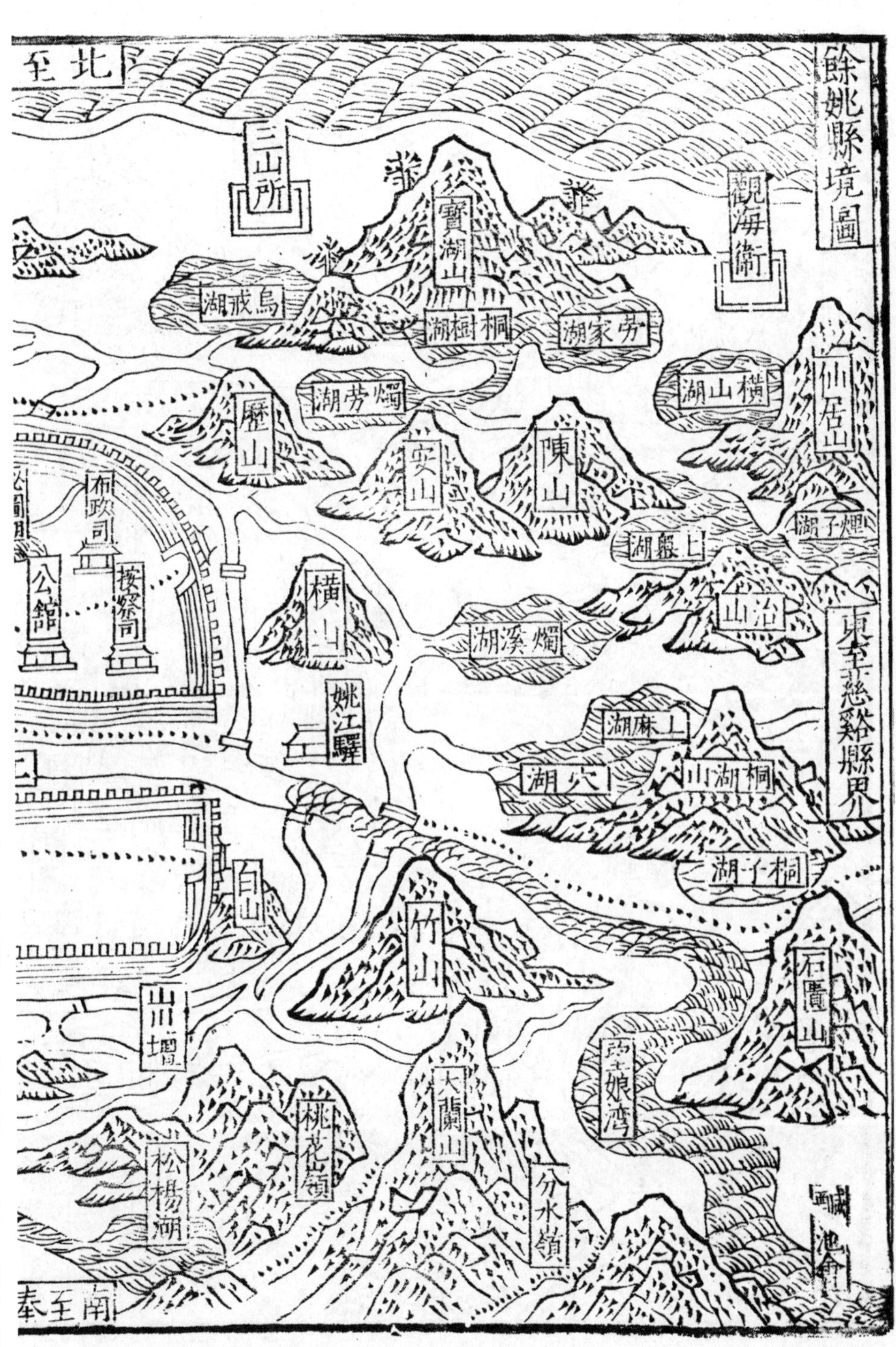
餘姚縣境圖
北至
三山所
觀海衛
寶湖山
烏戒湖
桐樹湖
勞家湖
燭勞湖
橫山湖
仙居山
歷山
安山
陳山
布政司
按察司
公館
上㵎湖
煙子湖
橫山
燭溪湖
冶山
東至慈谿縣界
姚江驛
上麻湖
穴湖
桐湖山
桐子湖
白山
竹山
石匱山
山川壇
娘湾
大蘭山
桃花嶺
松楊湖
分水嶺
南至奉

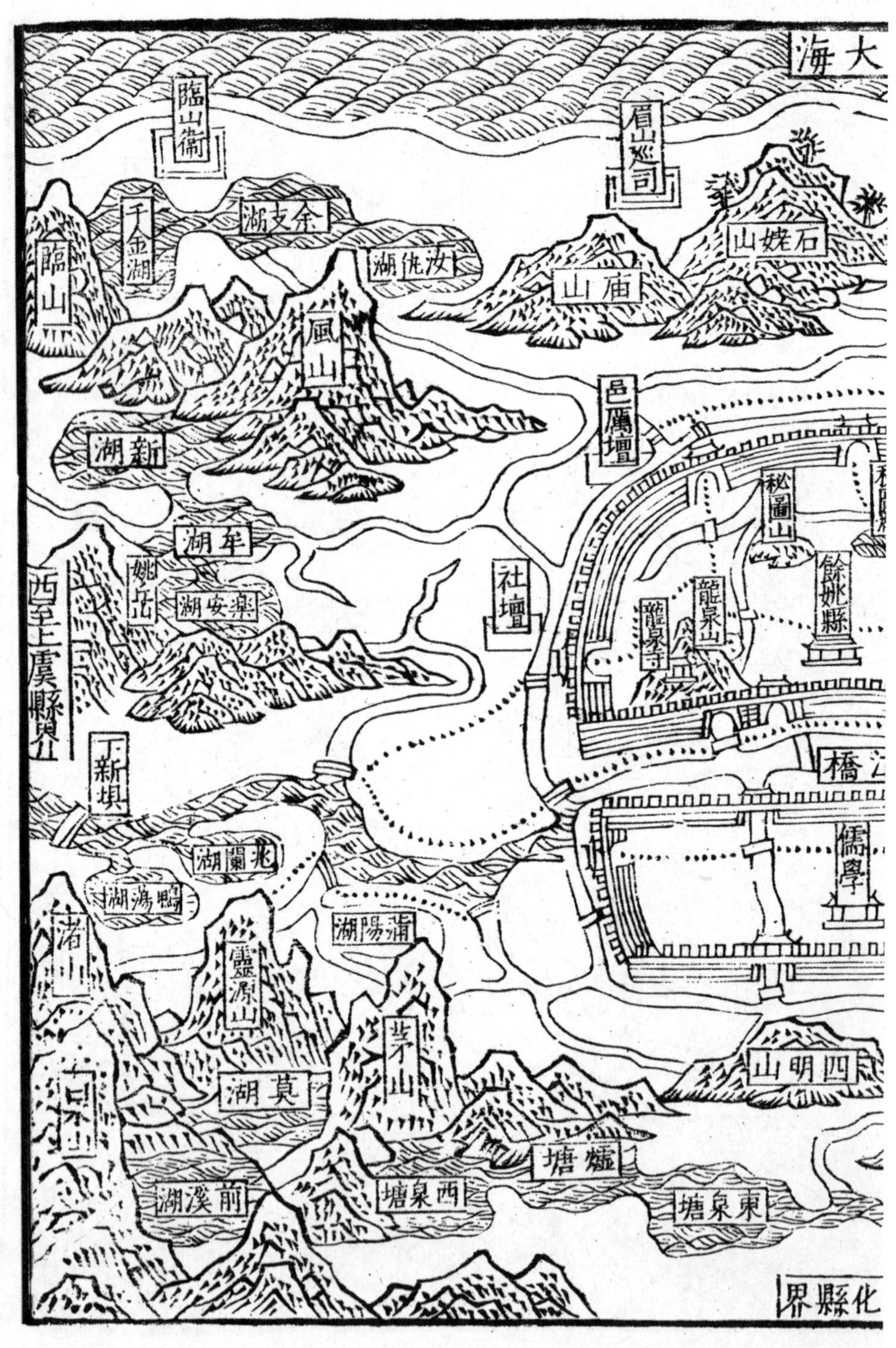
大海
臨山衛
眉山巡司
臨山
千金湖
余支湖
汝仇湖
廟山
石姥山
鳳山
新湖
邑厲壇
秘圖山
牟湖
西至上虞縣界
樂安湖
社壇
龍泉寺
龍泉山
餘姚縣
丁新壩
儒學
蒲陽湖
渚山
靈源山
茅山
莫湖
四明山
前溪湖
西泉塘
東泉塘
化縣界

上虞縣境圖
北至大
福泉山
蘭阜山
鳳山
羅岩
蘿壁山
小査湖
大査湖
蓮峯山
上虞縣
社壇
按察司
府館
儒學
布政分司
藏野湖
東至餘姚縣界
烏膽山
金罍山
通明壩
上舍山
白龍潭
釣臺山
中壩
日樓山
澤蘭山
雙棋山

海
夏盖山
廟山巡司
牛頭山
黄家堰巡司
瀝海所
夏盖湖
福祈山
上妃湖
白馬湖
梁湖巡司
百官街
蘭芎山
皂李湖
曹娥驛
便民倉
西至會稽縣界
東山
曹娥江
西溪湖
桂林山
石壁山
銅山
象田山
太平山
蔡山
黑龍潭

新昌縣境圖

北至上虞界

梓山

顧東山

石橋溪

東岇山

雪溪山

月山

沃洲山

東至天台縣界

九岩山

天姥山

關嶺

水自天台來

溥口
何家塘
任蜥塘
劉門山
白傅岩
鬬鷄山
渡王山
獨秀山
五馬山
新昌縣
布政分司
按察分司
儒學
三溪
鼓山
旗山
龍岩山
南岩山
石城山
黄塘
韓妃溪
愛湖塘
彩烟山
韓妃嶺

嵊縣境圖
北至
四明山
覆巵山
嵊山
東騎山
何家塘
動石山
錦山
石鼓山
東至新昌縣界
艇湖山
竹山
公館
按察分司
逍遙山
簟山
龜山
太湖山
金庭山
東湖塘
新塘
白雲山
南至新

稽縣界
大昆山
上周山
孫家嶺
石門山
嵊山
清風嶺
舜皇山
重踏嶺
五龍山
廣利塘
趙公阜
西至諸暨縣界
大白山
謝岩
書院塘
鵝鼻嶺
嵊縣
儒學
漢湖
並湖塘
山泉福
利湖塘
沃塘
芳塘
鹿苑山
中白山
獨秀山
桂山
白峯嶺
普惠塘
方山
馬鞍山
九州峯
師子岩
龍潭山
界

紹興府志卷之一

疆域志

沿革　隸州　領縣　區界

闕　形勝

【沿革】紹興古荒服國唐虞時未有名史記夏本紀曰禹會諸侯江南計功命曰會稽會稽者會計也其後帝少康封子無餘於會稽文身斷髮披草萊而邑焉國號越吳越春秋曰禹周行天下還歸大越則禹時已稱越賀循會稽記曰少康其少子號於越越國之稱始此會稽縣志云吳越春秋殆追稱乎趙曄後漢

人謂追稱近是春秋定公五年書於越入吳杜預曰於發聲也太伯奔荆蠻號勾吳顔師古曰勾吳猶於越也蓋土音云爾戰國時王無彊爲楚所敗死越遂服入於楚秦始皇二十五年定荆江南地降越君置會稽郡治吳漢高帝六年以其地封荆王賈賈死無後十二年又封吳王濞越絶書云文帝前九年會稽并故鄣太守治故鄣都尉治山陰前十六年太守治吳郡都尉治錢塘按漢書百官表景帝中二年始更名郡尉爲都尉又是時吳爲王國不應有太守都尉止有中尉然越絶出自漢人要不誤古人或以殘[illegible]害

名紀前事山陰當是吳中尉治太守亦當作內中耳景帝四年濞滅復爲會稽郡越絶書漢孝景五年會稽屬漢屬漢者始幷之也舊經云後復屬江都國江都王建有罪國除乃更爲郡據漢書江都易王傳吳破徙王江都治故吳國地理志會稽郡註景帝四年屬江都其說同而廣陵縣註又云江都易王非廣陵厲王胥皆都此幷得鄣郡而不得吳劉貢父云然則會稽不得云屬江都也易王傳及二註俱出班氏自牴牾然考嚴助傳建元三年遣助發兵擊閩越會稽守欲距法不爲發後助及買臣又俱爲會稽太守則

會稽固爲郡時江都不聞削地所謂治故吳國者似是槩言受濞所封地固不必全屬江都蓋誤云歷東漢會稽皆治吳順帝永建四年始用陽羡人周嘉議分浙東爲會稽郡治山陰而浙西自此別爲吳郡晉武帝太康二年封孫秀會稽爲會稽國惠帝永寧元年復爲郡明帝太寧二年徙瑯琊王昱會稽復爲國宋武帝永初元年國除又復爲郡隋文帝開皇元年爲吳州煬帝大業元年改越州尋復罷州爲會稽郡唐高祖武德四年爲越州天寶元年復爲會稽郡十三載復改越州僖宗中和三年劉漢宏據浙東升義

勝軍光啓三年董昌破漢宏改威勝軍昭宗乾寧元年錢鏐誅董昌改鎮東軍天復二年封鏐越王梁太祖開平元年改吳越王俱仍爲鎮東軍宋太宗太平興國三年吳越國除罷鎮東軍止稱越州高宗建炎四年避金寇自温台回駐蹕越州明年改元紹興越州官吏軍民僧道上表乞府額帝曰昔唐德宗以興元元年幸梁州改梁州爲興元府於是用興元故事賜名紹興府元世祖至元十六年爲紹興路　皇明洪武二年復爲紹興府

隷州　自夏建越國至周俱隷揚州秦置會稽郡無所

屬漢興爲荆國又爲吳國景帝時復爲會稽郡俱無屬武帝元封五年置刺史部十三州而會稽仍隸揚州後漢末孫策權俱領會稽太守統江左諸郡無屬晉平吳爲會稽國仍屬揚州王羲之爲會稽内史王述爲揚州牧檢校郡事羲之恥之求分會稽爲越州不果宋文帝元嘉三十年始分揚州地建會州而會稽隸會州孝武帝孝建元年改東揚州大明三年復爲揚州自是之後浙東地或爲東揚州或爲揚州會稽俱隸焉唐初改越州無屬太宗貞觀元年分天下爲十道越州隸江南道玄宗開元二十一年分十五

道越州隷江南東道肅宗至德二載改浙東道後置兩浙道已復置浙東道屢分屢合越州俱隷五代時越州屬吳越國宋太宗至道三年改道爲路置提舉司越州隷兩浙路高宗改紹興府復分浙東西路置提刑提舉二司而紹興隷浙東路元初罷浙東提刑提舉司改府爲路隷浙江行省　皇明洪武二年罷浙江行省路仍爲府隷浙江布政使司

領縣越國時領邑不可考秦置會稽郡漢因之領縣二十四吳曲阿烏傷毗陵餘暨陽羡諸暨無錫山陰丹徒餘姚鄮上虞海鹽剡由拳太末烏程句章餘杭

鄞錢塘鄮富春昭帝始元二年以閩甌舊地置冶回浦二縣屬會稽共領二十六王莽時改吳曰泰德曲阿曰風美烏傷曰烏孝毗陵曰毗壇餘暨曰餘衍諸暨曰疏虜無錫曰有錫婁曰婁治上虞曰會稽海鹽曰展武剡曰盡忠太末曰末治餘杭曰進睦鄞曰謹錢塘曰泉亭鄮曰海治富春曰誅歲光武興復從舊未幾改回浦曰章安以冶立東侯官分章安立永寧領縣二十七順帝永建四年分吳曲阿毗陵陽羨無錫丹徒婁海鹽由拳烏程餘杭錢塘富陽十三縣置吳郡會稽移治山陰領縣十四永和三年又分上虞

南鄉爲始寧立東部章安統于會稽共領縣十五獻帝初平三年分太末置新安分烏傷南鄉置長山領縣十七分諸暨之大門村爲漢寧四年又分章安永寧之地爲松陽領縣十九建安四年分太末立豐安分新安立定陽十三年分東候官立邑以年號爲名曰建安爲會稽南郡共領縣二十二三十三年分太末立平昌分永寧立南始平又分烏傷之上浦爲永康分章安立臨海改太末曰龍丘章安曰羅陽餘暨曰永興漢寧曰吳寧領縣二十六吳少帝太平二年分郡之東部臨海南始平松陽羅陽四縣置臨海郡

景帝永安三年分南部東侯官建安漢興三縣置建安郡後主寶鼎元年分烏傷龍丘新安豐安長山吳寧平昌永康定陽九縣置東陽郡會稽止領縣十舊志云孫氏立東部爲臨海郡於是會稽始有屬郡夫兩郡豈得相屬蓋會稽爲都會兼督諸郡事如漢末曹操表孫權爲會稽太守統江左諸郡梁湘東王繹承制以陳覇先爲都督會稽東陽新安臨海永嘉五郡諸軍事東揚州刺史領會稽太守是也晉地道志宋州郡志會稽皆領縣十隋文帝開皇元年郡爲吳州幷山陰上虞永興始寧立會稽縣幷餘姚鄞鄮入

句章與剡諸暨領縣四唐高祖武德四年吳州爲越州而以剡置嵊州析置剡城縣與會稽句章諸暨領縣仍四又分句章故餘姚地置姚州故鄞地置鄞州七年輔公祏平廢姚州以餘姚縣來屬已又析會稽置山陰越州領縣六八年廢鄞州爲鄮縣廢嵊州及剡城入剡縣並來屬省山陰復入會稽領縣仍六高宗垂拱二年復置山陰儀鳳二年復置永興領縣八玄宗開元二十六年割句章鄮二縣置明州越州領縣六天寶元年改永興曰蕭山代宗大曆二年省山陰七年復置貞元元年復置上虞領縣七憲宗元和

十年又省山陰未幾又復置梁太祖開平元年析剡立新昌領縣八宋徽宗宣和三年方獵反改剡爲嵊高宗建炎三年越州爲紹興府孝宗乾道八年分諸暨之楓橋爲義安領縣九元改府爲路成宗元貞元年升餘姚諸暨爲州紹興路領州二縣六　皇明初改諸暨曰諸全洪武二年路復爲府二州復爲縣諸全仍名諸暨

山陰縣越王句踐都秦始皇三十七年徙大越民置餘杭伊攻故鄣因徙天下有罪適吏民置故大越處以備東海外乃更名大越曰山陰會稽土地志云邑

在山之陰
會稽縣本山陰縣地沿郡名
蕭山縣吳王闔閭弟夫槩邑縣西有蕭山焉
諸暨縣越王允常所都或言西有楮山北有槩浦或言無諸舊封夫槩故邑皆上下各取一字從省稍轉訛耳
餘姚縣周處風土記云舜後支庶所封從舜姓郭璞云句餘山在縣南句章北二縣名因之
上虞縣本司鹽都尉治地名虞賓晉太康記云舜避丹朱於此十三州志云夏禹與諸侯會計因相虞樂

於此地二說不同

嵊縣縣有嵊山水經註東有簟山南有黃山西有西白山爲縣之秀峯嵊山在北乃四山爲嵊之義

新昌縣本嵊縣東鄙地說者又云割台分剡以成之

區界 周以前越大約有浙東國語曰句踐之地南至於句無諸暨有句無亭北至於禦兒宋嘉興有禦兒鄉漢功臣表兩粵傳有語兒侯東至于鄞西至于姑蔑大末地今金華府及後滅吳則兼有吳地北渡兩淮徙都瑯琊盡揚州境跨徐遝青兖矣秦西漢會稽郡兩浙外仍兼吳閩地後漢割吳郡移治山陰提封尚數千里南踰閩越西限浙江東北至

海視舊越境惟失錢塘餘地或猶贏焉孫氏以後始
稍分析剏立臨海建安東陽三郡分地太半然猶有
鄮鄞句章地唐與剡嵊姚鄞三州無今嵊餘姚地未
幾三州廢地仍來屬開元中始立明州割東濱海地
越州據餘姚爲境至今不改
紹興府境截長補短方三百餘里東西二百九十里
南北四百四十七里東至寧波府慈谿縣一百五十
七里東南至台州府天台縣三百里南至天台縣二
百九十里西南至杭州府富陽縣一百九十二里西
至杭州府錢塘縣一百三十八里西北至錢塘縣一

百一十五里北至海四十里東至慈谿縣三百二十
七里至省城一百三十八里至南京一千二百三十
里至北京三千七百九十里
山陰縣附府城府治在縣境内東西九十八里南北
一百一十八里東至會稽縣不二里許界運河而中
分之東南至覆盆嶺諸暨縣界四十里南五十里絶
古博嶺西南踰金牛嶺七十里達於浣江亦接諸暨
北至海岸四十里沙堤極目轉徙無常海之北岸則
嘉興之澉浦也東北以宋家漊爲界隣會稽西至錢
清五十五里界蕭山縣西北抵航塢之爪瀝村亦達

於海
會稽縣亦附府城去府百有三步東西九十二里南北一百三十里東九十二里至曹娥江之中流上虞縣界東南一百四十里至三界南一百一十里至南嵊口溪之中流並嵊縣界西南八十里至駐日嶺諸暨縣界西一里運河中流西北三里並山陰縣界北二十里抵海東北七十五里至瀝海纂風鎮上虞縣界
蕭山縣在府城西北一百一十一里東西六十二里南北九十里東五十里至浦陽江之中東南五十一

里至螺山之外東北四十九里至龕山抵于航烏山並山陰縣界西至浙江之中二十三里西北一十五里並錢塘縣界南至壕嶺六十五里諸暨縣界西南四十八里至黃嶺富陽縣界北至大海之中三十五里杭州府仁和縣界

諸暨縣在府城西南一百四十二里東西一百六十里西北一百一十一里東至古博嶺山陰縣界駐日嶺會稽縣界俱七十里西至五洩山富陽縣界金華府浦江縣界俱五十里南至畲坑黃嶺白巖山金華府義烏縣界六十里北至兎石頭蕭山山陰二縣界俱

九十里東北至白水山山陰縣界九十里西北至雀門嶺富陽縣界七十里西南至日入柱山浦江縣界七十里東南至宣家山嵊縣界八十里而近白水嶺金華府東陽縣界八十里而遥

餘姚縣在府城東北一百四十七里東西六十里南北二百六十里東二十里界桐下湖橋東南三十五里界楊溪之石門山東北七十里界上林之漾塘並慈谿縣西三十里界小楂湖西南六十里界笙竹嶺西北七十里界烏盆斷塘並上虞縣南一百六十一里界黎州山嵊縣北三十五里入海際又北包懸泥

山跨海之北抵海鹽縣
上虞縣在府城東一百二十里東西五十三里南北一百十里東二十里至通明壩東南四十五里至白道猷嶺東北二十里至新壩俱餘姚縣界西二十八里至曹娥江之中流西北八十七里至黄家堰俱會稽縣界西南九十里至車騎山南一百三十里至覆卮山俱嵊縣界北六十里抵海
嵊縣在府城東南一百八十里東西三百七十六里南北一百七十六里東至陸照嶺一百四十里寧波府奉化縣界東南至太湖山七十里南至胡脥一百

五里俱新昌縣界西南至白峯嶺九十里東陽縣界西至勞績嶺一百三十六里諸暨縣界西北至孫家嶺七十里北至池湖五十五里俱會稽縣界東北至郁樹嶺六十里上虞縣界

新昌縣在府城東南二百二十里東西二百二十里南北一百四十五里東至黄栢尖台州府寧海縣界一百里東南至關嶺天台縣界一百二十里南至彩烟山東陽縣界二百一十里西南至穿巖山嵊縣界四十里西至烏巖溪嵊縣界三十里西北至花鈿嶺嵊縣界十五里北至王宅後溪嵊縣界四十里東北

至黃罕嶺奉化縣界一百里

坊里　隋以前不可考唐十道圖縣各有鄉有里然其興廢因革亦靡得記焉宋熙寧三年行保甲法始置都領於鄉改里曰保領於都元豐八年廢都保復置附治地爲坊其郭外仍以鄉統里已又分府城內爲五廂仍領坊元改廂爲隅縣各置隅鄉爲都里爲圖俱以一二次府城四隅不隸於縣別置錄事司掌之皇明罷錄事司以四隅還縣而隅都之名不易各縣隅或領圖圖或仍爲里然應役者在城皆曰坊長鄉皆曰里長云近年稍有增損煩瑣不可勝載詳各縣

志中

府城内四隅宋太平興國析為二縣六里總謂之坊郭鄉西二隅隸山陰宋鏡水鄉領里四六雲市南北海新河東二隅隸會稽宋稽山鄉領里二待賢德政

西南隅領坊九曰大辛曰大雲漢東武里曰東觀曰紫金曰下植利曰上植利曰美政曰常禧曰南和豐鏡水鄉宋嘉定中爲第三廂領坊三十一西河小驛南市富民華嚴鐵釘蕙蘭德惠大市門治平甲子開元南觀仁獅子雲西菩提耀靈植利采家柴場京兆天井水溝大新河南施水船場府橋桐木權木愛民京兆係京兆人遷居之處又爲第五廂領坊五教德臥龍車水顯應秦望元始改爲西南隅領坊四十三改愛民曰美政教德曰道德臥龍曰常禧省府橋以船場入西北隅增清道澄波顯寧作揖千金後路宣化和豐蓬萊澄波以方干池西北隅領坊十四曰西光相曰迎恩曰戒

珠曰東中正曰筆飛江淹所居曰西中正曰東光相曰東如砥曰朝京曰下和豐曰昌安曰萬安曰西如砥曰承恩亦鏡水鄉宋嘉定中爲第四廂領坊二十賢良火珠少微板橋北市瓦市雙橋水澄新河大路石灰錦麟武勳晝錦迎恩草帽筆飛斜橋戒珠王狀元元始改爲西北隅領坊三十以斜橋入東北隅增船場丁家禮賓承恩萬安光相中正昌安大雲五福紫金東南隅領坊八曰上望花曰中望花曰下望花曰東陶家曰西陶家曰朝東曰稽山曰東仰盆稽山鄉宋嘉定中爲第一廂領坊二十一外竹園裡竹園晉昌玄真外鍾離裡鍾離靜林甘露外梧桐裡梧桐杏花親仁日連義井新路小新都亭法濟孝義禮禋竹園舊名禮遜漢陳囂紀伯所讓之地玄真唐張志和所居鍾離漢鍾離意所居元始改爲東南隅領坊二十九增禮賢稽山望花陶家延慶仰盆九節柔遯東北隅領坊八曰安寧曰西府

東曰永昌曰東府東曰都泗晉都泗里曰石童曰東大德政曰西大德政亦稽山鄉宋嘉定中爲第二廂領坊十九棚樓花市日池月池照水小德政章憧廣陵石灰朴木樂義永福押隊諸舍上黨義井祥符詹狀元莫狀元元始改爲東北隅領坊三十五增斜橋都泗龍華千秋解愠天長春臺文通五雲石童朝東寶祐永昌府東通泰安寧千秋以千秋亭蔡邕得椽竹爲笛處

山陰縣城外四十八都各領圖不一第一都領圖五元六圖第四都領圖五元八圖第五都領圖六元九圖第六都領圖二元三圖以上宋爲感鳳鄉領里二永仁王筍第二都領圖七元九圖第三都領圖一元三圖以上宋爲巫山鄉領里五朱尉永仁鹿山塗山石城鹿山文作六山石城即漢安成里第七都領圖三元四圖第八都第九都俱

領圖二元同第十都領圖六元八圖第十一都領圖二元一
圖以上宋爲靈芝鄉領里八表寘寘祐萬歲禹川畫祐埭石北瀆瀆溝第十二都領圖
三元同第十三都領圖十元十二圖第十四都領圖四元五圖
第十五都領圖五元六圖以上宋爲梅市鄉領里三梅福永新寶盆梅福相傳以漢梅
福隱處蓋傳會也即句踐處群巫之所漢曰巫里第十六都領圖三元同第十
七都領圖七元九圖第十八都領圖六元七圖第十九都
第二十都俱領圖四元俱五圖第二十一都領圖三元四圖以
上宋爲溫泉鄉領里三懷信興德崇業第二十二都領圖四元五圖第二
十三都領圖二元三圖第二十四都領圖一元二圖第二
十五都領圖七元十圖第二十六都領圖三元二圖以上宋爲迎

恩鄉舊又名永昌領里四蘭亭明福會昌峕竹第二十七都領圖六元七圖第二十八都第二十九都第三十都俱領圖二元俱三圖第三十一都領圖二元同第三十二都領圖一元二圖以上宋俱爲承務鄉領里二洪漸道泰第三十三都領圖八元九圖第三十四都領圖七元八圖以上宋爲旌善鄉領里二敬忠周嘉第三十五都領圖二元同第三十六都領圖三元五圖鎮都領圖二元同以上宋爲禹會鄉領里一廣陵第三十七都領圖三元四圖第三十八都領圖四第三十九都領圖三元俱五圖以上宋爲新安鄉領里一調山第四十都領圖三元四圖第四十一都領圖二元三圖第四十二都領圖三第四十三都領圖四元俱五圖以上宋爲天樂鄉領里四四方山

漈沺斯裡剎竿第四十四都領圖五第四十五都領圖三元俱同以上宋爲安昌鄉領里二齊賢東林第四十六都領圖五第四十七都領圖九元俱同以上宋爲清風鄉即唐移化鄉領里二清化洛思編戶無城內

共二百十一里

會稽縣城外三十一都各領圖不一第一都領圖二第二都領圖五第二十都領圖二元俱同以上宋爲鳳林鄉昔嘗有鳥如鳳止於其林領里二西施鏡水石童第三都領圖一第四都領圖六第五都領圖四第十九都領圖七元俱同以上宋爲雷門鄉領里四上皐高平石瀆長樂第六都領圖十六第七都領圖五元俱同以上宋爲上亭鄉領里三上許靜七志淳墅第八都領圖三第十都領圖二元同第

十七都領圖二元三圖以上宋爲廣孝鄉以寺名領里二蘇墟崇德第九都領圖五元同第十八都領圖七元八圖以上宋爲袁孝鄉以袁孝子不知何時人又失其名領里一通德第十一都領圖三第十二都領圖六元俱同以上宋爲曹娥鄉領里二福嚴箬林福嚴以寺名第十三都領圖四元同宋爲富盛鄉領里一積下第十四都領圖四第十五都領圖二第十六都領圖三元俱同以上宋爲千秋鄉以觀名領里二稽山城南第二十一都領圖四元五圖第二十二都領圖五元同第二十三都領圖二元三圖以上宋爲太平鄉以山名領里四章汀全節太山蒿山第二十四都領圖三元四圖第二十八都領圖二元三圖第二十九都領圖二元四圖以上宋爲東土鄉取謝安棲遲東土之義領里三美箭謝公迴潭第二十七都領

圖二元三圖第三十都第三十一都第三十二都俱領圖一元俱同以上宋爲五雲鄉領里二石帆西施第三十三都領圖二元同宋爲延慶鄉舊又名延德領里一西岑共第二十五都領圖三第二十六都領圖四地故與嵊接成化八年縣丞馬馴徃徵稅民以其近嵊也抗丞知府洪楷乃奏割兩都地屬嵊今見編戶無城內共一百二十里

蕭山縣共二十四都各領圖不一嘉靖三十二年縣乃有城城內二都第二十都領圖十二元同宋合十九都爲崇化鄉領里九陳村徐潭百步朱村黃村趙村史村社壇許君百步者去縣百步社壇舊社所在許君晉許詢所居第二十一都領圖十二元同宋爲昭明鄉領里五縣南小鳳龔墅開明杜頭

二鄉俱近縣治宋有三坊清風招賢通闤清風以許詢宅招賢以江淹宅元在城隅無考共領坊八增擢桂崇儒育材菊花會政崇儒育材近縣學今兩都雖在城內然不領坊　城外二十二都

第一都領圖六元七圖　第二都領圖六元同以上宋為由化鄉領里八趙墅永豐五里安射賓浦秦君去虎勞湖秦君秦系所居去虎虎負子渡江處　第三都領圖十二元十一都宋為夏孝鄉以吳夏方孝行名領里八山宅范巷許村斜橋杜湖寺莊城東城西　第四都領圖四元六圖宋為長興鄉永興舊縣治也領里三鷄鳴安正亞父　第五都領圖三元五圖宋為安養鄉領里五清德靜居橫塘羅村魚潭　第六都領圖四元同　第七都領圖五元七圖以上宋為許賢鄉以許詢領里五開會三基謝山馬閣造村　第八都領圖五元同　第九都領圖三元四圖以上宋為孝悌鄉以宋郭巨領里五白墅香橋鄭村兎沙盛村　第十都領圖四元五圖　第十一都

第十二都俱領圖三元俱四圖以上宋爲長山鄉以山名領里五鳳皇許賢高屯安神高鳴許賢亦以許詢高屯者唐黃巢嘗屯兵焉第十三都領圖二元三圖第十四都領圖五元同以上宋爲桃源鄉領里五通遠崇山方山曹鳴永福第十五都領圖五元同宋合十六都之半爲新義鄉領里五前濠莫浦峽下冗村河由第十六都領圖七元六圖第十七都領圖三元同宋合十六都十八都之半爲苧蘿鄉以山名領里五安國孔湖臨浦西施朱里第十八都領圖七元同內五圖宋爲來蘇鄉領里二招蘇朱汀蔡嶠第十九都領圖四元同宋爲崇化鄉之半第二十二都領圖七元同宋爲里仁鄉領里七東京下浦陳墅楊新佳浦楊東楊南第二十三都領圖五第二十四都俱圖十三元俱同以上宋爲儀鳳鄉領里十六白鶴大義新田氐瀝章浦忠義表里龕山童墅路西佳浦周里塘頭丁里翔鳳長巷周里句戭

丹室吳越春秋所謂𡨴宗也長巷舊名江呂編户共一百四十二里

諸暨縣城内四隅共領圖七東隅領圖二宋合第七十都第七十一都第七十二都爲安俗鄉領甲五丁橋擺灘東朱沙岱鳥石西隅領圖三南隅領圖一北隅領圖一以上宋合正一都附一都爲陶朱鄉領甲四前應菁渚長山白隔二鄉內有二十坊招賢西施苧蘿永寧臨津永壽安仁勸農製錦集貨華纓浣溪彩織道山台輔使星芝山相門神秀狀元元初安俗鄉增永樂大唐二里陶朱鄉增相門一里後乃割二鄉之半爲四隅共領坊二十二省苧蘿道山增葵亭柱花丹桂聯桂分領坊無考城外八十四都各領圖不一正一都領圖一元同附一都領圖二元三圖以上宋爲陶朱鄉之半第七十都領圖二元四圖第七十一都領圖二元二圖第七十二都領圖二元同以上宋爲安俗鄉之半正二都領圖

一元三圖附二都領圖一元二圖以上宋爲開元鄉領里二溪丘下墅元初增柳林一里第三都第四都俱領圖三元俱六圖第五都第六都俱領圖三元俱四圖正七都領圖四元五圖附七都領圖一元二圖以上宋爲花山鄉領里五白門象湖晚浦中浦下浦元初增石江一里第八都領圖三元四圖正九都領圖三元同附九都領圖一元二圖以上宋爲義安鄉領里六俞宅廻隊茹繩朱墓純下里亭第十都領圖二元三圖第十一都領圖一元二圖第十二都領圖一元三圖以上宋爲槩浦鄉領里六陳宅大馬奔塘獨山婁下南安元初增新其陶朱長溪三里第十三都領圖二元同第十四都領圖一元二圖第十五都領圖二元三圖第十六都領圖二元同以上宋爲靈泉鄉領里五後金石蝌地岸高塚斗泉第十七都第十

八都第十九都俱領圖一元俱三圖以上宋爲諸山鄉領里三梅山清潭豎畈元祐增典古尚賢二里第二十都第二十一都俱領圖一元俱二圖第二十二都領圖一元三圖以上宋爲同山鄉領里三西坑東向豐江第二十三都正二十四都俱領圖二附二十四都領圖一元俱同以上宋爲長浦鄉領里二興樂赤岸第二十五都領圖二元五圖第二十六都正二十七都俱領圖一元俱二圖附二十七都領圖一元同以上宋爲超越鄉領里四乾溪古同前山塘頭元祐增龍所上泉義井三里第二十八都領圖二元三圖第二十九都領圖一元四圖正三十都領圖一元二圖附三十都領圖一元一圖以上宋爲天稠鄉領里四鯉湖坎頭硯石高塘第三十一都第三十二都俱領圖二元俱

四圖第三十三都正三十四都俱領圖一元俱二圖附三十四都領圖一元同以上宋爲金鵝鄉領里四平泉稱水蕙渚街亭元初增建德崇山二里第三十五都領圖一元同第三十六都領圖四元六圖第三十七都領圖一元三圖以上宋爲龍泉鄉領里四板橋黃澤樓子黃畈元初增梅溪崇賢藥王崇岡高崇樂安六里第三十八都領圖一元三圖第三十九都領圖二元四圖第四十都領圖一元二圖以上宋爲開化鄉領里十沉坑苦竹峽山岳風渾里筭溪福田演溪獨山大門大門即吳永興縣故址元初增大田良田湖田三里第四十一都領圖一元三圖第四十二都領圖一元二圖第四十三都領圖二元三圖第四十四都領圖二元四圖以上宋爲孝義鄉以宋賈恩領里十沉子湖塗白水白隔黃碧小際杜坑城演官員錢里元初增果林上林

崇仁城山崇化五里第四十五都第四十六都俱領圖一元岸三圖正四十七都領圖二元三圖附四十七都領圖二元同以上宋爲花亭鄉領里五大林白社徐岸五鼇後岸元祊增龍泉建興陽明松岡永昌五里第四十八都領圖二元四圖第四十九都領圖二元三圖第五十都領圖三元同以上宋爲長寧鄉舊名永寧領里五步溪大坑石碑馬塘黃山元祊增豐義底山高湖三里第五十一都領圖一元三圖正五十二都領圖一元二圖附五十二都領圖一元同以上宋爲大部鄉領里三白水白豐安樂元祊增泰山香山富樂宜仁四里第五十三都領圖一元二圖第五十四都領圖二第五十五都領圖一元俱同以上宋爲長阜鄉舊名永昌領里二上劉前塘元祊增招德招賢蘭臺招君白水塘里六里第五十六都領圖二

元三圖第五十七都正五十八都附五十八都俱領圖一元俱同以上宋爲東長安鄉舊名永安領里五層里胡部招桂杜鴎烏程元初增安明永明楓橋長塘石潭五里舊無第五十九都第六十都領圖二元同第六十一都領圖一元二圖第六十二都領圖三元同第六十三都領圖三元四圖以上宋爲紫巖鄉領里八黃澗盛後白櫟金汀岳樠牛格中里琴鴎元初增釣臺臨川永修三里第六十四都領圖二元四圖第六十五都領圖二第六十六都領圖六元俱同以上宋爲西長安鄉領里七杜汪銀治竹浦吳墅秘浦孔胡祈祈元初增安陽江南二里正六十七都領圖四元五圖附六十七都領圖二元同第六十八都領圖五元六圖正六十九都領圖二元三圖附六十九都領圖一元二圖以上宋

爲長泰鄉領里十望海桑溪竹熱魚櫓鄭墅竹編戶橋皂山新城古塘蕈瀧元初增越女九江二里

共一百五十二里

餘姚縣城內四隅共領里二十七東南隅領里六元領坊二雙桂待士東北隅領里九元領坊三安定還淳肅清西南隅領里四元領坊二甘泉馮諠西北隅領里八元領坊三永寧衮繡閱武宋無四隅止十坊雙桂待士永寧同其七爲履仁清和崇理訓俗通德太平時清城外三十五都各領里不一東山一都領五里半二都領里六元俱六圖三都領七里半元七圖以上宋爲東山鄉領里六李春姚娘安僧余福余支蔣德蘭風一都領里四二都領里五元俱七圖三都領里四元五圖以上宋爲蘭風鄉領里六孫兒惠藥施金馮明大悲班兒燭溪一都領五里半元七圖二都

領七里半三都領里七元俱八圖以上宋爲獨溪鄉領里六豐山吉泰王勝王祐周班周義梅川一都領三里半元五圖二都領里十一元十一圖以上宋爲梅川鄉領里四劉榮長慶戴福謝芳冶山一都領三里半元四圖宋爲冶山鄉領里四萬歲賈福景安賀恩四明一都領三里半二都領里三元俱四圖三都領三里半元五圖以上宋爲四明鄉領里四白雲趙餘梁政蔣吳開原一都領里九二都領里十元俱十圖三都領里七元七圖以上宋爲開原鄉領里五汝仇宣訓閣剩趙孟戚余鳳亭一都領十里半元十二圖二都領里十二元十三圖以上宋爲鳳亭鄉領里三許君顧仵君恩雲柯一都領里十二元十二圖二都領七里半元八圖三都領里六元七圖以上宋爲雲柯鄉領里五信天承福神像僧保天養雲樓一都領九里半元十

圖宋爲雲樓鄉領里四九功永明神護王政上林一都領里八圖元九二都
領四里半元五圖以上宋爲上林鄉領里五石人嚴順邵恩田熟王蕙通德一都
領三里半元六圖二都領里四圖元五三都領四里半元六
圖以上宋爲通德鄉領里四仁歸再生仁德多兒孝義一都領里八圖元八二
都領里十五元十六圖以上宋爲孝義鄉領里四俞成王壽壽答黃金雙鳫一都
領里九元十圖二都領七里半元八圖以上宋爲雙鳫鄉領里四中埭南盧國
霸王安宋李光雙鳫道中詩晚朝落盡水涓涓柳老秧齊過禁烟十里人家鷄犬靜竹扉斜掩護蠶眠
龍泉一都領五里半元七圖二都領八里半元九圖以上宋爲龍
泉鄉領里六羅兗傳太太慶王保施惠駱德編戶共二百七十五里
上虞縣城內四隅東隅南隅西隅北隅共領圖七元隅

同共十三坊尚德尊賢昭位崇義恤孤純孝金壘屬文務農廉賈思仁重義習古分領坊不可考宋爲瑞像上鄉以寺名領里一孝義内亦有十三坊金壘爲好學餘名俱同城外二十五都各領圖不一第一都第二都俱領圖六元俱同宋爲戢眉鄉以山名領里一羅巖第三都領圖十第四都領圖三元俱同鎮都領圖一元二圖以上宋爲永豐鄉領里一王祥第五都領圖五元同第六都領圖五元三圖第七都領圖二元五圖以上宋爲寧遠鄉領里一夏蓋以湖名第八都領圖八元同宋爲新興鄉領里一纂風以山名第九都領圖九第十都上領圖七元同宋爲孝義鄉領里一嵩城以古廢城第十都下領圖七元同宋爲上虞鄉領里一蘭芎以山名第十一都領圖四元同宋爲戴初鄉領里一集鏞第十二都領圖五元同宋爲葛僊鄉以葛玄墓領里一蔡碑第十三

都領圖三元同第十四都領圖五元六圖以上宋爲景隆鄉領里一常營
第十五都領圖四第十六都領圖二元同宋爲上山鄉領里一南寶
第十七都第十八都俱領圖三元俱同宋爲寶泉鄉領里一夏湖第
十九都領圖三元二圖第二十都領圖四第二十一都
領圖六第二十二都領圖十元俱同以上宋爲瑞像下鄉領里一新安第
二十三都領圖十三元同宋爲始寧鄉舊始寧縣也領里一通明以壩名編戶
共一百四十二里

嵊縣城內二隅共領坊六東隅領坊三元領坊十四清紀益詠棲鸞淳化字民成俗齊禮嘉會豐義醴泉仁德桃源絃歌訪戴宋合第二都爲仁德鄉領里五甘棠永樂餘糧歸仁金塘四隅領坊三元領坊十秀異集賢化民繼孝兆慶繼錦妙音招提清河僊桂

宋合第五十三都第五十四都爲昇平鄉領里五承
霞靜豐尚賢泰和伍山二鄉内亦有三十四坊清紀
日佐理益詠曰進德無棲鸞城外五十四都各領圖
淳化僊桂有通安遷善迎春
不一第一都領圖一元同宋爲方山鄉領里五全節永壽懷仁遲山光德第二
都領圖一元二圖宋爲仁德鄉之半第三都第四都俱領圖一元俱
同宋爲康樂鄉以謝靈運領里五狩謝宿剡竹山康樂感化宿剡取靈運詩中語第五都領
圖一一元二圖第六都領圖二元四圖第七都領圖一元二圖以
上宋爲崇信鄉領里五休祥甘泉竹山懷安剡中第八都第九都第十都共
領圖一一元各領一圖宋爲兹節鄉領里五濯壽昇僊馴翟思善登江第十一都宋爲
靈山鄉領里五欽義下闡靖安守義崇孝第十二都共領圖一元十一都二圖十二
都圖一第十二都領圖一元同宋合十二都爲金庭鄉以山名領里五昌化善政惟

新永寧緣德第十四都第十五都俱領圖一元俱同宋爲孝嘉鄉舊名淸苦里陳王知玄布孝行聞帝嘉之改孝家里領里五石鼓桐栢安樂忠節安義第十六都領圖二元一圖第十七都領圖二元同以上宋爲忠節鄉領里五三峯孝嘉石鼓忠節修仁第十八都領圖四元五圖第十九都第二十都共領圖一元各領一圖宋爲遊謝鄉領里五康樂明登宿星瞋投吹臺明登宿星瞋投俱用靈運事宋陳克送汪藻詩雨裏落帆遊謝鄉寒聲古木共荒凉四山爲我洗蒼玉况有故人歸上方第二十一都第二十二都俱領圖一元俱二圖宋爲靈芝鄉領里四石林東節正鈞化舍第二十三都領圖一元二圖第二十四都領圖一元同以上宋爲崇仁鄉領里五感化霞丘靖林歸舍愛敬第二十五都領圖一元同第二十六都領圖二元三圖以上宋爲孝節鄉領里五新豐從化招賢綏安方

山舊無第二十七都第二十八都領圖一元二圖第二十九都領圖一元三圖以上宋爲永富鄉領里五克遊西清東闡餘風禪房第三十都領圖二元三圖第三十一都領圖一元二圖第三十二都領圖一元同以上宋爲富順鄉舊名正順領里四長敬新安温泉慈烏第三十三都領圖二元四圖第三十四都領圖一元三圖以上宋爲崇安鄉舊名承安領里五澄清懷舍依賢化俗清安第三十五都領圖一元二圖第三十六都領圖六元同以上宋爲羅松鄉領里五紫巖雙璧中川斷金豐樂第三十七都領圖三元八圖宋爲剡源鄉領里五尊賢澹城中和光明積善第三十八都領圖二元七圖第三十九都領圖一元三圖以上宋爲太平鄉領里五碧潭擇賢懷仁建昌懷信第四十都領圖一元二圖第四十一

都領圖一元同以上宋爲長樂鄉領里五崑山陽明昭仁禮義寧安第四十二都領圖二元同宋爲開元鄉領里五靖安同鄉招仁居賢貝水魚第四十三都領圖二元同宋爲繼錦鄉以史洲史叔軻父子相繼登科舊名治化領里五駟舍板轅鳴絃戴星遷星第四十四都領圖二第四十五都領圖一元俱同宋爲積舍鄉領里五名俱與羅松鄉同但紫巖爲南巖耳第四十六都領圖一元二圖第四十七都領圖三元五圖以上宋爲桃源鄉即劉阮所居領里五赤闈白泉長樂崇信安居第四十八都領圖三元六圖第四十九都領圖二元同以上宋爲清化鄉領里五懷舍開明欽賢習舍招賢第五十都第五十一都第五十二都俱領圖二元俱同宋爲禮遜鄉舊名禮節領里五長安僊林平樂懷安新安第五十三都第五十四都俱領圖二元俱三圖宋爲昇平鄉之半

第五十五都領圖三第五十六都領圖四成化八年割會稽二十五六兩都來屬者元領圖同宋爲德政鄉領里三太欽赤石奉化編戶共八十八里

新昌縣城内外共三十都各領圖不一城内四都第一都第二都共領圖一第三都領圖六第四都領圖一內共有八坊文昌儒慶青瑣春官文林通明應台聚賢元共領圖九在城隅無考有十三坊治平康樂覇越千秋太平通明錦繡崇化集賢登俊明倫應台宣德康樂今春官崇化今青瑣集賢今聚賢宋爲五山鄉以五龍山領里四孝行孝義仁嵓巖歩渚内有四坊康樂覇越千秋太平城外二十六都第五都第六都共領圖一第七都領圖一第八都第九都共領圖一第十都第十一都𦡃併領圖一元第十都以上共領圖七宋爲豐樂鄉領里八紆胡禾泰美人椙谷僊嵓巖全節逦義懐化第十二都第十三

都俱領圖一第十四都領圖二第十五都第十六都第十七都共領圖一元合十一都共領圖九宋爲彩煙鄉領里三松門崇嶽太清第十八都第十九都歸併領圖一第二十都第二十一都歸併領圖一第二十二都第二十三都歸併領圖一元第二十二都以上共領圖四宋爲偃桂鄉領里二思行晝錦第二十四都第二十五都第二十六都第二十七都第二十八都第二十九都第三十都俱領圖一元合第二十三都共領圖十一宋爲金善政鄉領里二永寧開化第三十三都第三十一都第三十二都歸併元共領圖一宋爲新昌鄉領里二金莖新豐第三十四都第三十五都第三十六都第三十七都歸併共領圖一元第三十六都以上共領圖一宋爲安仁鄉領里一義順第三十八都第三十九都共領圖一元合第三

十七都共領圖一宋爲守義編戶共三十里

鄉領里三崇賢靖安惟新

市府城內清道橋市在府東南一里

酒務橋市在府東南半里

江橋市在府東一里以上隸山陰

越大市在都亭橋南秦漢時越人於此爲市即蒯子

訓賣藥處宋時廢隸會稽

山陰離渚市在府城南四十里

柯橋市在府城西四十里

夏履橋市在府城西南五十里

錢清市在府城西北五十里

安昌市在府城西北七十里

丁山陡門市在府城北二十里

會稽平水市在府城東二十五里蓋唐時嘗有市今廢唐元稹序白氏長慶集云予嘗於平水市中見村校諸童競習歌詩召問之對曰先生教我樂天微之詩固亦不知予之爲微之也其自註云平水鏡湖傍草市名

三界市在府城東南一百二十里即漢始寧縣址

馬山市在府城北二十里

樊江市在府城東三十里

道墟市在府城東七十里

偁塘市在府城東八十里

白米堰市在府城東七十里

曹娥市在府城東八十里

蕭山縣市在夢筆橋

臨浦市在縣南三十里

長山市在縣東北四十里五代時立

諸暨楓橋市在縣東北五十里宋大觀中立乾道末

爲義安縣

黄潤街市在縣北六十里

餘姚縣江橋市在縣城南門外

臨山市在縣西北六十里衛城南

瀝山市在縣東北三十五里三山所城東門

姚家店市李家閘市俱在縣東南三十五里

新壩市在縣西三十里

梁衕市在縣西南四十里

馬渚市在縣西南二十里

周巷市在縣西北四十五里

天華市在縣西北五十里

店橋市黄清堰市俱在縣西北三十五里

埋馬市匡堰市俱在縣東北三十五里

石人山市在縣東北七十里

上虞縣市在縣東二百十步豐惠橋邊

梁湖市在縣西二十里

五夫市在縣北三十五里相傳焦氏有五子皆爲大夫又曰焦氏常爲五大夫今市西山下有焦婆井云唐會昌三年俞琎記亦云因焦氏或云秦封松爲五大夫之地市有五松又名五松市宋王十朋會稽賦松封五夫

小越市在縣北三十里

嵊縣市在縣城中以直街爲市心

華堂市在縣東七十里

上岡市在縣東二十五里

長樂市在縣西南六十里

三界市在縣北七十里

崇仁市在縣西三十五里

新昌王澤市在縣東北二十里

胡卜市在縣東三里

長潭市在縣西三十里

棠墅市在縣南七十里

坑西市在縣東三十里

蔡鼻市在縣東八十里以上諸市大約城内外者日聚鄉則旬中一二日或二八

或三七聚焉秖日用常物耳無珍奇府城內外最爲盛次餘姚次蕭山上虞若新昌則故無市成化中餘姚王金三始興之後稍稍奏集

【鎮】山陰錢清鎮在府城西五十里接蕭山界舊有江有壩今江已湮廢舟行由運河直抵西興【宋陳淵過錢清詩】江潮來去自有時扁舟閣淺心如飛岸容霜竹青照眼春信梅花香撲衣天寒鄞江道路阻歲晏錢清風俗非故閭回首二十里落日看盡行人歸

會稽三界鎮在府城東南一百二十里

蕭山西興鎮在縣西十二里古西陵也錢王鏐屯兵惡陵字改曰興【宋謝惠連西陵遇風獻康樂詩】我行指孟春春仲尚未發趣途遠有期念離情無歡戒裝候良辰漾舟淘嘉月瞻途意少悰還顧情多闕哲兄感仳別相送越坰林飲餞野亭館分

秩澄湖陰悽悽悽留予言眷眷浮客心廻塘隱艫棧逶
望絶形音靡靡即長路戚戚抱遥悲悲遥但自弭路
長嘗語誰行行道轉遠去去情彌遲昨發浦陽汭今
宿淛江湄屯雲蔽曾嶺驚風涌飛流零雨潤墳澤落
雪麗林丘浮氛晦崖巘積素惑原疇曲汜薄停旅通
川絶行舟臨津不得濟佇楫阻風波蕭條洲渚際氣
色少諧和西瞻興游嘆東眺起悽歌積憤成疢痗無
萱將如何〔唐皇甫冉西陵寄一公詩〕西陵遇風處自
古是通津終日空江上雲山若待人汀洲寒事早魚
鳥興情新南望山陰路吾心有所親〔又送陸潛夫賦
得越山三韻〕西陵猶隔水北岸已春山獨鳥連天去
孤雲伴客還秖應結茅宇出入石林間〔僧靈一酬皇
甫冉西陵見寄詩〕西陵潮信滿島嶼沒中流越客依
風水相思南渡頭寒光生極浦落日映蒼洲何事揚
帆去空驚海上鷗〔郎士元送李遂之越〕未習風波事
初爲東越遊露沾湖草晚月照海山秋梅市門何處
蘭亭水尚流西陵待潮信落日滿孤舟〔元稹與樂天
別後西陵晚眺〕晚日未抛詩筆硯夕陽空望郡樓臺
與君後會知何日不似潮頭暮却來〔白居易答微之
泊西陵見寄次韻〕烟波盡處一點白應是西陵西驛

臺知在臺邉望不見暮潮空送渡船廻［李紳西陵寄
王行詩］西陵沙岸廻流急船底沾沙去岸遥驛吏遥
呼催下纜棹郎閑立道旁桃猶贍伍相青山廟未見
雙童白鶴橋欲責舟人無次第自知貪酒過春潮［吳
融西陵夜居詩］寒潮落遠汀暝色入柴扃漏永沉沉
靜燈孤的的青林風移宿鳥池雨定流螢盡夕成愁
絶啼猨莫近庭［宋呂祖謙西興道中］鳧鷖迎船自有
情隨波故起緑翀翀野花照水開無主誰信春歸已
兩旬［又］桑麻張王不知春帝恐鶯花太斷寬東岸紅
霞西岸柳却將影色爲平分［元張九思西興夜宿詩］
行如歸鳥來安巢泊似枯蟬暫解包軟語逗留吳地
習拙詩慚愧越僧抄未諳土酒隨宜飲旋買江魚借
具庖有酒得魚身是客絶勝無酒與無肴［施鈞詩］片
帆風力飽涼意碧颸颸江闊欲沉鴈天空惟見秋漁
歌聞四起人影在中流隔望秦峯出東南第一州［明
高啓宿西興詩］挂帆無大風到岸日已夕捨舟理輕
裝欲問古鎮驛颯颯灘聲廻莽莽山色積僕夫夜畏
虎告我弗遠適望林投人家炊黍旋敲石寒眠多虛
驚我體若畏席誰云別家遥數日巳在客今宵始驚
歎東西人江隔［鎦渙西興夜居詩］鴈陣驚寒過驛樓

江聲月色暗生愁扁舟此夜西陵渡頓使行人易白頭

漁浦鎮在縣南三十五里

上虞篡風鎮在縣西北七十里

嵊剡鎮在縣東南一百步今遺跡不可考舊志云近邑民於縣西南惠安寺前池中得片石題曰贍都鎮下有文殘闕可見者云當鎮奉勑旨重開道闕池子以防火燭闕巳丑之歲二闕日開此淨池闕界工故記于此漫不可辨所謂贍都鎮疑即舊鎮也然以剡爲贍又天慶觀有錢氏時有都公移稱兩都都軍糧帖撿先據贍縣奏云云錢氏僭稱杭爲西都越爲東都號兩都據此則錢氏曾改剡爲贍矣疑因古語有二火一刀之說惡其不祥改爲豐贍之贍理或然也宜和中方寇初平宣撫司亦乞改剡爲嵊宣撫使乃童貫其意與錢氏畧同

蛟井鎮在縣西南十五里

關　蕭山漁臨關在縣東南十五里凡商販竹木簰筏自上江順流東下經富陽入小江悉集於此每竹木到關南關主事渡江蒞縣監視南關権書曰木從徽處衢嚴由大江進漁浦港往諸暨賣者泊臨浦下磧堰山抽分發寧紹賣者過義橋新壩臨浦麻溪等壩裏河拽至白露塘下抽分

此外山陰有錢清關離渚關清潭關花街關三江關會稽有高陡關平水關餘姚有陸浦關石堰關上虞有梁湖關今俱廢舊志皆稱洪熙元年巡按御史尹崇高奏革然考南關権書梁湖關嘉靖九年為差委

人員索詐財物裁革平水關嘉靖二十七年蒿指陳利弊稍舒貧民累苦事本縣具申每年額征銀二十兩解部始裁革不盡由尹御史也會稽新志曰蒿陡平水二關雖經奏革後工部分司仍遣人抽分嘉靖二十七年張知縣鑑復申革之山稅帶辦於縣登尹公奏革於前工部仍抽分至此乃盡革權書不知前已革遂謂二十六年始議革耶新志又曰近來山民相讐遇採伐者仍以匿稅越訟於杭之権關重為民病獨嘉靖四十五年鉛山費工部尭年知其弊特示禁云欽差工部員外郎費為禁約事照得朝廷設關實寓抑末之意若居民採取本山竹木修

葺房舍非販賣可比豈宜一例起稅

有挾讎妄告者重治勒石永遠禁革

【形勝】紹興枕大海岸北吳興艮田鱗次左右兩江如夾曹娥外四明大蘭爲翼東接明州由西陵渡浙江則背天目諸山控扼三吳南山爲前障五泄天姥錯三邑巖谷連綿犬牙天台永嘉間與閩豫章相望固東南一都會也禹迄功萬國委輸句踐生聚教訓竟滅強吳續五霸二孫據江東俱自領會稽太守晉東渡之初三吳豪右請都會稽五代之亂錢氏據兩浙越獨爲完州南宋都臨安則紹興爲股肱郡　明興置防海諸軍紹興實扼其吭二百餘年來名卿輩出

盖稱名郡云
漢紀許子將曰會稽富貴策之所貪
三國志張紘曰收兵吴會則荆揚可一孫權謂虞翻
曰孤有征討事未得還府卿復以功曹爲吾蕭何守
會稽耳
虞翻曰會稽上應牽牛之宿下當少陽之位東漸巨
海西通五湖南暢無垠北渚浙江南山攸居實爲州
鎮山有金木鳥獸之殷水有魚鹽蛛蚌之饒海嶽精
液善生俊異
晉書諸葛恢爲會稽元帝謂曰今之會稽昔之關中

宋書史臣曰江左以來根本於揚越又曰會土帶海傍湖良疇數十萬頃膏腴上地畝值一金鄠杜之間不能比也

宋陳舜俞曰越爲東南一都會公私晏安百度饒羨蒼山白水連屬附郭古今以爲人物登覽之勝

嘉泰志陸游序曰高宗駐蹕彌年定中興之業升州爲府冠以紀元大駕既西幸而府爲股肱近藩蓋視長安之陝洛汴都之陳許所命牧守皆領浙東安撫使又諸陵攢殿相望於鬱葱佳氣中朝謁之使艫銜轂擊中原未清今天下鉅鎮惟金陵與會稽耳荆揚

梁蓋潭廣皆莫敢望也

明周述學曰吾郡諸山南從朱華峯起頂北來分三支一支自犬亭山入爲臥龍一支自小亭山外山入爲飛來峯一支自禹陵入爲蕺山郡城峙焉其外東西二小江環遶會於三江口潮汐日往來以海爲池壯哉大都之勝也後郡西築麻溪壩則海潮不至沿海築堤餘姚上虞之水復由定海出又不能與郡相衛雖田土有耕種之利而江山之靈秀損矣予志郡中山水仍載東西二江者蓋存天地自然之秀也

南新志曰稷山東峙姚丘拱焉梅里西翼亭蘿抱焉

會稽南面秦望聯焉梅山北合璜嶺繞焉曹娥錢清映帶乎左右鑑湖斗門散漫乎崇卑舟行陸憩如在畫圖瑰偉之觀蓋有欲言而不能盡者矣官制連山濱海好訟刁頑

談府城之勝者一統志曰鑑水環其前卧龍擁其後稽山出其東秦望直其南自浙以東最爲勝處南新志曰天下之山祖於崑崙其分支於岷山者爲南條之宗掖江漢之流奔馳數千餘里歷衡踰郴包絡甌閩而東赴於海又折而北以盡於會稽故會稽爲南鎮鎮止也南條諸山所止也越郡正當會稽諸山之中郡城之外崗巒回合若連雉環戟而中函八山八

山者又會稽諸山之所止也堪輿者之言曰越山又祖華頂而宗鵞鼻鵞鼻之中支曰大慶折爲二脉東爲秦望西爲朱華朱華之脉北委於平野若隱若見二十餘里而起爲琵亭諸山蜿蜒東折以入於郡城曰卧龍山郡治於是乎在八山之所尊也秦望之脉東折而北爲天柱又北爲香爐禹穴又北爲三湖之阜隱而西折以入於城曰龜山龜之陽伏地百數十丈南起爲石岡負城半出以臨於水曰鮑郎山其陰伏地北行二三里微見其脉於水際曰蛾眉山又北爲火珠山而止火珠正當卧龍之頷其勢若相吞吐

者蓋中支二脉之所會也鵞鼻之西支中岐而爲二其東支亦中岐而爲二西支之内則連暨陽諸溪之源自牛首東至於上方涉梅山而南以入於城爲戢山而止東支之内則連嵊西諸溪之源自五峯北至於湴門踰苧蘿而西以入於城爲彭山又西爲白馬山而止白馬正當戢山之度其勢若相交媾者蓋東西二内支之所會也西支之外循錢塘而北下東至於馬鞍以盡斗門之西壁東支之外循曹娥而北下西至於稱稷以盡斗門之東壁斗門雖增鑿於人力而亦實因東西二外支之所盡蓋越中諸水之關也

百源之流皆來萃於八山之間直者爲經横者爲緯渟演旋伏然後合流而北以出於斗門則八山者又越中諸水之所會也此段所論山脉與周述學所云又不同未知孰是今兩存焉

山陰會稽皆附郭邑而談形勝者亦各一論南新志曰山陰則岡阜塗山渚面蘭亭湖抱青田江通漁浦會稽則禹陵前峙稱山後拱繞門中含娥江外附山陰新志曰秦望南屹滄海北環峯嶂緯列於左右而澄江巨湖經流其中膏壤沃土民物廣饒會稽新志曰東環娥江北遶大海南接杉嶺西倚山陰東南阨嵊山西南阻駐日官制山陰上衝會稽多訟繁衝中

談蕭山之勝者倪淵儒學記曰西瞰浙江潮汐之雄放東攬會稽巖壑之奇秀西山亭記曰越山近自湘湖分布而出若星離綺錯于會稽之陸而浙江則波濤洶湧黃渾汗漫夢筆橋記曰青巖交映兩山亭賦曰揖秦望爲後蔽聳天目爲前屏爲東藩之喉舌南新志曰險據錢塘利開湘湖北幹明月佳山青蕖官制繁衝中

談諸暨之勝者南新志曰五泄爭奇群湖瀉曜長山用榜浣江拖練縣新志曰縣治坐漁檣外屏杭烏面白巖內案苧蘿諸山而左白苧右長山白苧比長山相去雖稍遠得浣江縈繞而苧峰高起勢實與長山

爭雄白茅之外屏則鐵崖芝菰諸山長山之外屏則五洩暘塘諸山而東白為東南之崑崙五指鎮西南之門戶道林紫巖諸山為北東西之護衛其間扶輿蜿蜒森列奔峙要有不容盡述者官制府繁中談餘姚之勝者唐虞世南曰波濤觸天渺若瀛海文曰三江重複百怪垂涎王逨江橋記曰東接蛟門西通曹渡長江制其區宇巨浸帶其封域縣譙記曰山秀而整水流而迴元周伯琦曰南起崇山高峻天表北際溟海橫截地維鍾靈孕秀元夫鉅公世產其地高明州城記曰襟江枕海南連嶀嵊北距錢塘實吳

越要衝之地南新志曰四明南列巨海北滙長江中横諸湖外呑縣新志曰入邑城北望豐山若馳而南馳爲秘圖姚江界其胸臆竹山西石鎮其中流龍泉二黄祭衞拱翼而客星秀表經緯諸湖南北山海更復壯麗蓋山之交水之會風氣之委藏也於兹邑焉得其勝矣官制衝繁甚上

談上虞之勝者南新志曰百樓五癸對峙後先玉帶金罍環揖左右縣新志曰左舜江右娥江南帶溪北負海河横厥中亘三十里山則百樓拱前五癸峙後嶙峋鬬奇不厭拄笏而群峯蜿蟺自西而東周遭矗

矗若雉堞然官制冗頗衝中

談嵊之勝者南新志曰秀蘊剡溪風清嵊嶺金庭縹緲石鼓連綿縣志曰縣治右剡山之麓治東五里爲艇湖山又五里爲竹山治西五里爲象駱山又五里爲福泉山五里發脉自嵊一起一伏迤邐數十里分爲五支其勢南奔俱及剡溪滙而後止俗呼五馬據泉以剡山處中而四山分列左右抱顧有情而爲嵊城之輔弼也始皇之鑿剡山蓋以秀氣所鍾云官制下頗衝

談新昌之勝者南新志曰沃洲東亘天姥南延南明嵌岦南巘嵯峨縣新志曰南接駐峯北依五馬祥溪

環其東旗鼓峙其西此邑居之形勢也蘇木關嶺石磐陳公控扼乎東北楊坑夾谿三溪梅渚襟帶乎西南此四境之形勢也若夫天姥沃洲之秘南明瀌洞之幽此又遊觀之勝槩自昔名流紀述詳矣官制中頗衡

附宋謝靈運會吟行　六引緩清唱三調佇繁音列筵皆靜寂咸共聆會唫會唫自有初請從文命敷敷績壺冀始刋木至江汜列宿炳天文負海橫地理連峯競千仞背流各百里滮池溉粳稻輕雲曖松杞兩京愧佳麗三都豈能似層臺指中天高墉積崇雉飛甍躍廣途鷁首戲清沚肆呈窈窕容路曜㛹娟子自來彌世代賢達不可紀勾踐善廢興越叟識行止范蠡出江湖梅福入城市東方就旅逸梁鴻去桑梓牽綴書土風辭殫意未已

宋王十朋會稽風俗賦　昔司馬相如作上林賦設子虛烏有先生亡是公三人相

答難子虛虛言也烏有先生者烏有是事也亡是公者亡是人也故其詞多夸而其事不實如盧橘黃甘之類蓋上林所無者猶莊生之寓言也余賦會稽雖文采不足以擬相如之萬一然事皆實錄故設爲子眞無妄先生有君問答之辭子眞者誠言也無妄者不虛也有君者有是事也以反相如之說焉　有客過越自稱子眞介于無妄先生贄見于有君謁入延膝而前曰聞有君之名雅矣今幸際顏色聆話言僕撅有請君其聽焉君世家于越以風流自命業傳緗素才搖歌詠越之山川人物古今風俗載在君腹願聞其畧可乎有君洒欽袵肅容謝曰唯唯客姑坐焉吾以語爾越於九域分曰揚州仰瞻天文度當斗牛在辰爲丑自夏而侯郡於秦漢霸於春秋州於隋而使於唐公有素而王有繆因種山而中宅廓蠡城而外周龍樓翼而乾峙石竇伏而巽流法天門兮地戶惟崑崙兮是倬貫東南之大府雄天下之無夽其山則鬱鬱蒼蒼巖巖嵬嵬磅礴蜿蟺嶙峋岬嵉若騫若嶄若闒若闔或凸或凹或臼或台或斷而聯或昂而低虎卧龜蹲龍盤鳳側舒鶩斿障峙爲樓臺掩映江湖明滅雲霓八山中藏千峯周回彭蠡名存甄禹迹

迷鉅者南鎮是爲會稽洞曰陽明羣仙所棲石傘如張石帆如揚石簣如蔵石鷄如翔石壁匪泥石甕匪攜香爐自煙天柱可梯韞玉有笥降仙有臺禹穴窅而叵探葛巖蜚而自來射堂豐凶之的宛委日月之珪應天上之王衡直海中之蓬萊至若嵊山歸其東侖山屹其西皐至縣蜀龜來自齊梅山遁隱吏之窟紵羅蓋西子之閭五泄爭奇於鴈蕩四明競秀於天台五雲乃卞令之故居十峯曇翼之拓提故越爲之首兮剡爲之固兮沃洲天姥眉兮目兮金庭桐栢仙子宅兮南明嵌崆竇相湧兮南巖嵯峩海跡古兮陵秦望而望秦兮登洛思而思洛兮采葛食蕺敬弔前王兮脩竹茂林緬想陳迹兮淹山如珠秦皇之所驅兮壓山如玦亞夫之所割兮比幹隱兮明月在東山岡兮白雲迷少微寂兮幽鳥然太白空兮梵猿啼其水則浩淼瀲灔散漫縈迂漲焉而天風焉而波淨焉如練瑩焉如磨滋而爲江瀦而爲湖爲沼爲止爲潰爲汙匯爲陂澤疏爲溝渠滀而爲時淤而泥塗生我稻粱氣我菓蔬集有鳧雁戲有鮆魚貫有菱芡香有芙蕖鷁舟如擊馬檝如驅舡龍夭矯橋獸雕犀堰限江汭津通漕輪舫區舶閩浮鄞達吳浪濼風帆千艘萬

艫大武撓綷五丁誅譚榜人奏功千里須臾境絶利博莫如鑑湖有八百里之回環灌九千頃之膏腴浮賀監之家霈允常之都人在鑑中舟行畫圖五月清凉人間所無有菱歌兮聲峭有蓮女兮貌都日出兮煙銷漁郎兮笑嘑東汲曹江哀彼孝娥西覲鷩濤弔夫子胥緊浦思夫緊之封翁洲訪偃王之廬簞醪投兮沼吳國扁舟去兮變陶朱鼓樵風兮遊若邪興雪櫂兮尋隱居禊事修兮觴蘭渚陶泓沐兮池戒珠了溪鑿兮禹功畢刑塘築兮長人誅酌菲泉兮懷古飲清白兮自娱其物則有魚鹽之饒竹箭之美山涵海藹句其有幾貢入王室利周遐邇耕馬以火耨馬以水南風翼苗翠浪千里秔稏一空玉粒如峙炊粳釀秋既甘且居壓桑之奇號爲第一龍精蠶蠶吐絲滿室萬艸千華機軸中出綾紗縉縠雪積無匹木則楓梴千丈松封五大桐栢合生榛棐異隅文梓楩柟櫟柞櫧榆連理之柯合抱之株迺斧迺斤以塼以廬迺有蕭山陸吉諸暨三如胡榊成林賀瓜滿區棗實全赤擒腮半朱火櫂殼玉櫻桃薦珠鴨脚含黃雞頭去盧百益七絶之奇雙髮頭四角之殊蔟有崑崙之號梅有官長之呼蔓生則馬乳蘡薁土實則鳧茨慈菰野

菽谿毛園蔬木菌湘湖之蓴箭里之筍可薦可羞采攬無盡鱗蟲水族海生池養丁首丙尾皤腹縮項赤鱓文鱧元鰌黃鯀漁人駢集以釣以網羨金膾玉不數熊掌能言之鸚善鳴之鶩輸芒之蟹孕珠之蠃文身合氏之子跛足從事之徒街填巷委與士仝多異獸珍禽屑銅吐綬猛虎負子靈鳥送鷟鳳棲鹿化鶴拾鴈耨熊羆貍豹猴玃猿狖鵁銜鸕吐鸎求鶺闘鷗浮鷖浴鴟寒鳧瘦巧婦錐喙春鋤雪脛林抒棲水宿鷸尾長咮江湖爲籠山林爲囿以牲以牝以蜚以走甲第名園奇葩異香牡丹如洛芍藥如揚木蘭載新海櫺懷芳鞠山黃華蘭亭國香天衣杜鵑東山薔薇湖映香雪鑑生水芝鴛梅並蒂僊桂丹枝司華騁巧天女效奇桃李漫山藏獲眠之藥物之産不知其名白朮丹參甘鞠黃精吳萸越桼禹糧石英薊訓虀之以療疾彭祖服之而延齡秦皇求之而莫致葛僊餌之而飛昇日鑄雪芽卧龍瑞艸漆嶺稱僊茗山闕好顧渚爭先建谿仝蚤磯應飛玉甌濤翻皓生兩腋之清風輿飄飄于蓬島剡藤番番管城斑斑冰敲嵊水竹翦顧園製於蒙蔡之手游於羲獻之間友陳元與端紫仝文字於人寰至若龍護金書苔封石刻茁山金

王邪堇銅錫黃帝之鑑神禹之璧歐冶之劍蔡邕之笛虞翻之牀秦皇之石渟碑斯篆江筆肅黑雷鼓銅漏梅梁窆石疊金履鐵罌銅印王貽州蹄石黃竹神木流黃漢簞錞于周樂活人之艸止痛之木柘數桑而花含咸天雨錢而山儲粟皆希世之奇迹蓋欲言而不足其人則見於吳越春秋會稽典錄圖經地志歷代東牘大書特書班班滿目孝者弟者忠者義者廉者遜者智者健者優於文詞者長於吏事者擢秀科目之榮者策名卿相之貴者殺身以成仁者隱居以求志者埋光屠釣之微者晦迹佛老之異者虞謝之言有所不能盡未有之對有所不能既予亦焉能縷數之哉姑摘其尤之一二前則種蠡計倪號賢大夫後則嚴助買臣直承明廬孝悌則張萬和之父子韓靈敏之弟昆鄭斯祈樊自殘以代罪董黯朱魏報讎而名聞或濕衣以障火或泣血以珉焚或銜哀而廬墓或負土以成墳或以行而名里或以義而旌門懿矣三女賢哉二娥處子之孝凜然可多節義則黃公居西皓之列魏少英參八雋之儔蒙難衛主則有若丁潭委身授命則有若王脩虞喜躬歲寒之操孔愉洪止足之謀或一門死三世之義或一邑萃三康

之流至若松陽柳朱永寧瞿素婦節崢嶸蹈死不顧卓行則鄭洪韓説鍾離意朱雋戴就舉於孝廉虞潭孔魚沈融朱仕明舉於秀茂虞寄起於對策趙曄擢於有道陳子公退侵地之藩鍾離牧拒塹還之稻循吏則有還珠孟嘗致雁虞國希銑遺四州之愛夏香著歷任之績儒學則王充以論衡顯沈洵以大義稱謝沉謝承之史學孔僉孔祛之明經賀孝先擅儒宗之號虞伯施剸博學之名文章則孫興公擲金聲之賦徐季海揮玉堂之策曄若春榮則任奕虞翔文不加點則四明狂客二賀二虞蜚聲籍籍吳融十詔成於俄刻隱逸則嚴嚴謝泰方述睿充符方術則介象吳範嚴卿袁吾丹青則孫遇道芬筆札則孔琳徐嶠浮屠則道林靈澈神僊則劉晨阮肇迺有溪上浣紗之女林間舞劍之姝色白大下氣雄萬夫故勾踐復國也有六千君子項氏崛起也有八千子弟覇有江制横行當代彼二覇之得人尚十曡而車載斗歷代之人材亦足明其大槩逮我國朝尤號多士二百年間不可勝紀大則杜正獻之勲德次則孫威敏之功名姚夕郎司元祐之直顔內相號江南之英萬石雲仍匪建則慶二陛棠棣如雲與衡吳先生風高於賀老

齊職方迹擬於淵明錢氏世賢科之盛史門繼衣錦之榮劉求以義門顯杜越以處士稱或覽古以流詠或編圖而著名至若聯翩林籍熠燿簪纓名登史策足疊天庭蓋嘗詢之故老往往莫識其名矣故千巖競秀萬壑爭流者顧長康之言也山轉遠轉高水轉遠轉清者李濟東之記也瑰奇市井佳麗闔閭者白餘杭之詩也忠臣係踵孝子連閭者虞功曹之對也越之山川人物其大畧如此予眞始驚而疑卒歎而喜曰壯矣哉盛矣哉山川如斯人物如斯吾未之前聞也然越在春秋僻處東夷夫子作經昇爲於越其君所稱幾不容口豈昔日遠於京畿含香未越如黃人材風俗固未可與齊晉魯衛諸列國抗衡也今有景興之言耶抑山川降靈孕秀固自有時耶抑亦因人作成而致然耶有右曰昔嚴朱二子爲漢名卿晝繡故鄉夾道郊迎爭觀快覩欲豔其榮故其俗始尚文學而喜功名晉王右軍爲越內史雅會蘭亭流觴曲水臨池墨妙輝映千祀能使遺文感慨君子故其俗始尚風流而多翰墨之士唐元微之一代奇才罷侍王皇謫居遂來賓實鄰白唱酬往來繇是鑑湖秦望之奇並聞故其俗至今好吟詠而多風騷之才不

獨此數君子也任延張霸吕尚賢爲治而俗始貴士劉寵車俊以廉巳化下而人斯尚清第五倫下令而淫祀之風革諸葛恢莅政而夌遲之俗興至若李唐刺史九十八公首有龐玉顯有姚崇圖經十子郡續稱稚國朝逮今蓋百餘政前有文簡後有文正題名所記比唐爲盛承宣得人風俗斯美蓋亦理之然也子貢曰是誠有之然皆二千石之事耳未足多也願聞其上者有君曰昔勾踐懲會稽之棲也痛石室之辱也蓼目水足抱冰握火采蕺于山置膽于坐葛婦興歌名曰何若其詞曰嘗膽不若味若飴令我采葛以作絲二十年間焦心苦志卒滅彊吴以雪前耻越絶之稱權輿於此故其俗至今能慷慨以復讐隱忍以成事若是何如子貢曰茲霸者之事也傳不云乎粹而王駁而霸彼齊威晉文之盛猶不足稱於大君子之門况勾踐乎有君曰昔禹治水既畢與群后計功苗山更名會稽卒而葬焉祠廟陵寢于今尚存上有遺井下有非泉過而飲者莫不發免魚之歎與河洛之思不獨勾踐有其烈焉侯嗣其功至今其俗勤勞儉嗇實有禹之遺風若是何如子貢曰美哉禹功宜其代舜而有天下也游於是穸於是廟食於是茲

所以化被萬世之久也然說者以爲入聖域而未優其必有大於此者乎有君曰舜生於諸馮孟子以爲東夷之人歷世逾遠流傳失眞太史公以爲冀州然邪否邪然越之邑則有上虞餘姚山則有虞山歷山水則有漁浦三𤀹地則有姚丘百官里焉有粟陶焉有竈汲焉有井祀焉有廟其遺迹也意者不生於是則潜於是乎舜爲人子克諧以孝故其俗至今烝烝乂傚舜爲人臣克盡其道故其俗至今孳孳是蹈舜爲人兄怨怒不藏故其俗至今愛而能容舜爲人君以天下禪故其俗至今廉而能遜若是何如子眞夔然離席而立拱手而對曰於戲噫嘻盡善盡美雖甚盛德蔑有加矣昔季札觀樂而止於韶自韶之外不敢觀余問風俗亦極於舜自舜之外不復問矣無妄先生粲然失笑於旁曰固哉子眞之問有君之答也茲皆古之越非今之越也人死骨朽世變風移山川雖在人物已非前日淳朴變而澆僞前日廉遜變而爭鬪前日勤儉變而驕怠前日忠孝變而凶悖尙何執紙上陳迹而譊譊其頰舌邪有君曰先生之言是也然風俗不常美亦不常獘善焉惡焉維人是繫今朝廷駐蹕東南越爲鉅藩密邇堯天蓋尺五間帝命

重臣來鎮是邦入境問俗登堂觀風因舜禹之遺化明吾君之至仁布德教於黃堂變薄俗而還淳劉何世之無才亦奚有於古今予不見天衡命虞庭死於王事如陳公張公者乎議禮請康赴難建炎如華君傅君者乎是豈異代之人邪又不見夫姚江陳公所臨有聲亦克知退身名兩榮執政李公忤意權臣老於淪落世賢其人愍孝蔡子捐生可悲同筱旌忠廟食於茲隱吏王君軒轡著名一門可稱賢父難兄茲固先生目所親覩也安知後之視今不如今之視古乎先生曰有君越人也知越之風俗而已矣昔子虛夸雲夢烏有先生詫齊亡是公折之以上林之事今越未足侔齊楚之大尚何足以夸之有君曰昔吳子問鄉先生以晉國之事而鄉以晉對今予真問余以越國之俗而予以越答亦各因其所問而及之爾余豈胥然無聞無知於越之外哉今天子披輿地之圖思祖宗之績求治如不及見賢而太息文德既修武事時閱蓋將舞干戚而服遠夷復侵疆而旋京闕余竢其車書仝南北一倣古甫美周室賦崧高歌吉日招魯公命元結磨蒼崖禿鉅筆須巾典紀洪烈邁三五叟前謀亘天地昭日月於是窮章亥之所步攷神

禹之所別覽四海九州之風俗掩兩京三都之者述騰萬丈之光芒有皇宋一統之賦山回視會稽蓋遜陶中之一物無妄先生自知失言色有餘愧迺與子眞逡巡而避有君退而寄傲於南窻有飄飄凌雲之氣

孫因越問　莊舄越人也仕楚而爲越吟夏統越士也入洛而爲越唱越俗之好吟詠其來尚矣亦聞有大述作者乎蘭亭有序脩禊事也金庭刻銘愛輕舉也康樂山居之賦陶性情也微之州宅之詩寫物景也若是者謂之大述作可乎曰未也若昔河東柳先生會粹二河之遺事網羅千古之異聞作爲晉問以昭來世斯文也可謂大述作矣先生晉人也居晉土習晉事爲晉問職也晉有堯之遺風不可以有加矣居乎越者亦知越之事可與晉方駕乎晉堯都也越舜禹之邦也古有三聖人越兼其二焉加以種蠡之所經營王謝之所栖隱司馬遷李太白杜少陵之所游覽以至國朝諸名賢之所流詠班班可考而大述作未聞也惟紹興間狀元王公以幕府元僚援筆作賦搜奇抉異雄麗卓偉雜用二京三都晉問

體蓋自有會稽以来之大述作也然嘗熟復詳繹其
間猶未能無遺恨焉何者越之四封最爲廣袤南踰
句無北畛禦兒東至于鄞西盡姑蔑至後漢時提封
尚數千里今之越雖非昔之越然都督一道封疆猶
不爲狹而斯賦所録止及境内之山川此其遺恨一
也會稽土地所宜以金錫竹箭爲稱首職方氏九牧
之貢莫先焉蓋金錫竹箭戎備所資非其他一草一
木比正當表而出之而是賦所述乃雜舉夫秔秫桑
蠶楓松桐梓鷄頭鴨脚馬乳鳧茨木蘭梅榴園蔬木
菌之屬他郡獨無之乎此其遺恨二也並海魚鹽之
饒東南大計仰焉栁河東晉問於魚鹽一物各爲專
條以侈其富饒鋪張揚厲無慮數百字彼三河所出
尚未敵海藏之什一也玆賦纔一語及之往往纖悉
於赤鱗黄頳之族而闕畧於縱鬣之巨鱗摟羅乎餘
糧石英之品而簡弃夫積雪之寶鹽此其遺恨三也
紹興之初翠華廵幸駐蹕者彌年實履舜禹之故
迹陞州爲府冠以紀元且嘗就行殿舉大享禮中興
之業於此乎濟可謂是邦曠絶之盛典而玆賦俱不
之及此其遺恨四也然自有越以来所謂大述作者
獨此一賦而已王公作賦後五十七年有書生孫因

踰

自句章徙餘姚逍遥鹿亭樊榭間處越上爲越民範越飯酌越水每欲補越絕之所未載廣越賦之所未備而未能也又九年帥憲新安汪公衣綉衣持玉節森畫戟載朱幡臨制七郡凡四十二縣臺府多暇百廢具興輪奐悠閲山川改觀甿生幸覩盛事竊謂越爲大都會公有大規模以其大學問大力量寓於大建立大設施中興百年所未覩也獨無大述作可乎宗工鉅儒之記述騷人過客之題詠金石震耀黼黻周張韶鳴濩應宫唱吕和所謂述作亦一時之盛矣使張平子左太冲挪河東諸人見之將曰此大規模也談何容易他郡小小創置裁半則俄不爲一記濡墨爲一詩足矣獨施之越則不可越舜禹之邦也故是邦者舜禹之臣也而可易言之乎愚不敏成越問一篇釐爲一十五章凡三千九百五十字借楚辭體而去其羌誶蹇侘之聲倣晉問意而削其詰屈聱牙之製非足以發揚會稽之盛庶幾附郡志之末云

典午氏之盛時兮余鼻祖曰子荆謀樂郊以隱居兮颺漱石之清名有聞孫曰承公兮嘗令鄞與餘姚愛會稽之山水兮爰徙家于兹城當永和之九年兮惠風暢夫春莫偕王謝之諸公兮會脩禊于蘭亭賦臨

流之五言兮寄幽尋之逸興泛迴沼倚脩竹兮松風落而泠泠維興公尤好事兮作流觴之後序助逸少之高致兮齊芳譽於難兄既乃登陸而游兮歷天台與四明潄飛瀑於筆端兮遺擲地之金聲余自句章徙姚兮倏綿歷乎十稔慨風流之浸邈兮幸猶爲夫越坻掬清泉之潺湲兮友過雲之溶洩訪樊榭之杳靄兮栖石牕之瓏玲客有過余兮謂余博覽而好古世爲越人兮胡不志夫越之風土余謝不能兮偃余指而縷數前有靈符之記兮後有龜齡之賦嗟彼皆已爲陳迹兮時亦隨夫所遇儻含毫而不斷兮將羞余之鼻祖　右篇引

九州皆有山鎮兮職方氏獨先會稽射祥光干斗分兮占星紀於天倪牽牛炳其初躔兮扁須女之七度火陽當其正位兮爲萬物之潔齊南控引乎閩粵兮北連亘乎鉅海日出扶桑之隅兮風行浙河之西八山蜿其中蟠兮羅千岊以爲郛三江匯而旁注兮溯萬壑以爲谿洞天嶔岈以連雲兮俯九垠其如芥洪濤沸渭以拍天兮轟三軍之鼓鞞宅卧龍之岧嶤兮彖蠡城屹其環繚帶平湖之浩瀚兮雲鏡鑄而天低闢陵門而四達兮八風颯其遁至飛翼樓而聳空兮天門沈其可梯提封方數千里

兮運颾吴於掌匕七郡四十餘縣兮歸中權之總提
兹古今之大都會兮爲九牧之冠冕諒天地之設險
兮他郡寧得而攀躋客曰偉哉山川兮信美矣其無
慊然吾聞固國兮不以山溪之險　右封疆　觀地
之所宜兮惟金錫之最良貢品肇於有妫兮暨蒼姬
而加詳雖歷代之所珍兮凛英氣其猶秘颾冶子之
神奇兮爰採取而鍊淬剖赤堇而出錫兮山色變而
無雲涸若耶之銅液兮俯不見夫潛鱗鑄嶺岌其插
天兮冶井浸而寒冽前靈霹爲擊橐兮後雨師爲灑
塵發銅牛之藏屑兮赭林麓以炊炭弃右冶之餘滓
兮草木爲之焦爛炎煙漲乎銅孤兮寒光浮乎鍊塘
越砥妥其歛鍔兮鑄浦沸其若湯合衆靈而成器兮
爲寶劒凡有五曰湛盧與巨闕兮蓋珎名之最著既
屬之善相之薛燭兮復謀之南林之處女水試則斷
蛟螭兮陸用而剸犀虎掃攙搶使澌滅兮伏蚩尤使
奔佈豈吴鉤之敢抗兮非燕函之能禦客曰偉哉利
器兮誠爲越國之珍斯劒客之喜談兮非文種之願
聞　右金錫　維苗山之竹箭兮禀勁氣于乾坤寔
東南之美材兮聲價等乎瑶琨良工相夫陰陽兮加
利鏃以爲矢習國人於射瀆兮震電激而星奔挾之

以六千之君子兮從之以八千之子弟可以償方張之闔閭兮走善射之樓煩彼群仙之會聚兮亦以射而爲樂登石室之射堂兮射東峯而的白丁令威爲拾箭兮山上下以求紫蘉遺鏃于樵夫兮償以樵風之南北客曰異哉斯事兮誠振古之惟奇然越人之彎兮兮則談笑而道之 右竹箭　百川會同滄海兮浩不知夫津涯吐雲濤以瀾汗兮沃日御而瀰瀰藏巨靈之贔屓兮見天吳之惚怳戴五山之嶪峩兮涵百怪之陸離巨魚出沒其中兮不知其幾千里鼓浪沫以成霧兮噓雲氣以成霓任公子之投竿而釣兮五十犗以爲餌閱朞年而得魚兮牽巨鈎而下之鬐鬣怒而刺天兮白波湧而山立膏流溢而爲淵兮鸕骨積而成坻自浙水以東兮無不饜若魚之肉彼赤鱗黃頰何足數兮又況梅魚與杰鰮維天地之寶藏兮有煑海之鹺鹽瞟矚靈以攄涉兮浮蓮的以試滷編篢篖以爲槃兮處烈焰而不灼霜鋊倏其凝沍兮雪花颭其的皪茲海若之不愛寶兮豐功被乎天下抑造化之自然兮詎人爲之力假客曰富哉魚鹽兮此越國之寶也是特以利言兮吾願聞其上者 右魚鹽　越人生長澤國兮其操舟也若神有習流

之二千兮以沼吳而策勳尋笠澤以潛涉兮比渡瀧
而盟會儃航鳥之長技兮水犀爲之逡巡浮海救東
甌兮有握節之嚴助治舡習水戰兮榮衣錦於買臣
渡浙江而誓衆兮鄶稽之內史率小棹以拒戰兮淩
江之將軍坐大舡若山兮公苗山陰之傑汎波襲番
禺兮李高永興之人想萬艘之並進兮紛青龍與赤
雀風帆僊忽千里兮駕巨浪如飛雲今競渡其遺俗
兮習便駛以捷疾觀者動心駭目兮相雜襲如魚鱗
客曰盛哉舟楫兮他郡孰加於越然同濟或不同心
兮請置此而新其說　右舟楫　楊州之種宜稻兮
越上最其所宜稉穜居其十六兮又稻品之最奇自
海上以漂來兮伊仙公之遺育別黃秈與金釵兮紫
珠貫而纍纍酒人取以爲釀兮辨五齊以致用滑鏡
流之香潔兮貯秘色之新瓮助知章之高興兮眼花
眩乎水底侑謝傳之雅遊兮陶冊府而哦詩集群賢
以觴詠兮浮罰觥乎子敬指鳴蛙爲鼓吹兮暢獨酌
於稚珪斯越酒之醞藉兮非宜城中山之比剝投醪
之醇德兮能使勇氣百倍於熊羆客曰措哉越釀兮
固越俗之所怡然自征榷之法行兮安得薛戎而謫
之　右越釀　日鑄山之英氣兮既發越於鍥鄒地

靈洩而不盡兮復薰蒸於草芽雖名出之最晚兮爲江南之第一覩紫筍若奴臺兮又何論乎石花維瑞龍之爲品兮與此山以相亞意山脉之貫通兮德種同乎一家汲西巖之清泉兮松風生乎石罌滋芳液於靈襟兮沆瀣集乎齒牙歐公錄之歸田兮蘇仙流諸佳詠伯王詮於詩版兮文正賞其甘華至鴈塔與花鳴兮圖郡志之所載若餘姚之瀑布兮尤茶經之所誇嗟陸羽之不逢兮宜鑑味之絶少世方貴夫建茗兮孰有知夫越茶客曰世非不知兮顧茗禁之巳苛亦幸其不盡知兮姑舍是而言他　右越茶　緊

剡藤之爲紙兮品居上者有三蓋篠蕩之變化兮非藤楮之可絲在晉而名側理兮儲郡庫以九萬曰姚黄今最顯兮蒙詩翁之賞談加越石以萬杵兮光色透於金版近不數夫杭由兮遠孰稱夫池繭半山愛其短樣兮東坡耆昔夫竹展薛君封以千戶兮元章用司筆硯數其德有五兮以縝滑而爲首發墨養筆鋒兮性不蠹而耐久惜昌黎之未見兮姑先生而爲楮使元輿之及知兮又何悲剡藤之有客曰纖哉越紙兮有大造於斯文然世方好紙而王兮又烏知乎此君　右越紙　陽明太元之天兮乃群仙之所游有

金堂峩王室兮柁方丈與瀛洲伯經得道泉兮乘雲氣於木杪仙公韜光用井兮發函書於舢頭騎青騾以入市兮蓟子訓之賣藥切鱠魚以竹鱠兮介元則之弄釣弘景寄跡釣槎兮隱吏栖于梅市虞信駕龍白日兮羽人萃於丹丘摘芝草以爲侶兮左元放之金液倉桂屑而飲水兮范少伯之扁舟煉日精以回形兮虞翁色若嬰孺位上清而標籍兮思元跡混俗流嚴青能服石髓兮終斷穀而輕舉伯陽煉成神丹兮雖蜕形而不留御天風而上征兮與日月以齊壽皆地勝之所招兮舉塵寰而少仇客曰神仙信有兮特秘佑而難求吾聞越多隱君子兮試詳言而旁搜

右神僊

謝隱士當少微兮精神見乎天文嚴子陵應客星兮光芒動夫至尊居剡下高潔兮戴安道之父子游嵩嶽以偕隱兮孔述睿之第昆郤米餉而不受兮朱百年之夫婦愛肥遯以就閑兮阮萬齡之祖孫閉蓬户以觀書兮淳之棲于窮岫輕白璧而不盼兮景齊隱於日門扣藥舡而引聲兮歌競傳於仲御漁鏡湖以賦詩兮島尚號於方干黃公列乎四皓兮成定儲之羽翼嵇康儕于七賢兮著養生之至言王子猷詠招隱兮愛山陰之竹種謝靈運賦山居兮

采地黄與溪蓀着貂裘坐巖石兮弘之志不在釣稀
豹席與樓橋兮志和豈奚囿軒彼皆不事王侯兮以
高尚而辟世亦地氣之所鍾兮多秀水與名山客曰
士各有志兮斯固古之逸民夫何欲潔其身兮弗念
君臣之大倫　右隱逸　昔勾踐兮思報吴問國政
兮五大夫辟田野兮實倉府訪疾苦兮字幼孤抱冰
兮握火置膽兮坐卧采戠兮與葛側席兮閭左觴酒
豆肉兮必均其施樂不盡聲兮食不致味鷙鳥匿形
兮踰一十祀吴無稽蠻兮越有地利一朝興師兮三
戰得志姑蘇既墟兮横行淮泗伯東諸侯兮賀貢畢
致赫然雋功兮又何可議客曰异哉兮彼長頸而鳥
喙如其可與共樂兮何鴟夷之遠避　右勾踐　帝
舜生於姚丘兮地近夷而居東母握登感天瑞兮漾
祥光於大虹歷山其所耕稼兮陶漁皆有遺迹二女
降於嬀汭兮百官備而景從大禹廵于融山兮會群
臣而計功執玉帛者萬國兮戮後至之防風託菲飲
以名泉兮鑿了溪而宅工發金簡於不匱兮藏秘圖
於山中望邑名夫虞姚兮山靈護夫禹穴儼廟貌於
千古兮遺化被於無窮緊帝王之所在兮宜風俗之
近古習孝悌與勤儉兮亦好遜而上忠客曰於戲大

哉兮又何可以比隆然有爲者亦若是兮豈無與舜禹之事同　右舜禹　維六飛之南渡兮漠濤江以東歷後舜禹三千年兮履舜禹之遺跡駐翠蹕以彌年兮因改元而頒詔爰陞州而爲府兮冠紹興大號舉大享之上儀兮即行闕而藏祀視綿蕝與重屋兮亦庶幾其遺意登堂而望稽嶺兮懷克勤之令德留建炎之御製兮彰復古之素志采上虞之囊封兮終然法乎舜禪山鬱葱以蜿蜒兮鍾禹陵之佳氣御香四時來下兮道冠蓋以相望拱劒秘於雲闕兮儼威顏而天咫緊百年之父老兮及親逢乎盛事想天民之視阜兮與虞夏而同治客日幸游舜禹之邦兮復逢舜禹之君然儻無舜禹之臣兮孰能牧舜禹之民

右駐蹕　自大駕之西幸兮府遂爲於近藩賜行殿爲府治兮暨擇牧之惟艱張昆陵首當是選兮寔股肱之舊臣仍上階之素規兮因舊宇以爲安朱忠靖繼剖符兮屹具瞻於巖石趙忠簡亦相望兮凜清風而獨寒忠定王之來鎮兮當乾道之四禩捐帑以買義租兮闢宮而祠先賢諒棠陰之蔽芾兮思召伯其如懇宜大封於是邦兮良天道之好還後五十餘年兮誰儷美以增飾維我新安公兮發逸駕而獨攀

剖滯訟如斲流兮召雨暘如應響使百城俱按堵兮令滄海無驚瀾立吏膽於秋霜兮洽民氣於春澤出下將於寶匣兮照沉灘於銅盤闔扉鞠爲茂草兮麥岐謌其連秀今修戶庭之內兮民樂湖山之間既修政而人悅兮文書省於幙府新百廢以具興兮聳輪奐之偉觀八邑不知有役兮一道不知有費若天造而神設兮豈民力之或煩化榛莽爲宏麗兮敞臨蔽爲爽塏華甍撓而雉疊兮易朽腐而堊丹茲棟隆之規模兮特於此乎小試非成毀之相仍兮數循環而無端鎭越嶠乎中踞兮修廊翼其旁拱何獨斂夫散氣兮所以重夫中權巨扁揭乎雲霄兮鈞筆粲乎星斗山靈爲之呵護兮珍光赫而屬天前方臺之月華兮後蓬萊之雲氣左燕春之凝香兮右清白之寒泉繞層城以拂雲兮闢屏障於四面困林影於雲壑兮棲山光乎二軒吸平湖於酒杯兮浮翠峯於茗椀送歸鴻於天外兮數飛鷗於海門動秋聲之撼城兮消晴嵐之譪譪戢嶮巇之夕照兮賓暘谷之朝暾上越王之危臺兮誦唐人之傑句覷鳩飛而地迥兮睛煙渺而天寬飛蓋游乎清夜兮羃輕煙之素練棹歌發乎中沚兮滌明月於金盆麗譙湧乎青冥兮角聲起

而寥亮佳山蔚且照眼兮洗萬里之陰霧新堤平而擬掌兮沸行歌以載路帶渠瀝而輿甬兮鼓千艘而駢闐雄威扁營壘創兮雷轍聲於貔虎泮宮修貢闈闢兮遂飛躍於魚鳶臺府煥而一新兮嚴鏊爲之改觀他人視之拱手兮公談笑而不難既游刃之有餘兮復善刀而藏用寂然若無所營兮湛中襟而靖淵炷爐香而讀易兮悟至理於泰否託寄軒之柱刻兮等蘧廬於乾坤上方藏事明庭兮將入邑於豹尾如旄倪之借留兮紛截鐙以攀轅繄郢曲之寡和兮信蕭規之難繼民頑公無遽歸兮帝謂吾今召環雖卿月之暫駐兮幸臨照夫越上恐使星之遷次兮迫泰階之魁躔雖治越之道治天下兮將我公之餘事然越人愛公如慈父母兮願託歌而永傳客乃歛衽肅容兮屏氣弗敢復言孫子於是濃墨大字兮終夫越問之篇

右良牧

舊越城圖

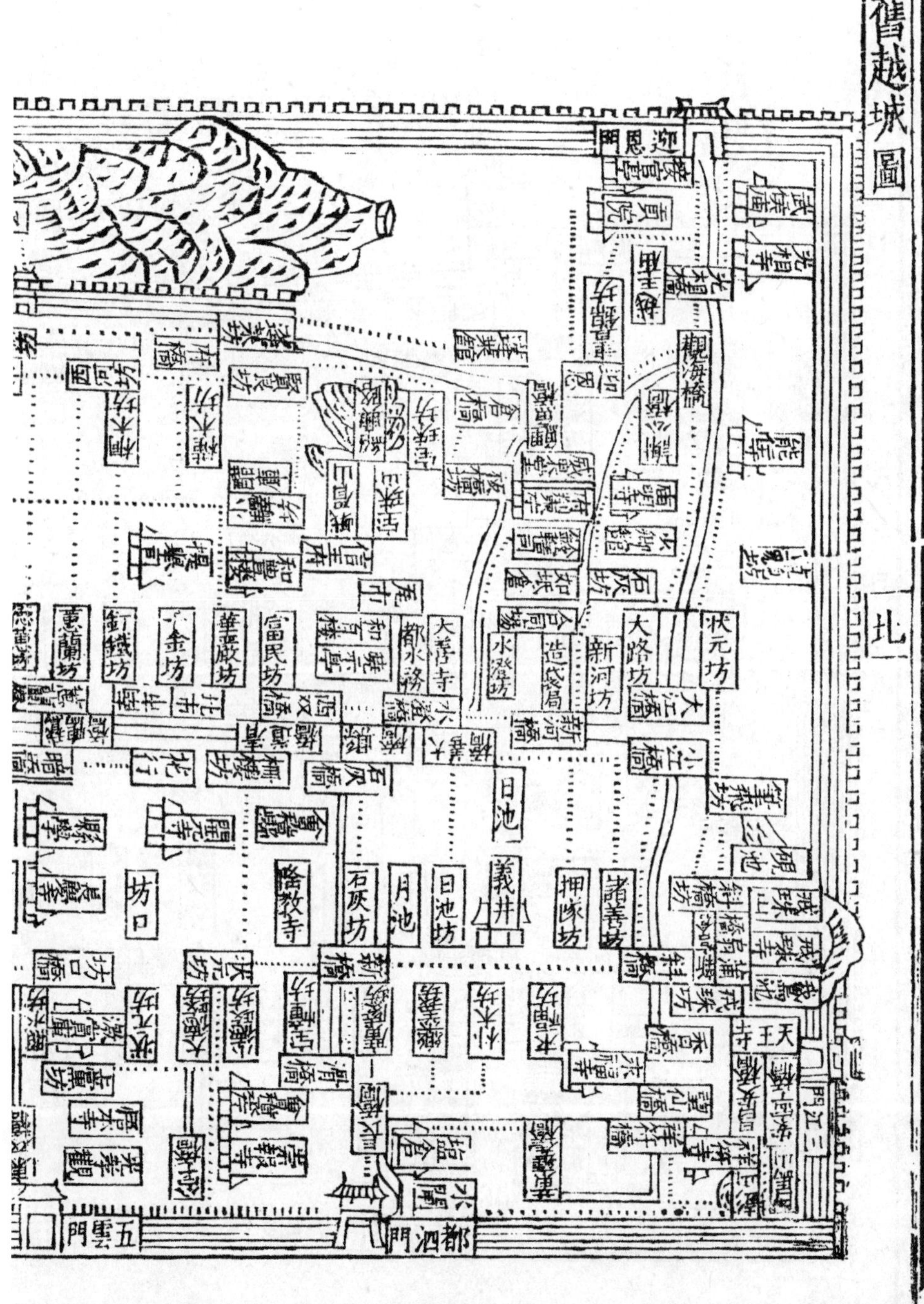

北
迎恩門
貢院
光相寺
光相橋
能仁寺
觀海橋
狀元坊
大路坊
新河坊
大江橋
小江橋
新河橋
造紙局
大善寺
富民坊
華嚴坊
金坊
釘鐵坊
蕙蘭坊
日池
月池
義井
石灰坊
日池坊
押隊坊
新橋
坊口
天王寺
五雲門
都泗門
三江門

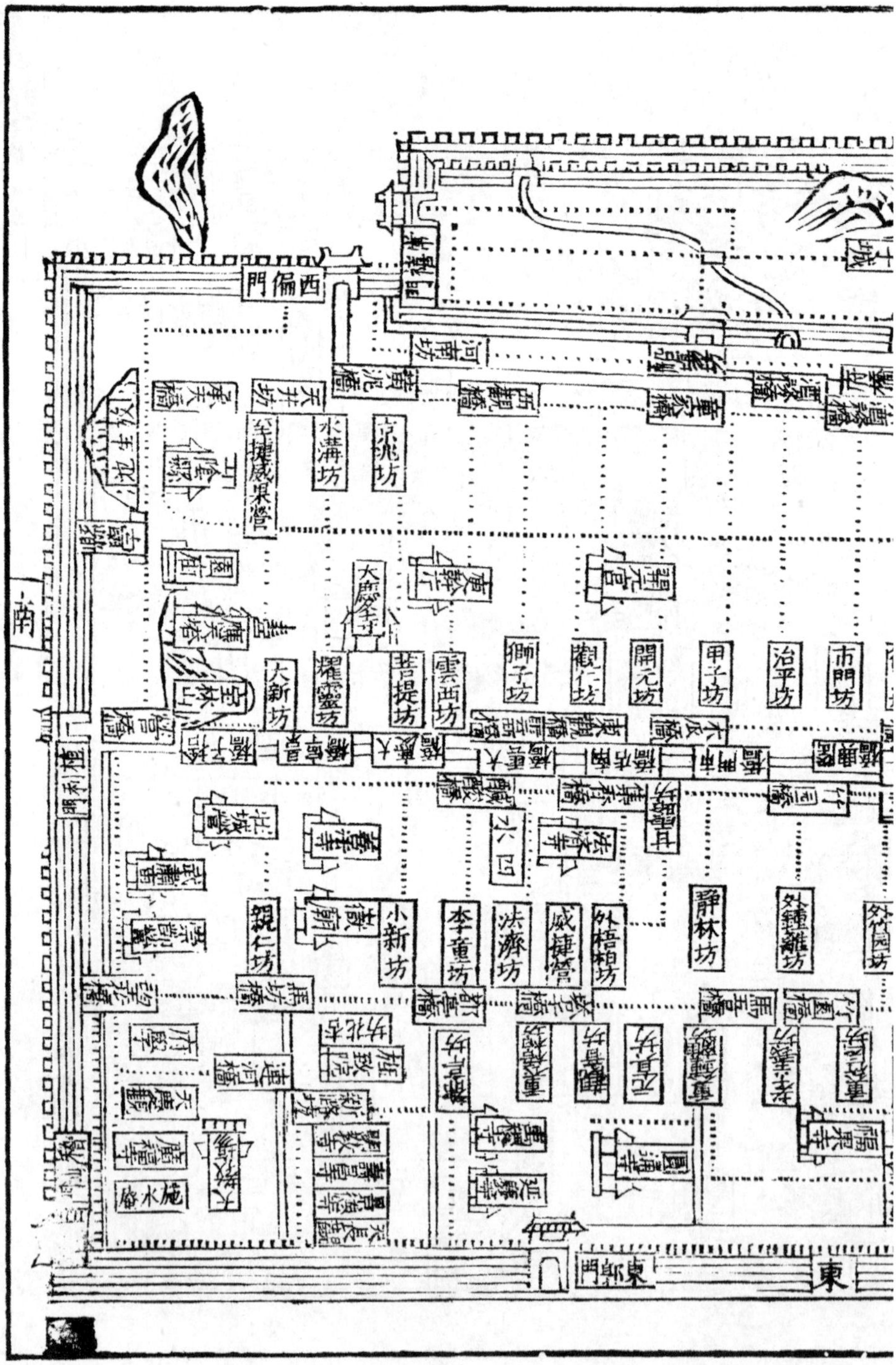

南
東
西偏門
東郭門
河南坊
天井坊
京兆坊
甲子坊
治平坊
市門坊
開元坊
靜林坊
外鍾離坊
威捷營
洪濟坊
李童坊
小新坊
外梧桐坊
雲西坊
菩提坊
大新坊
府學

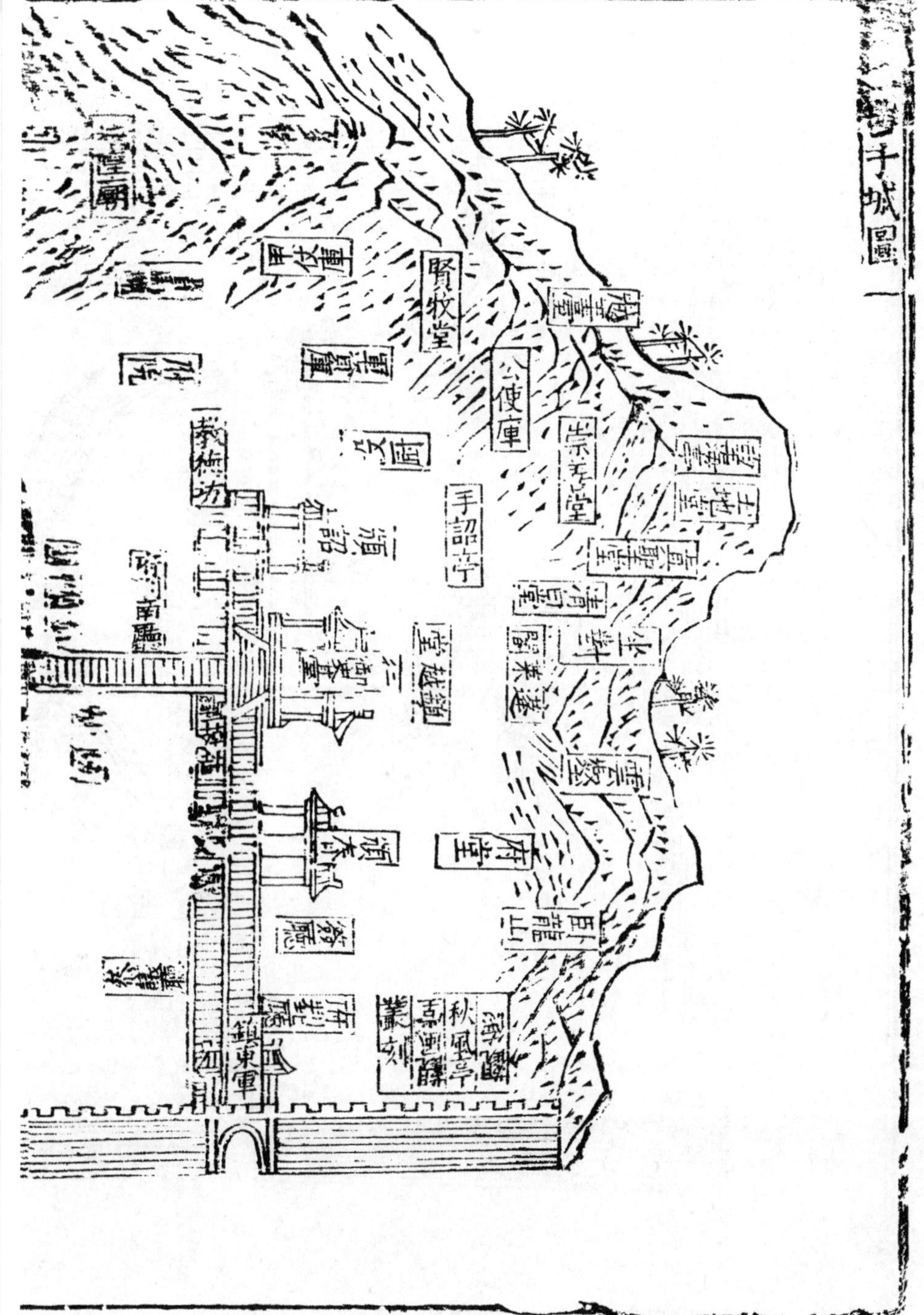
子城圖
賢牧堂
公使庫
手詔亭
崇本堂
府堂
臥龍山
鎮東軍
秋風亭

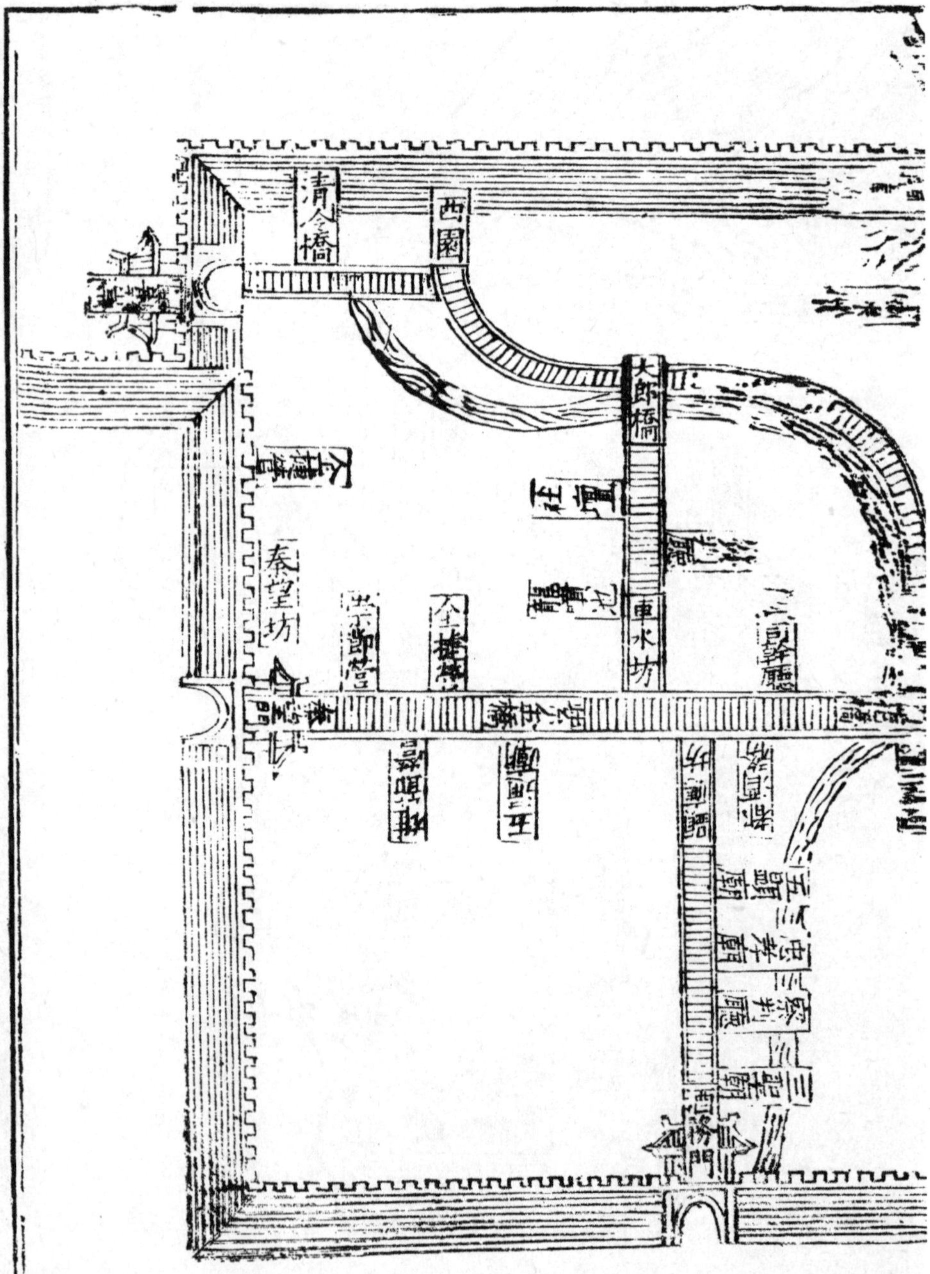

清冷橋
西園
大郎橋
秦望坊
東水坊
五顯廟
忠孝廟

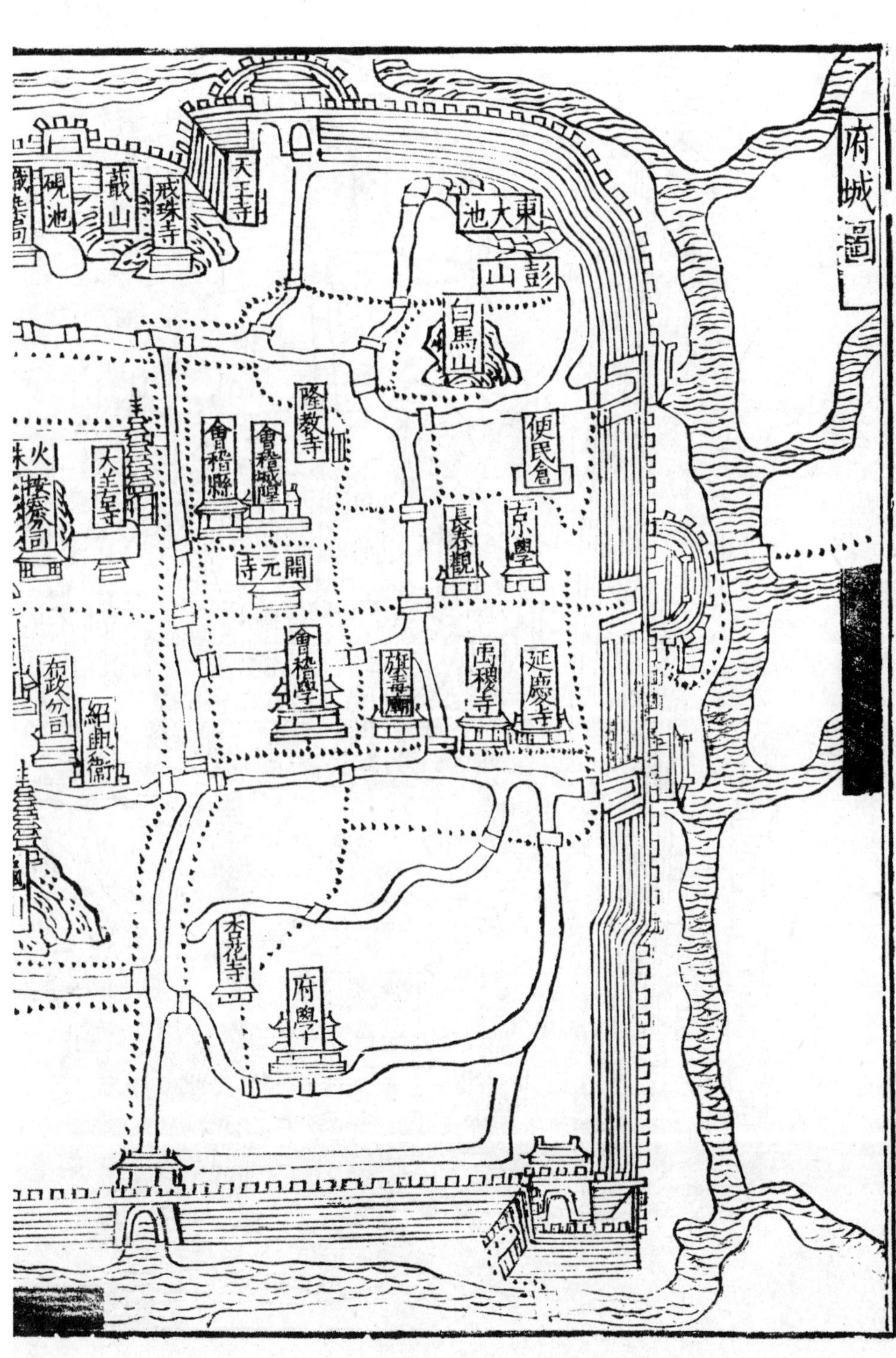
府城圖
天王寺
戒珠寺
蕺山
硯池
東大池
彭山
白馬山
隆教寺
會稽縣
會稽城隍
大善寺
開元寺
便民倉
長春觀
京小學
會稽學
旌善廟
禹稷寺
延慶寺
布政分司
紹興衛
杏花寺
府學

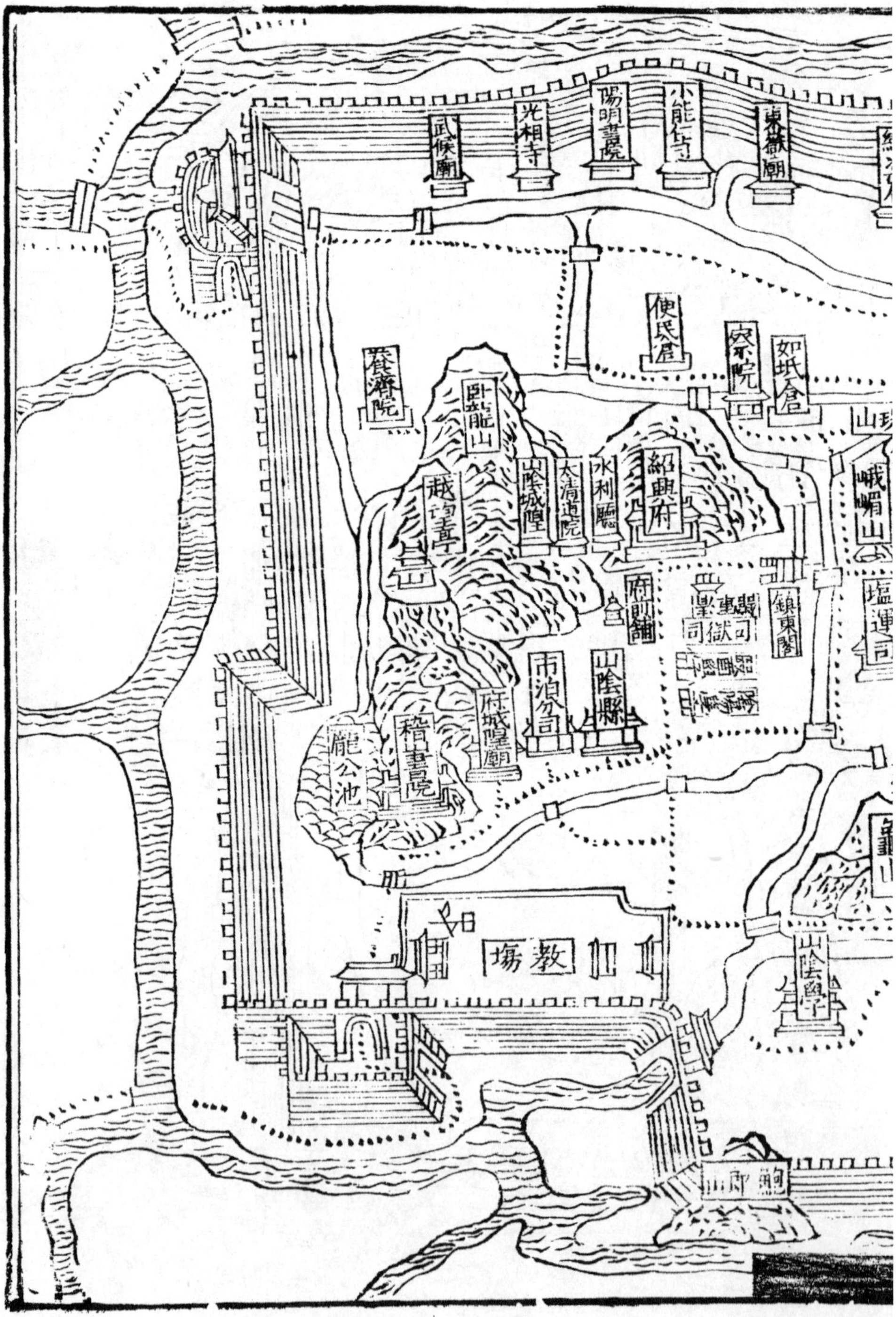

武侯廟
光相寺
陽明書院
東嶽廟
便民倉
察院
養濟院
臥龍山
山陰城隍
太清道院
水利廳
紹興府
峨嵋山
府前舖
鎮東閣
塩運司
市泊分司
山陰縣
府城隍廟
稽山書院
龐公池
教場
山陰學

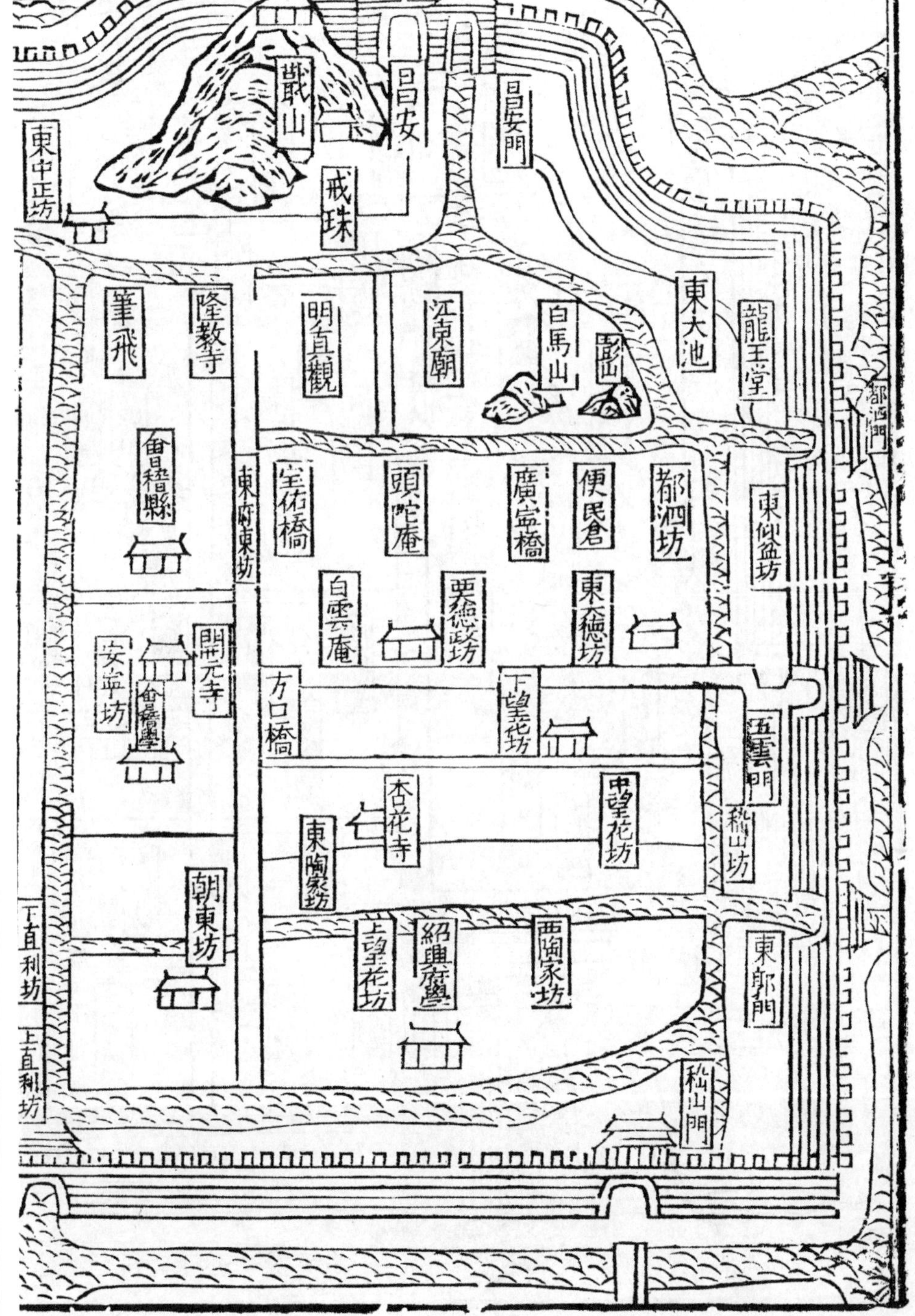
蕺山
昌安
昌安門
東中正坊
戒珠
筆飛
隆教寺
明真觀
江東廟
白馬山
彭山
東大池
龍王堂
都泗門
會稽縣
東府東坊
寶佑橋
頭陀庵
廣寧橋
便民倉
都泗坊
東仰盆坊
白雲庵
西德政坊
東德政坊
安寧坊
開元寺
會稽學
方口橋
下望花坊
五雲門
杏花寺
中望花坊
稽山坊
東陶家坊
朝東坊
下直利坊
上望花坊
紹興府學
西陶家坊
東郭門
上直利坊
稽山門

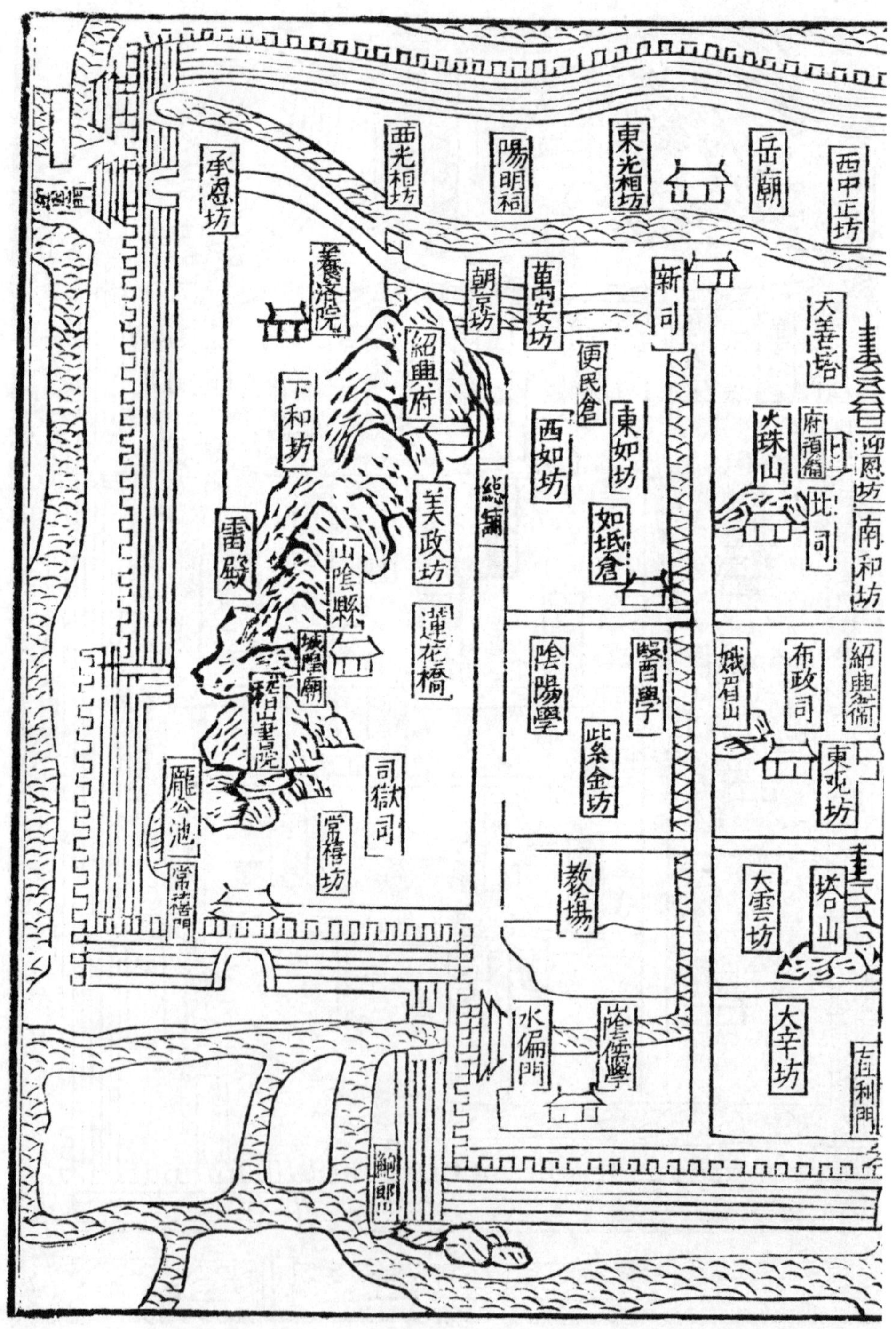
西中正坊
岳廟
東光相坊
陽明祠
西光相坊
承恩坊
新司
萬安坊
朝京坊
養濟院
大善塔
紹興府
便民倉
東如坊
西如坊
下和坊
府預備
大珠山
迎恩坊
南和坊
比司
總鋪
如坻倉
美政坊
雷殿
山陰縣
蓮花橋
陰陽學
醫學
蕺山
布政司
紹興衛
城隍廟
稽山書院
紫金坊
東观坊
司獄司
龐公池
常禧門
教場
大雲坊
塔山
水偏門
大辛坊
儒學
五雲門
鮑郎門

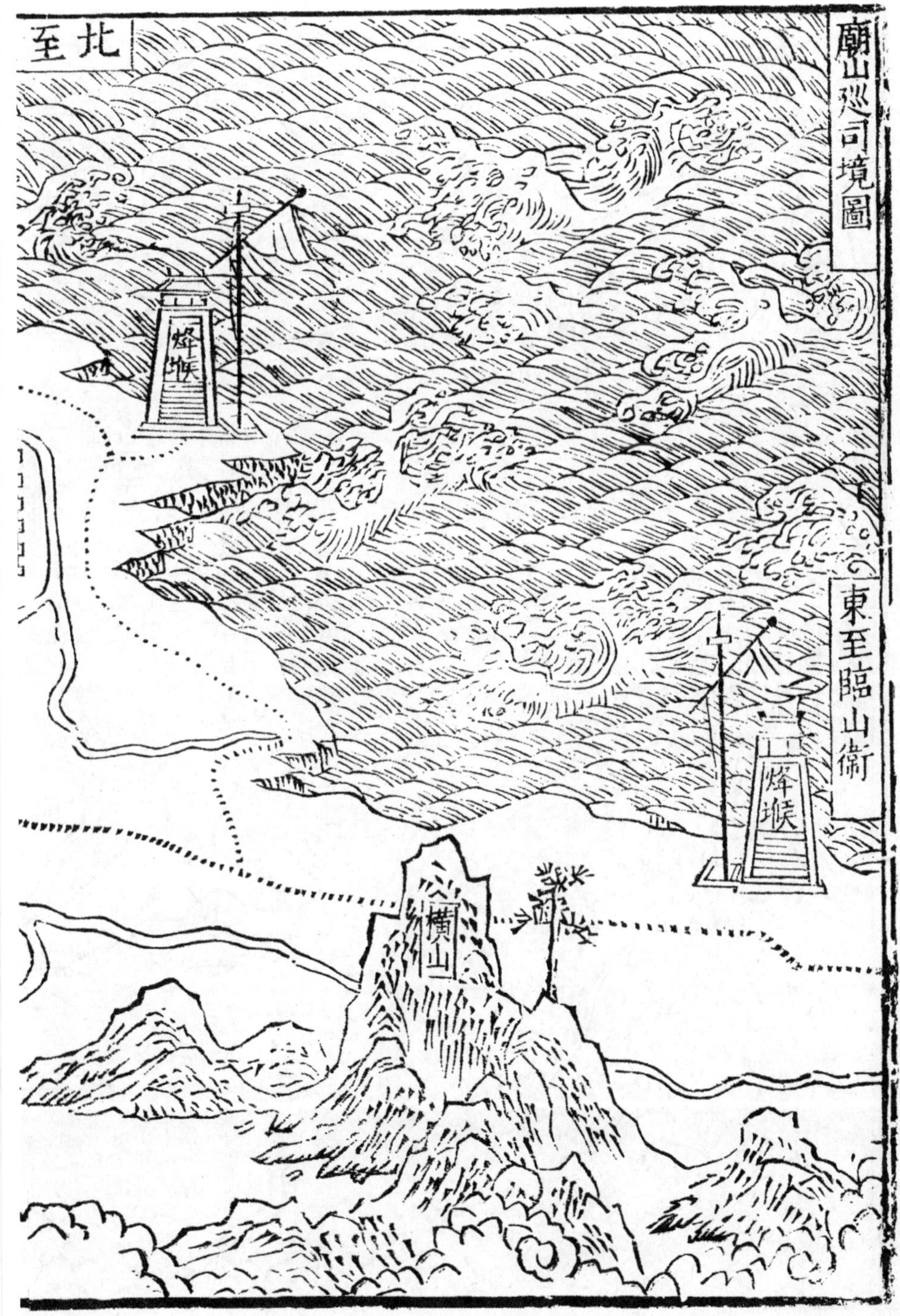
廟山巡司境圖
北至
東至臨山衛
烽堠
烽堠
横山

大海
烽堠
廟山巡司
伏龍山
西至夏蓋湖

紹興府志卷之二

城池志

府城　縣城　衛城　所城　巡司城　古城

衢路

府城越絕書山陰大城者范蠡所築治也陸門三水門三決西北又云大城周二十里七十二步不築北面而滅吳徙治姑胥臺圖經云城南近湖百許步會稽治山陰以來此城即爲郡城隋開皇中越國公楊素修郡大城加廣至周四十五里高一丈七尺五寸上廣一丈五尺下廣二丈七尺女墻七千六百五十

皆高五尺名曰羅城唐乾寧中錢王鏐重修宋皇祐中太守王逵復加修治且浚治池壕城之四面高厚之數舊經云東面高二丈四尺厚三丈西高二丈六尺厚一丈八尺南高二丈一尺厚如西面北高二丈二尺厚二丈六尺宣和初劉忠顯韐治城禦方寇稍縮其西南隅嘉定十三年守吳格雖加葺而旋復摧剥十六年守汪綱乃按羅城重加繕治并修諸城門東曰五雲門即古雷門也舊經云有重闕二層或云句踐以吳於陵門上有蛇象而作龍形龤畏雷故作此門以勝之其改五雲則以王獻之宅五色雲見之

故又稍北不二里許曰都賜門南不二里許曰東郭門二門皆水門此向東三門也東南逼隅曰稽山門由此門達禹陵正南曰殖利門又直西三里許稍曲而北其門面西畧稍斜向南曰偏門盖適當西南隅縮處與殖利皆水門又稍西不一里面南曰常喜門吳越備史錢鏐攻亭山及申光門相傳此門是舊志云州城至此與子城會門在其上三門向南而一門向西南間其中此城南面四門也又西轉而北約五里面西曰迎恩門錢鏐討董昌以兵三萬屯迎恩門望樓再拜而諭之即此有水陸二門又由此北轉而

東直過蕺山幾六里面北曰三江門亦水陸二門西北二向俱止一門而俱兼水陸焉十道志又有督護門云晉中將軍王愔成帝時拜爲督護到郡開此門出入時人貴之因以爲名梁元帝玄覽賦御史之牀猶在督護之門不修督護一作都督今不知何所豈即都賜門耶凡門在東南者皆有堤護湖使不入河西門因渠漕屬于江以達于杭北門引衆水入于海元至正十三年浙江廉訪僉事篤滿帖睦爾增築加廣規一鄉入城内始甃以石開塹遶之城身之高東一丈四尺西一丈五尺南一丈六尺北一丈四尺其

厚也面則東一丈八尺西一丈七尺南一丈五尺北一丈八尺脚則東二丈一尺西一丈九尺五寸南一丈九尺北二丈二尺城樓九敵樓五月城十三兵馬司廳九窩鋪一百二十五女墻八千五百四十十八年樞密副使吕珍鎮越增浚壕塹　皇明嘉靖二年秋颶風大作城之樓堞半圮知府南大吉悉修復之三年冬又修其傾頽者女墻悉易以新磚高四尺六寸厚一尺復濬鑿内外池外池東廣十丈深一丈西廣八丈深一丈二尺南廣八丈八尺深九尺北廣五丈深八尺内池俱廣一丈八尺深七尺今門都賜曰

都泗偏門曰水偏常喜曰常禧亦曰岸偏殖利曰南堰迎恩曰西郭三江曰昌安都泗五雲東郭稽山隸會稽南堰水偏岸偏西郭昌安隸山陰嘉泰志云羅城周回二十四里二百五十步熙寧中郡守沈立爲會稽圖其序如此而舊經云四十三里者非也厥今州城以步計之八千八百二十有八按度地法步三百六十是爲一里舉今步數總歸於里亦二十有四餘步百八十八較之圖敘所損六十有二宣和初劉忠顯治城嘗稍縮其西南隅然則今所損步或者自是時也舊經云城不爲壕今城外故有壕但不甚深

廣耳皇祐中有詔濬湟大守王逵始治其事舊經成於祥符不及知也南志云今府城以步計之凡七千四百九十又六以度地法三百六十步爲一里者計之今步總歸凡二十里二百九十六步方之沈立圖敘所云減三里二百一十四步今城西南隅見缺

劉忠顯以其久在兵間身履西陲要害之地至于城壁制度尤其所悉故在會稽修葺郡城雖用功不多而寇至可以無恐使他人爲之雖有才智亦未必能也其說曰築城之法城身高四丈城濶五丈上斂二丈若城身高三丈五尺則址濶四丈三尺七寸上斂一丈七尺城外築瓮城去大城十五步瓮城圍一面包城高厚與大城之數相等瓮城外鑿壕去大城三十步上施釣橋凡爲三壕第一重濶二十步深二丈水深四尺至七尺第二第三重遞減五尺壕之内岸築羊馬城去大城五步高八尺址濶五尺上斂二尺

自上三尺開箭牕外至壕垠留一步埋設鹿角大城上每三十步置馬面敵樓各一座女墻相去各十步凡樓櫓之法曰垂鍾版曰拐子木曰伏兎子曰手把腰福曰鷹架曰踏空版曰扠柱版曰護柱版曰胡孫柱曰鄣水版曰馬面曰梯曰馬垠踏道曰蛾眉鞴踏曰笆曰草楪曰牛革曰氈曰大小索曰鐵鴟鈎此其名數之大畧也並塞控阨之地人人習知故其築城也易爲力而堅緻可守内地既非臨邊又郡邑安固無寇盜之虞者久雖興版築或出草創故畧書梗槩欲不官者知城池之不可忽如此會稽縣志曰郡城自水門外其他諸門並有月城一座以護而稽山門獨倍之左右翼遶接其門先是倭入内地頗逼知府劉錫恐寇階以登用郡人言隨缺之鍤稍深得石匣二啓之有骸一具鐵索錮其項復有木匣函其顱索錮如之而骸與匣並鮮新如昨瘞是門屬西南爲巽隅地家所稱當避賊風者而今若此意城時取賊軀以厭勝下人相傳自來郡城中無剽寇自隋月城後始漸有以爲犯勝理或然也唐孫逖登越州城詩越嶂繞層城登臨萬象清封圻滄海合鄽市碧湖明晚日漁歌滿芳春棹唱行山風吹美箭田雨潤香粳閩

閱英靈盡人間吏隱所贈言王逸少巳見曲池平元禎詩三首越州都在淛河灣塵土消沉景象閑百里油盆鏡湖水千峰鈿朶會稽山軍城樓閣隨高下禹廟煙霞自往還想得玉郎乘畫舸幾回明月墜雲間又繞郭笙歌夜景徂稽山迴帶月輪孤休文欲詠心應破道子雖來畫得無顧我小才同培塿知君險闘敵都盧不然豈有姑蘇郡擬着陂塘比鏡湖又莫哭壺老海壖西天下風光數會稽靈氾橋前百里鏡石帆山崢五雲溪氷消田地蘆錐短春入枝條柳眼低安得故人生羽翼飛來相伴醉如泥宋章孝標詩窓戶潮頭雪雲霞鏡裏天島桐秋送雨江艇暮搖煙藕折蓮芽脆茶挑茗眼鮮還將歐冶劍更淬若耶泉元張翥詩千巖秋色獻層霄憶昔來乘使者軺翠袖屢扶蓬閣醉藍輿時赴寶林招山陰客已無春會溪上風猶送暮樵此恨古今消不盡西陵寂寞又回潮明劉基詩越絕孤城枕海湄越王亭下景遲遲雲埋夏后藏書穴草沒秦皇頌德碑鑿齒未循虞禮樂戈船猶駐漢旌旗春風淡蕩吹楊柳笑看吳鈎有所思鄭善夫詩不周風動越王城天姥峯陰氷雪生黃道祲氛雙闕暝滄溟波浪一鷗輕西巡未返雲臺仗南顧

猶煩瘴海兵大事安危賴

元老小臣茹草望昇平

縣城 蕭山城舊經云周一里二百步高一丈八尺厚一丈一尺久廢嘉靖三十二年知縣施堯臣始剏建周圍五里高二丈五尺濶二丈二尺四門東達台南拱秀西連山北靜海各設月城門之上各建有樓曰近日拙政聽潮修文雉堞二千五百八十有五鋪舍二十有三下設水門三東泒入三江南清比郎官西越臺重鎮内設巡警廳四外設吊橋四長皆丈餘四望臺一在北幹山上築城爲之城周圍二十三丈三尺高一丈八尺濶一丈二尺雉堞六十有一西爲門

内有廳房三間中設真武像城外地因取土築城遂以爲濠各深一丈五尺廣三丈長總計一千五百九十一丈五尺施堯臣叙城基約地九里有餘週廻共一千六百八十丈邑中該徧年一千四百名人各分工一丈二尺料價出於官人給銀二十五兩三錢工食令其自辦以有餘補不足約每工費銀六兩其工食之費頗煩則擇城中之殷實者任之以其得享有城之利也中外俱用石版而腹内則以亂石和土築之基下俱用松椿而遇有河池則仍以石版疊砌俟與地平然後築之城中留路一丈二尺外留路四丈城河三丈連城共佔毁過民地十丈四尺照畝給價該地一百五十畝共給過價銀六百八十兩工興於癸丑冬十一月完於甲寅春三月蕭民好義而善幹故其敏事有如此通用過銀三萬七千五百兩而巡撫王公忬巡按趙公炳然大發司府之積亦遭逢之幸也佔毁田地税糧則洒派於通縣田帶徵於田地帶徵於地守城之法止以城中居民編爲保甲計宅抽丁已自有餘盖置軍亦有不擾民者

恐非邑之
所能堪也

諸暨舊城不知築於何年舊志云圍二里四十八步
高一丈六尺水經注縣臨對江流江南有射堂縣北
帶烏山唐開元中令羅元開建東北門天寶中郭密
之建西南門吳越王錢鏐遣王承修築之至正末王
師取諸暨是時縣爲州將軍胡大海重築州城左浣
江右長山圍九里三十步爲門者五東迎恩南迎薰
北朝京西西施而水門不名未幾守將謝再興以諸
暨叛大將軍李文忠馳來擊之未克乃去州六十里
别築一城不旬日而成樓櫓濠柵畢具　上聞諸暨

變遣使來議別爲城使至城已完　上大喜賜名諸
全新州已而紹興平舊城亦下仍即舊城爲縣而新
城廢成化以後舊城久漸圮民皆據爲宫室惟門存
嘉靖中倭夷爲患知縣林富春至乃議築城撓者紛
紛一日榜示曰城本官地决不予民城本官造决不
擾民毋再議遂興工刻日告成不爲一民而所議給
帑金尚未啓封先是施知縣堯臣築蕭山城聲籍甚
人爲之語曰蕭山城打成諸暨城誘成問民孰良看
兩城城週四里凡千三十丈有奇高一丈八尺雉堞
六尺共二丈四尺有奇樓門四東禹封王帛南句乘

雲物西蠡湖烟月北槩浦桑麻水門三林富春自志嘉靖三十四年冬請築城于監司時公帑告匱民力弗兢請賣官泌湖以益之曰可乃以十二月十二日起徒役三十五年六月報成公私費計六萬有奇

餘姚縣城始築於吳將朱然圍一里二百五十步高一丈厚倍之莫詳何時墮元至正十九年秋方國珍復城之凡一千四百六十五丈延袤九里高一丈八尺基廣二丈陸門五東通德西龍泉南齊政北武勝後清水門二四面引江爲壕可通舟楫　皇明洪武二十年大將軍湯和遣千戶孫仁增治睥堞後漸圯縣志云大將軍置千戶所於餘姚正統六年邑人李

應吉奏調楚門城遂不治非然也大率時承平武備見謂不急又勞民勢自弛耳自嘉靖三十年後有倭患乃漸完葺其東門今改曰澄清元行省都事高明記至正十有八年天子賜印綬節鉞命江浙平章榮祿方公分省東浙明年巡行至餘姚瞻覿形勢乃議築城而屬役於軍士於是姚民咸願輸財効力公從之且曰餘姚爲鄞郡外屏吾其召鄞縣慈谿奉化之民分築之以紓爾力其四門用力尤重吾其給鏹庀財令軍士自營之遂界基址辨土方揣高卑仞溝洫慮財用書餱糧峙楨幹稱畚梮公視工黎明至城所夕猶不息工先畢者犒以金帛既畢而或隤圮者又出錢令軍士繕修之公之弟僉樞密亞中公能竭力勸相以贊公志以至正十九年九月戊午始十月甲申畢功凡城以里計者九以丈計者一千四百六十五有奇餘姚當其半自西迤北爲丈七百有六其自北而東五十四丈慈谿縣當之又東而南四百六十丈鄞縣當之南盡直西委之奉化縣爲丈一百八十有二而義士魯允

實俞誠岑吉徐曾四人者又樂爲助築三十有一丈界餘姚慈谿之交城爲址廣二丈其上之廣殺其址二尺其高如上之數郭口之高又六尺焉四面之門有五其南北又各立水門通舟檝

江南城嘉靖三十六年以倭患建周一千四百四十丈有奇陸門四東泰西成南明北固小陸門二恩波流澤水門二左通右達四門之上皆有重樓而北固樓枕江與舊城舜江樓相直通濟橋亘其中南北皆爲月城通兩城爲一

大學士徐階記　餘姚去海百里夾江居民數萬家舊有城直江北以署所在也覈其生齒江以南得三之二焉學宮倉廩咸於是乎在頃歲倭夷犯海上江南人走保城邑不能容則散入山谷間麋駭狼顧父子不相保邑人少保大學士李公聞之嘆曰今兵興尚未已江南脆不保縣城則獨完于餘姚不完則上虞山陰不足恃而上崩之勢成矣今若築城江南絃誦之守常平

之粟豈惟姚民攸賴將全浙實屏蔽之議既定有議于里者少保公以間其里之仕者曰如何郎中邵君惠久侍讀陳君陞前曰定大計者不恤浮議語有之衆心成城今日之事惟公主之惠久等無有異也邵君等已又爲疏言江南所以不可無城狀　天子可之於是總督都御史胡公宗憲實典領其事胡公曰民勞甚矣兵又不可役而　明詔不敢不舉少保公之志不可以不成也乃會巡按御史王君本固羅君元楨程土物度形勢而經費則督府制之不足始助以諸郡贖鍰什之一蓋總其費白金鏹計不滿萬者百有十自木甓石之材以至於畚鍤版幹募人之力無一求而不給焉始於丁巳年九月巳卯而以次年六月辛卯城成江南北之人見城堞樓櫓之完而不知材之所自出聞鼛鼓之聲而不聞役召之及巳也四隣有警弛然而卧恃以無恐始之譁者今乃大媿曰城寔生我而顧謂其厲我以自衛乎乃用諸生計爲祠尸祝少保公而予記之是役也憲副陳元珂開新督率知縣徐養相規畫綜理經始則知府李僑董役則同知王近試

明皇甫汸句餘八景百雉雙環詩

萬雉環虹架石梁中流樹色影蒼蒼堞竿試問璜溪

水非復平泉醒酒莊

上虞城水經注舊治水西常有波湖之患晉中興之初治今處江水東逕縣南蓋今百官地也今縣則自唐永慶中徙縣志云舊無城嘉泰志所稱縣城周一里九十步者蓋縣治之衙城也元至正二十四年方國珍據有東浙始建議築縣城東南平衍西北因山爲隍西南則跨長者山周廻凡十有三里高二丈厚二丈五尺置樓堞作五門東通明南朝陽西晝錦北豐寧西南金罍水門三在金罍晝錦通明之旁 國初信國公湯和拆上虞城石改築臨山衛城縣城惟

存土基嘉靖十七年知縣鄭芸乃即故址復建甃以石（元汪文璟記至正十四年太尉方公與其賓佐僚屬議曰上虞寔要害地城池不設何以奠民居固上志即與貴介弟知行樞密院事國珉率賓佐僚屬將帥偕來諏故實相地宜慮財用以令役於近地之州縣曰餘姚奉化昌國鄞慈谿象山定海並上虞爲八邑其其役之羸縮則視田賦所入爲之差惟上虞當六之一焉其築之之法斬木爲杙夾而列之杙長二丈有四尺陷其五之一于地中其四出地上因以崇土土與杙等則輦致巨石縱橫疊置以護其外至其面則治使平正以石帖之於是規制既定民庶子來官營晝作鼛鼓弗勝陸運川輸林用山積公與知縣及其賓佐僚屬日周行城上察工役勤惰而勸懲之凡爲城十三里其趾之厚二丈有五尺五分其厚之四以爲城身之高十分其高之九以爲城面之廣其上則每二十步架樓櫓以宿巡警之卒其下則於四隅列營房以宅屯駐之士壘甓爲陴樹木爲柵塹以深濠懸以飛渠守禦之具無一不備陸門五水門三皆環石爲洞下闢重扉上屹層閣錮以金鐵絢以

丹雘嚴嚴翼翼既固既飭而山川形勝爲之
一新矣經始於是年之十月踰月而告成
嵊城吳賀齊爲剡令自江東徙移今治嘗開城門擊
破奸吏族黨則今城亦齊所創建水經注縣開東門
向江江廣二百餘步自昔耆舊傳不得開南門開則
有賊盜舊經云嵊城周十二里高一丈厚二丈宋宣
和三年縣遭睦寇城圮守帥劉述古掃清睦寇遂命
縣令張誠發修城完壁高堞自是寇至不爲害慶元
初溪流湍暴城存纔二三尺知縣葉範累石爲堤百
餘丈城賴以全後二年水決東渡城壞提舉常平李
大性給千緡增築明年秋大水又壞知縣周愰增築

一百二十餘丈　國初信國公毀嵊城移磚石築臨
山衛城由是城半圯僅存四門弘治中知縣臧鳳以
承平久城雖可緩然水害急不可無堤於是計築堤
之費請於藩臬借府帑羡餘及徵於民以足之高三
仞廣如之袤二百四十五丈邑人稱爲臧堤十一年
適水勢汎濫堤之潰者又數百尺知縣徐恂築護堤
自是隄賴以全嘉靖時倭患作三十四年知縣吳三
畏乃力請築縣城高二丈有竒厚一丈有竒周圍共
一千三百丈有竒爲門四東拱明南應台西來白北
望越門上各有樓有月城東有陡門上扁曰溪山襟

帶亭城上北有四山閣當學前有起鳳亭東門有騰蛟亭敵臺四火鋪二十四郎中王畿碑世宗皇帝建極之三十有九載海氛爲孽倭奴忽颷至蜮射搆禍於浙東黃巖蔣室爲燼甲寅歲再陷天台海上羽檄無巳嵊知縣吳侯瞿然嘆曰是可坐受無城之困乎歲巳卯迺請其事於諸上官相基度費然帑無羨鏹民又艱於土瘠侯於是稽版籍丁口田地凡五十餘丁築城一丈計爲丈者九百有奇因舊爲址繞山帶溪侯日日周省城功自忘饑渡工始秋九月凡四閱月告竣東西南北四門次年請布政司五百金成之東陡門北四山閣則取諸罰鍰漸成之方築城甫半倭奴自台突入嵊黃泥橋夜遣諜來五里鋪覘視望城上燈燎晃爗呼噪之聲動地遂竄山出浦口宵遁追城工未畢止二板倭奴又自台流嵊侯日夜督民兵分城哨守倭奴用是避逃夫城工雖未完而有險可據侯故得以殫力警守而保完億計生靈嚮使侯不早計而亟圖是役則兩番寇至時嵊能免於黃巖天台之難否也周别駕云吳侯經始鳩工鑼故址得一甎識云漢乙卯歲剡

長吳某記夫吳侯築城千五百載之後而與前令姓同其築之歲又同噫嘻亦奇矣

新昌城嘉泰志新昌舊有土城高二丈厚一丈二尺周十里久廢無考惟迎恩鎮東候僊共仁四門名存而已竊疑東堤舊址首起龍山尾接北鎮其蹟略如城制意舊志所云或指此耳宋知縣林安宅趙時佺嘗相繼築東堤以捍水患嗣而洪水爲災堤屢齧漂民居守土者各以時修築弘治十八年知縣姚隆始築洞門於祥溪廟右嘉靖中倭夷爲亂三十一年知縣萬鵬始議築城其城制長一千三百七十四丈有奇高一丈七尺濶一丈四尺周圍凡六里城門四東

應台西通會南仰山北濟川城上爲女墻爲窩鋪門上爲譙樓門外爲子城内外馬路各一丈有奇自東抵北自北抵西皆引溪爲池而西南則面山尚書呂光洵碑

新昌蓋剡之東境梁開平間析其十三鄉爲縣以其創建也因名新云縣舊有城記稱周十里高十尺厚十有二尺元末城廢逮我　朝更新令甲而議不及城　聖德丕昌守在四夷况疆域之内耶縣所治地東瀕海西帶剡江内有崇岡峭壁絶壑叢林之險而魚鹽負販之徒相競逐競而不遂即呼嚣横暴此其故俗也頃者劇盜起海隅入剽台寧台寧不能禦鋒刃接于新昌新昌之民盡震空其縣走山谷即官師亦離次而匿矣於是武進萬侯鵬銜　命在道聞警亟馳抵縣乃召其父老拊循之其父老率子弟伏庭下曰惟侯令侯乃簡其壯鋭授以利器日校於演武之亭聲聞遠近盜驚懾不敢近乃召吾耆老黎庶而告之曰新昌故巖邑也郡盜所窺前日僥倖脫虎口其可恃以久遠耶吾爲爾計必依險而城城固乃可

守父老曰唯侯今侯以父老之言告于贈吏部尚書石橋潘公參議三泉俞公又以告洵亦曰唯侯今侯乃具狀白于巡撫梅林胡公巡按玉泉趙公胡公持其議未下諮于趙公趙公曰新昌瀕海盜時至無城是棄民也宜亟下其議議下侯乃大集士庶度地相基計工量費取石於南山購材於四境諏日以致工工始自東隅循南山之麓而西跨澗而北又迴溪而東計周一千三百七十四丈九尺高一丈八尺厚一丈七尺表裡俱石而實以土礫盖極其堅緻云城東故有捍水石隄城附于隄隄愈堅城愈壯既銷外侮又禦横流居者安堵過者竦望覬覦者革心真千百載不磨之偉績也迨今十有餘年而吾民頌功之碑尚未有祠竹山田公乃授簡于洵洵寡昧未能敷張盛美竊有愧焉

衛城 臨山衛城洪武二十年二月信國公湯和經畫浙東以餘姚東北控大海虞島夷或竊發上虞非要衝也乃奏徙上虞故嵩城於餘姚西北五十里廟山

之上並海而城之是爲臨山衛城初用土石半其秋指揮同知武瑛督築乃盡用石爲方五里三十步高一丈八尺永樂十六年增五尺址厚四丈五尺面半之陸門四水門一城樓大五小三敵樓十四月城三池深一丈五尺廣五丈五尺吊橋四窩鋪三十八女墻九百九十兵馬司廳七瞭望臺一墩臺九

觀海衛城亦湯將軍築在餘姚縣東北八十里慈谿縣之境爲方三里三十步高二丈四尺厚二丈八尺城門四水門二城樓大小各四角樓四敵樓二十五月城四池深八尺廣六丈八尺吊橋四窩鋪二十七

女墻一千一百七十八兵馬司廳四墩臺六

所城皆洪武二十年湯國公築

三江所城在府城北三十里山陰浮山之陽戕山背海爲方三里二十步高一丈八尺厚如之水門一陸門四北則堵馬城樓四敵樓三月城三引河爲池可通舟楫兵馬司廳四窩鋪二十女墻六百五十八墩臺十

瀝海所城在府城東北七十里會稽三十三都之薛家瀝爲方三里三十步高一丈二尺厚一丈八尺城門城樓角樓敵樓月城各四池深一丈五尺廣五丈

五尺兵馬司廳四窩鋪十六女墻六百十一墩臺四

三山所城在餘姚縣東北四十里梅川一都之滸山爲方三里一百二十八步高一丈六尺永樂十六年增六尺址厚四丈五尺面二丈二尺陸門四水門一城樓月樓敵樓各四月城四池深一丈三丈廣三丈八尺吊橋四兵馬司廳二更樓一窩鋪六女墻六百三十五墩臺七

龍山所城在餘姚縣東北一百二十里定海縣之境爲方四里二百七十步陸門三水門一城樓角樓各四月樓三敵樓十七池深一丈二尺廣三丈五尺窩

鋪九吊橋四兵馬司廳三女墻四百六十墩臺五

巡司城亦湯所築

三江巡檢司城在府城北四十里山陰浮山之北麓小江經其前大海浸其東與三江所城南北相峙爲東海之門城惟一門西出而舊無女墻嘉靖二年有倭寇始增治之爲方一里二十步高八丈厚一丈八尺城樓一窩鋪四女墻三百六十六

白洋巡檢司城在府城西北五十里大海之上亦山陰境有白洋之山緣山而城之爲方一百一十丈高一丈一尺厚一丈城門一譙樓一窩鋪四女墻一百

七十六

黄家堰巡檢司城在府城東北八十里會稽上虞之界曰纂風鎮爲方一百四十丈高一丈三尺厚二丈五尺南北環以月城城樓一窩鋪四女墻一百十城下有池深一丈二尺廣四丈五尺舊在府城東北六十里黄家堰洪武二十年徙瀝海所西爲海潮所齧弘治間徙今所故址尚存

三山巡檢司城舊在餘姚之金家山洪武二十年徙之上林一都之破山西南去縣六十里爲方三百五十丈有奇高一丈五尺厚二丈城門一城樓一窩鋪

四女墻一百二十

廟山巡檢司城舊在餘姚之廟山洪武二十年徙之上虞縣第五都之中堰東南去餘姚縣六十里爲方一百四十丈高二丈五尺厚二丈二尺城門一城樓一更樓一穴城二窩鋪四女墻一百十

眉山巡檢司城舊在餘姚之眉山洪武二十年徙之孝義二都之湖海頭東南去縣四十里爲方一百八十四丈高一丈八尺厚二丈城門城樓更樓望海樓各一窩鋪四女墻一百二十

古城吳越春秋越王謂范蠡曰寡人欲築城立郭委

屬於相國於是范蠡乃觀天文擬法於紫宮作小城周千一百二十二步一圓三方西北立爲飛翼之樓以象天門東南伏漏石竇以象地戸陵門四達以象八風外郭築城而缺西北示服事吳也不敢壅塞內以取吳故缺西北而吳不知也北向稱臣委命吳國左右易處明臣屬也城既成而怪山自生范蠡曰臣之築城其應天矣崑崙之象存焉越王曰崑崙之山乃地之柱吾之國也偏東南之維何能比隆蠡曰臣乃承天門制城合氣於后土嶽象已設崑崙故出於是起游臺東武之上東南爲司馬門立層樓冠其

山巔以爲靈臺水經注又作三層樓以望雲物越絶書句踐小城山陰城也周二里二百二十三步陸門四水門一今倉庫是其宫臺處也周六百二十步柱長三丈五尺三寸霤高丈六尺宫有百戶高丈二尺五寸舊經子城周十里東面高二丈二尺厚四丈一尺南面高二丈五尺厚三丈九尺西北二面皆因重山以爲城不爲壕塹嘉祐中刁約守越奏修子城記云城成高二十尺壯因卧龍山環屬于南西抵于堙尾凡長九千八百尺城之門有五熙寧中沈立爲越州圖序云楊素築子城十里則子城名始於隋歷唐

至宋雖少有改作然規模大畧不遠嘉泰志子城陸門四曰鎮東軍門曰秦望門曰常喜子城門曰酒務橋門水門一即酒務橋北水門是也其常喜門與郡城會山陰新志云以今地考之在西南西北二隅之内

山陰越王城在府城西南四十七里舊經越王墓在古城今城雖不可考然地名猶曰古城也

陽城越絶書范蠡城也西至水路水門一陸門二地名陽城里

北陽里城越絶書大夫種城也取土西山以濟之徑

百九十四步或爲南安

北郭外路南溪北城越絕書句踐築鼓鍾宫也去縣七里其邑爲龔錢凡越絕書所稱縣皆山陰縣也

苦竹城越絕書句踐伐吳還封范蠡子也其僻居徑六十步因爲民治田塘長千五百三十三步其冢名土山范蠡苦勤功篤故封其子於是去縣十八里唐劉長卿晚次苦竹館詩匹馬風塵色千峯旦暮時遥看落日盡獨向遠山遲故驛花臨道荒村竹映籬誰憐卻回首步步戀南枝

石城在府城北三十里地名石城里吳越略史乾寧二年錢王鏐討董昌攻石城即其地也

會稽東郭外南小城越絕書云句踐冰室

會稽山上城越絕書句踐與吳戰大敗棲其中及以下爲牧魚池其利不租舊經越王城在縣東南一十里句踐爲夫差所敗以甲楯五千保於此城也十道志云城天門也天門當閉開必致虎嘗覲吳之勝越越雖大敗猶以甲楯五千保險拒之故得不亡此與漢伐宛無異宛以得存者亦以中城不下故也豈獨以納賂請盟而得存哉及吳之亡也乃束手請以越之事吳者事越豈可得哉夫差非能存亡國句踐亦非忍於滅吳各因其勢而已故表出之爲後世守國

者之戒

會稽山北城越絶書子胥浮兵以守城是也舊經吳王城在會稽縣東一十里夫差圍句踐於會稽山伍員築此城以屯兵

侯城越始侯無餘所都城也舊經云在府城東五十八里

土城在五雲門外東北二里吳越春秋越王得西施鄭旦教以容步習於土城今有土城山

蕭山越王城在縣西九里夏侯曾先地志云吳王伐越次查浦越立城以守查吳作城於浦東以守越今

城山是其地也

浙江南路西城越絕書云范蠡敦兵城也其陵固可守謂之固陵

西陵城在西興鎮蓋吳越武肅王屯兵之所今城基在明化寺之南居民猶有得其斷磚遺甓者

錢清城元末張士誠守將呂珍所築圍跨江南北東西兩頭作木柵爲浮城於江面下通舟楫今廢

餘姚虞家城在梅川鄉元宋玄禧記余葬梅川時胡處士達道嘗謂余曰鄉有虞家城者父老相傳爲虞世南宅基吾壯歲猶見其遺址高一丈許厚三尺餘吾祖母出其地余因與其從子惟彥過其處則其址之存者厚如處士往歲所見高則四尺餘耳周圍度之爲丈百有五十旁近悉

者多虞氏按輿地志及孔曄記漢日南太守虞國宅在餘姚嶼山南郡志謂治之東北三十里有嶼山今所謂虞家城正在其南二里許國宅此無疑謂其宅在治西一里靈緒山南盖郡志誤也郡志既誤而此相傳爲世南宅基者意世南亦居是地鄉人自其盛者傳之爾今年冬余得觀虞氏宗譜於梅川按日南若干傳至唐永興公世南永興生工部侍郎昶昶生廣陵别駕闡按陳書虞荔有從父諱闡荔生世南虞譜云永興生昶昶生闡則三四世間便犯家諱此必世譜之誤又聞梅川人嘗得虞氏田園記石刻於城旁川水中石斷裂不全其文有所謂桃源鄉應嶼仲瑶仲璃等舊管水田二十二頃七十畝三角者可讀今余得見其斷石果然餘所記田園數石刻尚多在水中不可得見而仲瑶仲璃名見宗譜於永興爲十七世孫以此考之虞家城非止爲日南宅其子孫富貴世居是地甚久遠者益有徵矣嗚呼餘姚舜支庶所封虞氏大聖人之後自日南有惠政及其孫翻等皆爲餘姚聞人逮永興益顯下此世濟其美者至近代尚熾大聖人之澤過百年而不絶若此今則微矣余所觀虞氏宗譜可考者至天與之世而止天與凱

不顯於今虞氏又未知爲誰祖惜哉餘姚新志云按酈道元水經注云虞翻嘗登緒山望四郭戒子孫曰可留江北居後世祿位當過於我聲名不及爾然相繼代與居江南必不昌諸虞氏由此悉居江北又云山南有百官倉即虞國舊宅據此則緒山别稱嶼山而郡志沿之殊不爲誤且虞氏奕世貴盛多開第宅據翻之言固有居江南北者又不特專此城以居也顧其城厚完非永興輩其力或不能辦此

上虞嵩城在縣西北六十里其城斷横亘數里乃古壘也嘉泰志云孫恩攻上虞袁山松築扈瀆壘嵩城名始此按晉書袁名山松此乃以嵩城爲袁遺跡疑有誤

後郭在縣西北四十二里縣治舊在百官此北門之外也

嵊故剡城嘉泰志云在今縣西十五里縣志又引舊

經云西四十五里孔曄記剡治在江東歷年多皆不可考

衢路舊子城由秦望門而入直北曰蓮花橋又北走即府治所也秦望門街之東曰雄節營曰五通廟曰酒務坊曰夏麥倉曰都酒務街之西曰第七營曰第四營曰東水橋巷曰提舉司幹辦公事廳循城而西曰念三營縣酒務橋而東經豐宜館三聖廟之前東走酒務橋門縣東水橋巷而西過橋之南有大池曰龍噴池池正方可三十畝池北曰僉判廳池西曰社壇自此西走踰大郎橋會于常喜門蓮花橋北街之

東曰司理院西曰卧龍坊而西數百步西南走威果營又數百步抵城隍廟路及西園南趨清冷橋出常喜門府治之南左曰提刑司幹辦公事廳曰作院右曰通判南廳縣府治而右手詔亭下少西曰府院曰下馬院縣府治而左頒春亭下東走即鎮東軍門街之北曰僉廳少東曰通判北廳街南曰通判東廳

寶慶續志云越爲會府衢道久不修治遇雨泥淖幾於没膝嘉定十七年守汪綱至乃討工伐石在在繕砌浚治其湮塞整齊其欹崎除闢陌之穢汙復河渠之便利道塗堤岸以至橋梁靡不加葺經畫有條役

且無攖始于府橋至軒亭及南北兩市由府前至鎮東軍門賢良坊至府橋水澄坊至鯉魚橋沿河夾岸迤邐增築暨大小路迎恩門内外至鴻橋牽滙坦夷如砥井里嘉歎實爲悠久惠利云

今府城内衢路由府署南下爲蓮花橋又南爲紫金街爲拜王橋自蓮花橋過西爲山陰縣又西南爲府城隍廟爲稽山書院又轉而西稍北爲王公池南爲常禧門由府署西爲太清道院爲山陰城隍廟皆傍卧龍山由拜王橋西爲水偏門轉東南爲鮑郎山後爲教場由鎮東閣東過府橋爲橫街轉而北爲軒亭

又北爲大善寺江橋南爲清道橋又南下爲蕙蘭橋大雲橋南至南堰門由蕙蘭橋轉而北爲布政分司紹興衛由大雲橋西爲塔山前爲山陰學由軒亭東爲會稽縣爲會稽城隍廟又東爲縣東門轉而南至坊口大街南爲貫珠樓會稽學東爲新街口長春觀過東雙橋東至五雲門由貫珠樓南下爲掠斜溪金斗橋由新街口折而北爲小寳祐橋頭陀菴大寳祐橋由會稽縣東南爲長簷街又南爲杏花寺街爲南街南爲府學又東南爲羅坟坂官齊橋南至稽山門由南街過覆盆橋爲禹跡寺東至東郭門會稽縣後

爲新橋東爲長橋廣寧橋龍王堂東至都泗門由府
橋折而南爲鹽運分司酒務橋由鎮東閣折而北爲
佑聖觀東爲火珠山火珠巷按察分司蛾眉山北爲
倉橋東爲水澄巷西爲如坻倉爲察院轉而西繞卧
龍山後爲鯉魚橋西小路又北爲北小路中爲大路
西至西郭門鯉魚橋西爲養濟院由江橋折而東爲
斜橋過戢山北爲昌安門轉東南爲白馬山彭山東
大池

越絕書山陰古故陸道出東郭隨直瀆陽春亭山陰
故水道出東郭從郡陽春亭去縣五十里

廣平路華氏考古云在稽山門外一十里廣平程公師孟元豐初爲守民服其政日有餘裕放浪於山水間泛鏡湖款禹祠探藏書訪𥥆井攬宛委之秀挹若耶之勝往來必遊稽山之蹊山中之民相率而治之芟繁夷險使肩輿安行飛蓋無阻師孟字公闢時爲夕郎路以公名

沙路寶慶志云在西興沙上直抵江岸長一千一百四十丈嘉定十七年冬守汪綱築用錢三千萬米千斛樁篠五萬有奇踰月而工成修濶平廣行人利焉次年三月寧宗靈駕發引遂由此捧擎徑達於河以

避江間沙漲之阻

今紹興府城之西北出西郭水門由運河西至于錢清鎮又西北至于蕭山之西興鎮渡錢塘江凡一百二十里達于杭州又由錢清之水路西南至于臨浦達于錢塘凡一百里西通婺處諸郡東北至于匾拖閘達于三江口凡七十里至于海西出常禧門由水路西至于婁公埠登岸由陸路西南至于諸暨縣又西南由諸暨江至于安華橋又西南由山路達于金華之浦江凡二百七十里西南通金衢諸郡又由諸暨江北至于臨浦又北至于蕭山達于錢塘凡一百

六十里南出南堰門由水路南至于秦望諸山之中東南出稽山門由若耶溪東南至于禹陵又東南至于上竈又至于平水達于新嵊諸山之中東出都泗門由運河南過五雲門又東至于繞門山又東至于東關之曹娥江渡江由運河又東南至于上虞過縣之東又東至于大江口壩入于餘姚江又東至于餘姚過江橋又東達于寧波之慈谿凡二百七十五里東通寧波入于東海又由東關南至于蒿壩由剡溪而上南至于嵊縣過縣又東南由陸路至于新昌由新昌東南山路達于台州之天台凡三百七十里南

通台州入黄巖石過鴈蕩至于温處東北出昌安門由水路北至于玉山斗門達于三江海口凡三十里過海北通于嘉松諸郡又三江之西由湯灣塘路西至于蕭之龕山其三江之東南由王家大之塘路東至于僊山又東南至于曹娥壩過壩渡江東由百官達上虞至餘姚之廟山臨山衛又東北至觀海衛入慈谿又東至龍山所入定海凡三百里又由東關過上虞至黄竹嶺由山路東南入四明山接奉化慈谿凡二百三十里

紹興府志卷之二

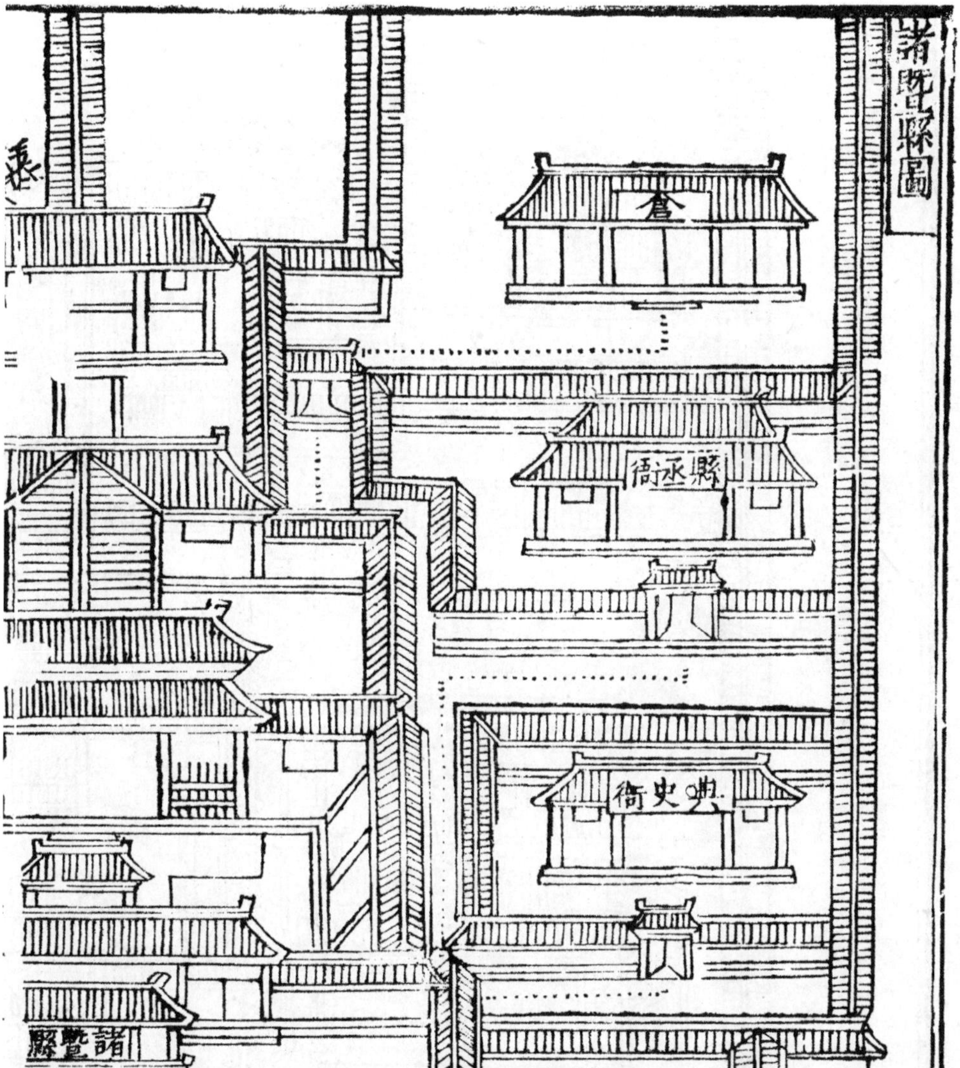

諸暨縣圖

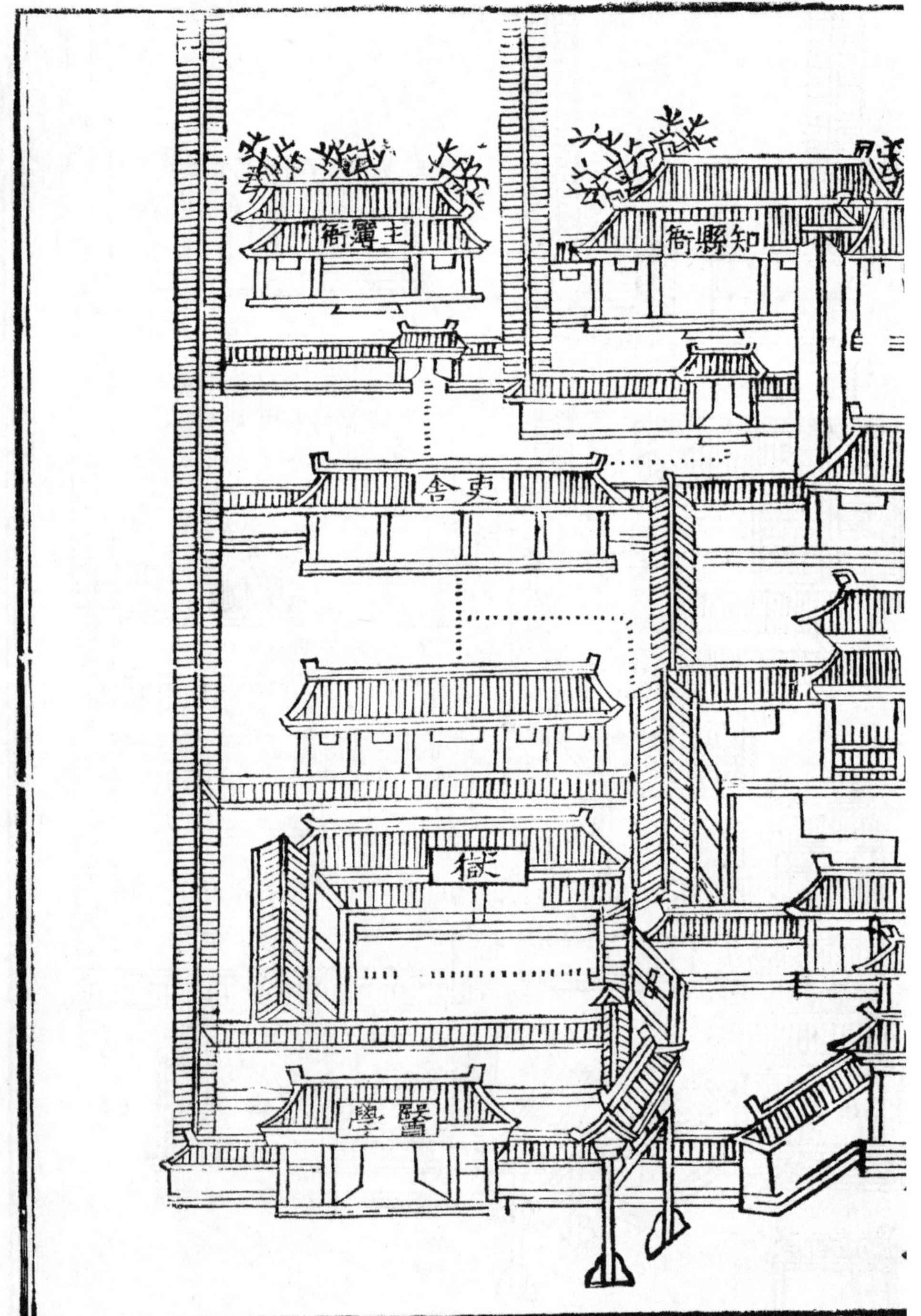
主簿衙
知縣衙
吏舍
獄
醫學

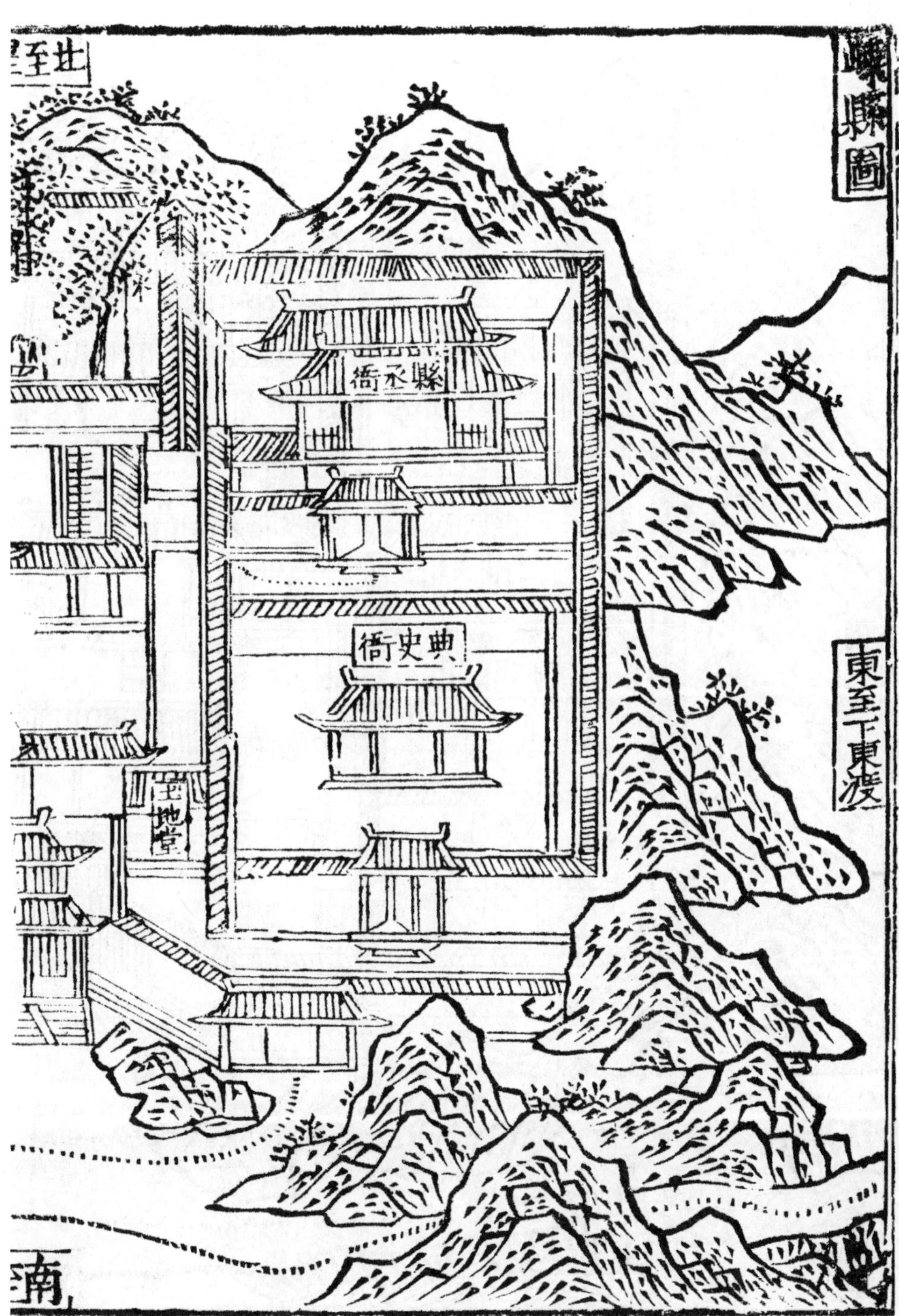
嵊縣圖
縣丞衙
典史衙
土地堂
東至下東渡

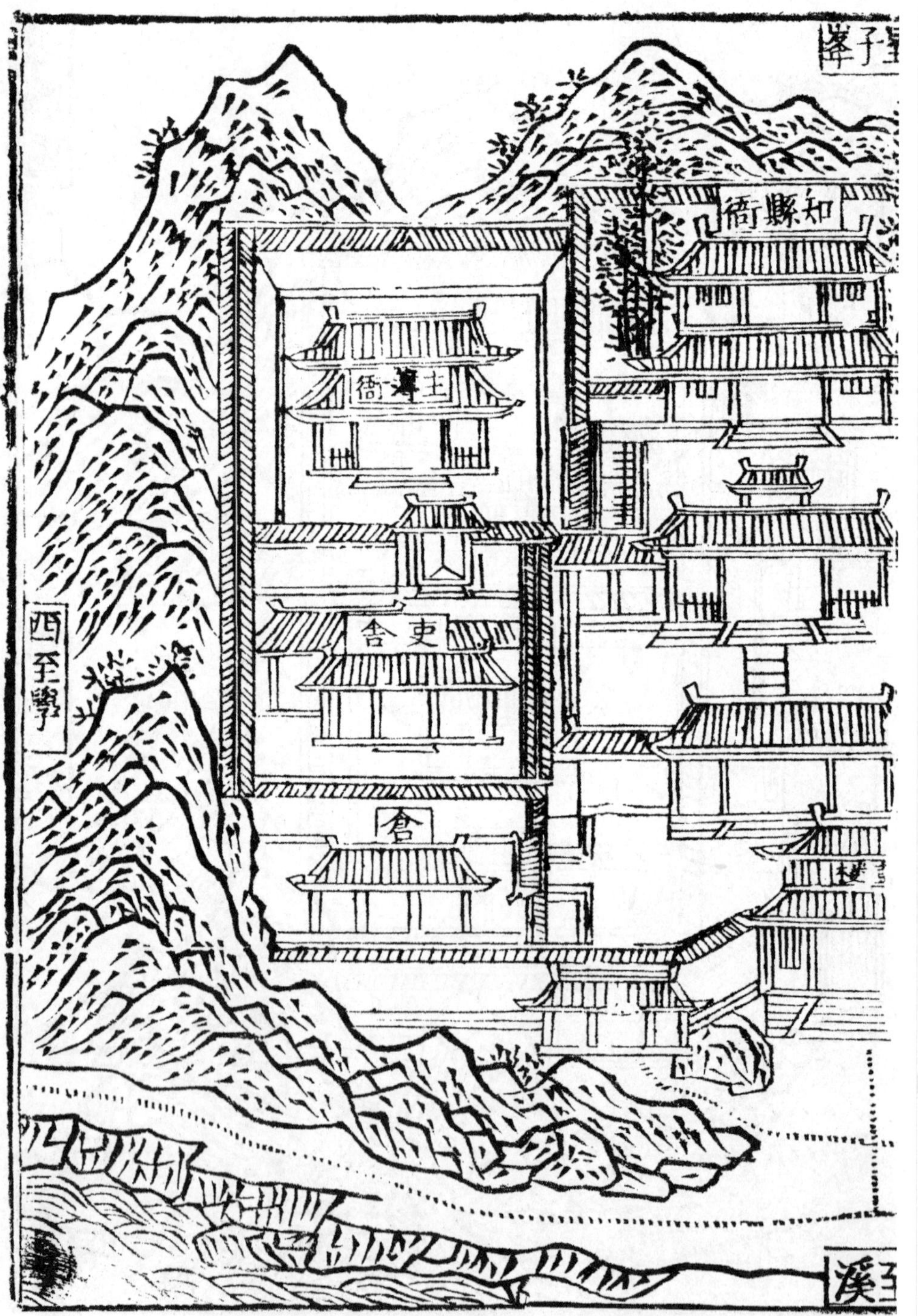
知縣衙
主簿衙
吏舍
倉
西至學

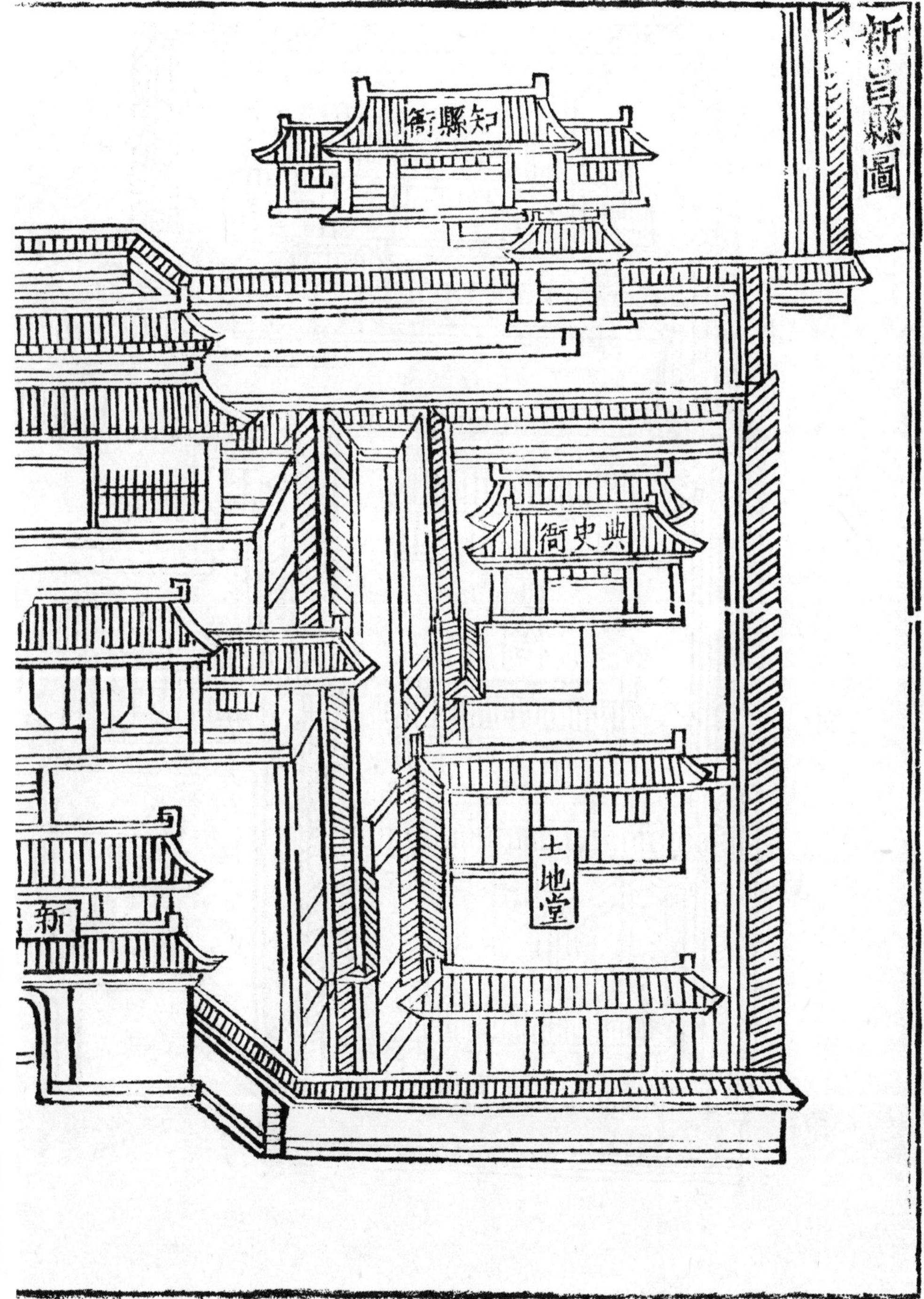
新昌縣圖
知縣衙
典史衙
土地堂
新

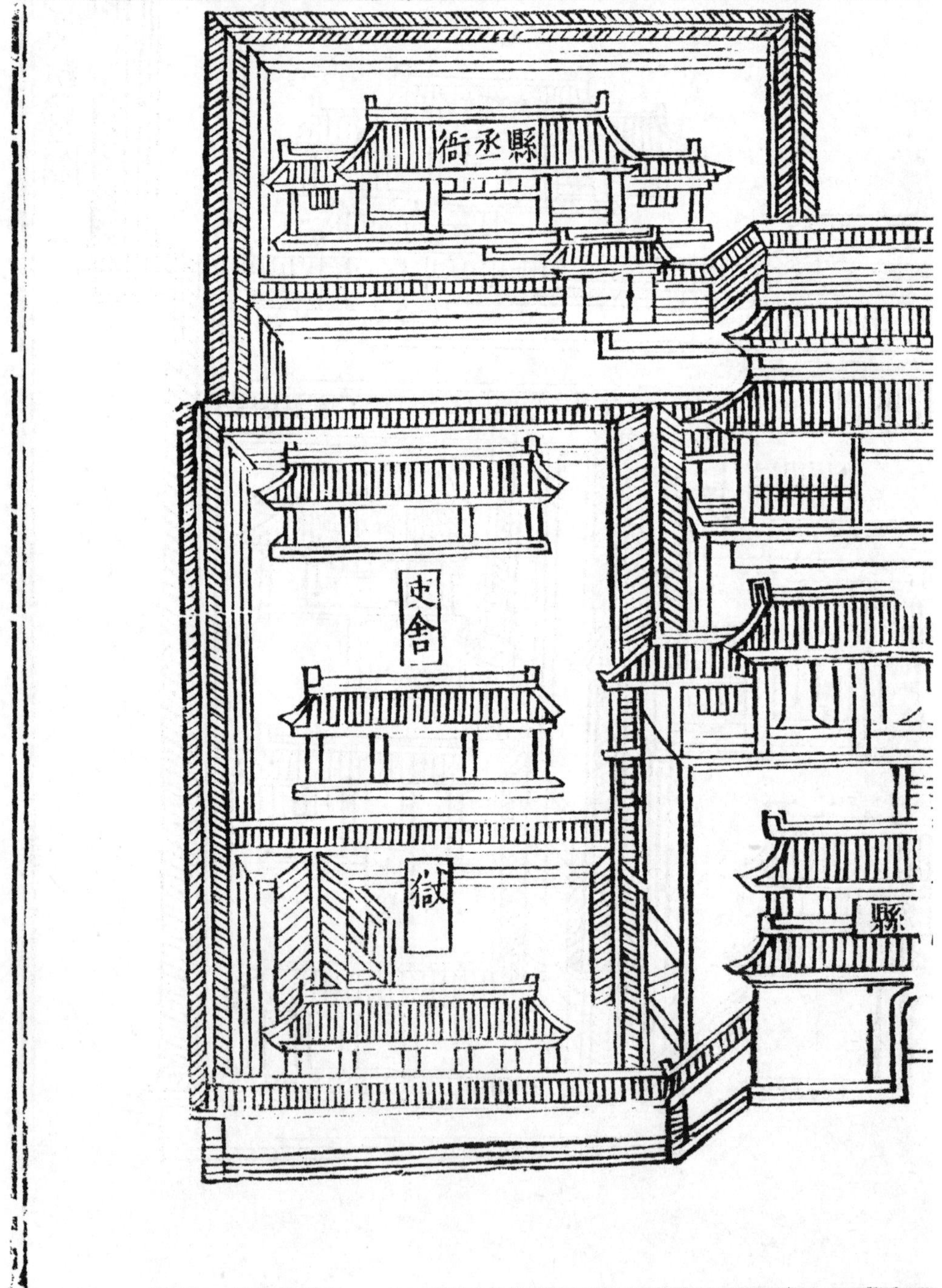
縣丞衙
吏舍
獄
縣

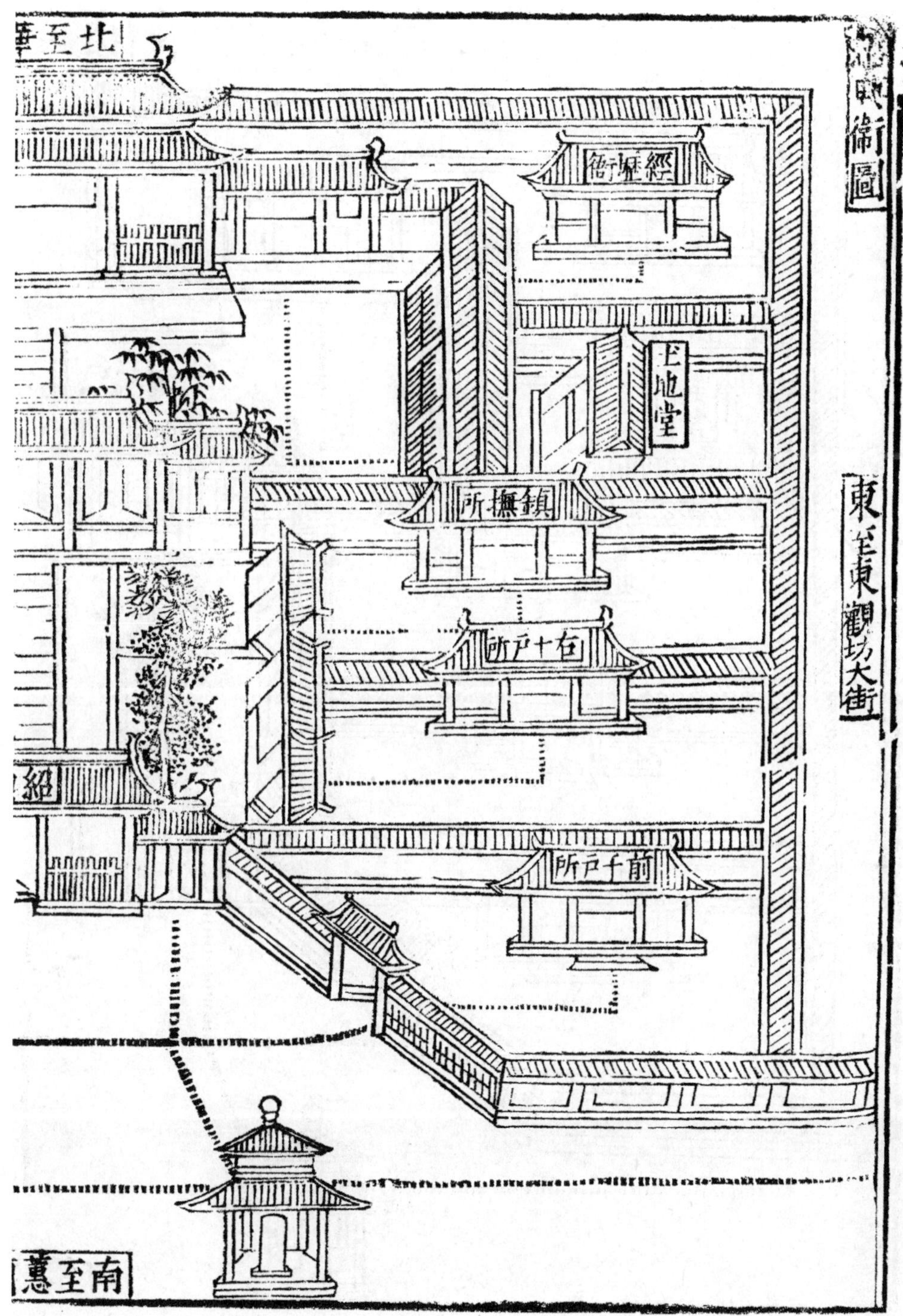
衛圖
北至華
經歷衙
土地堂
鎮撫所
右千戶所
紹
前千戶所
東至東觀坊大街
南至蕙

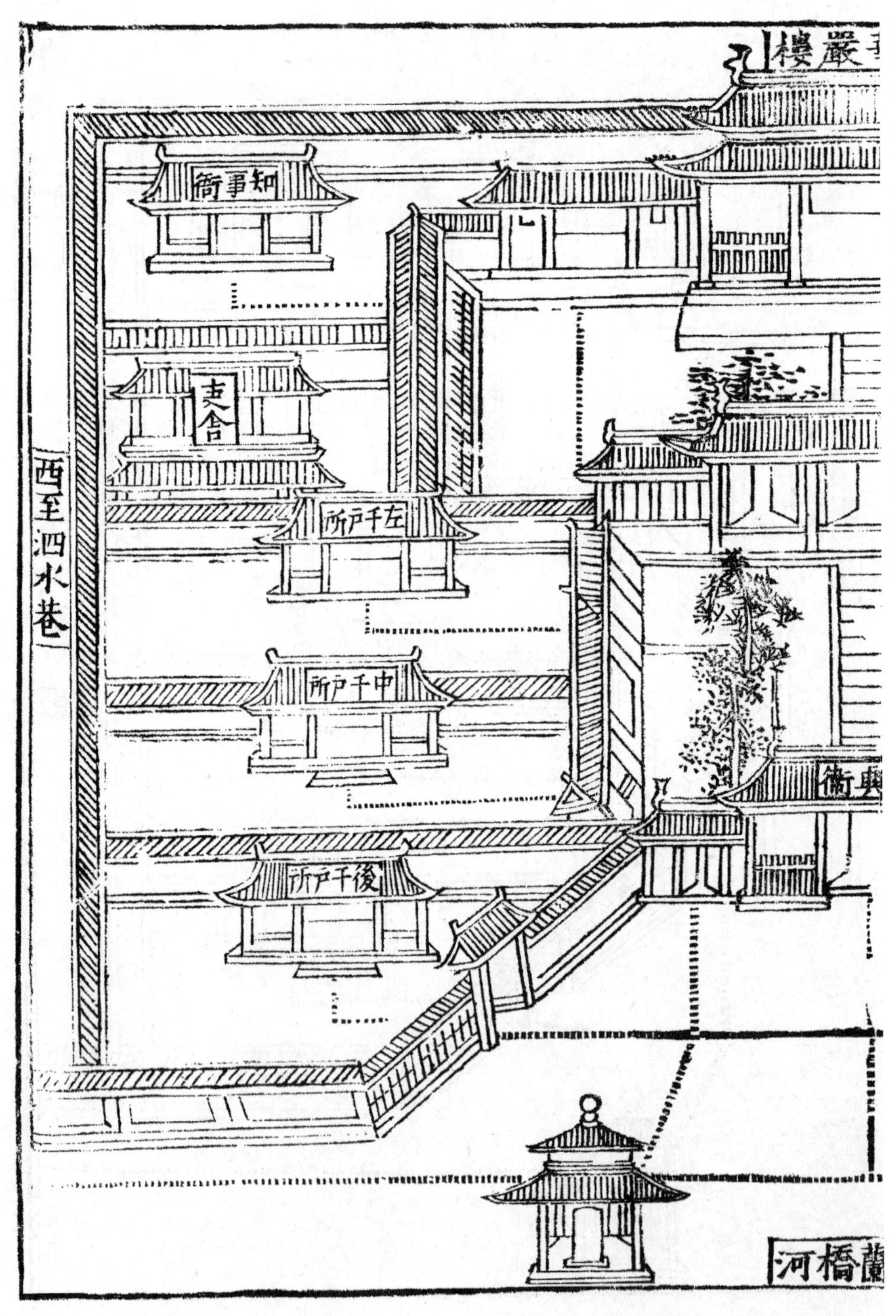

嚴樓
知事衙
吏舍
左千戶所
中千戶所
後千戶所
西至泗水巷
典衛
蘭橋河

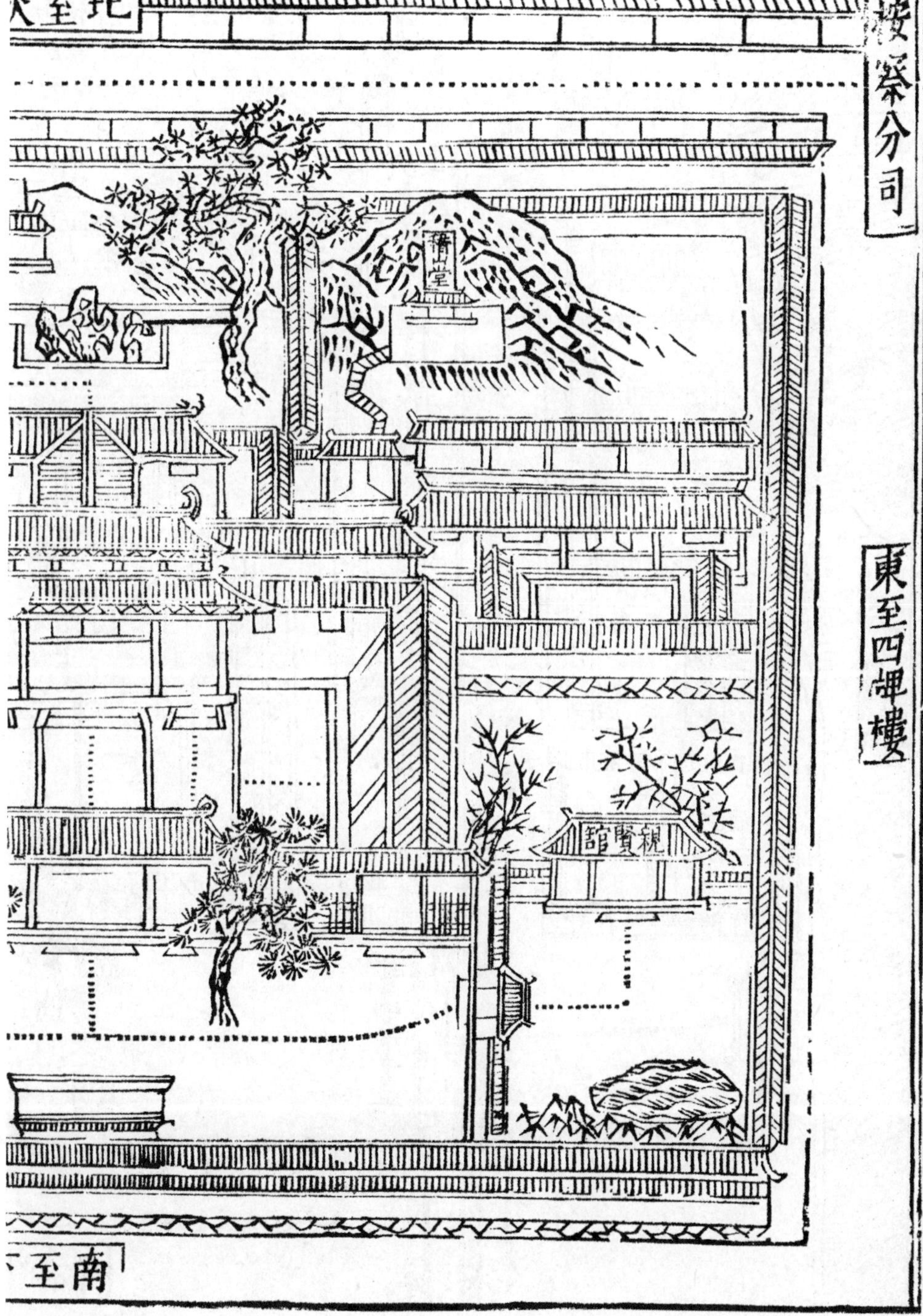
按察分司
北至
稽山堂
東至四牌樓
觀賢館
南至

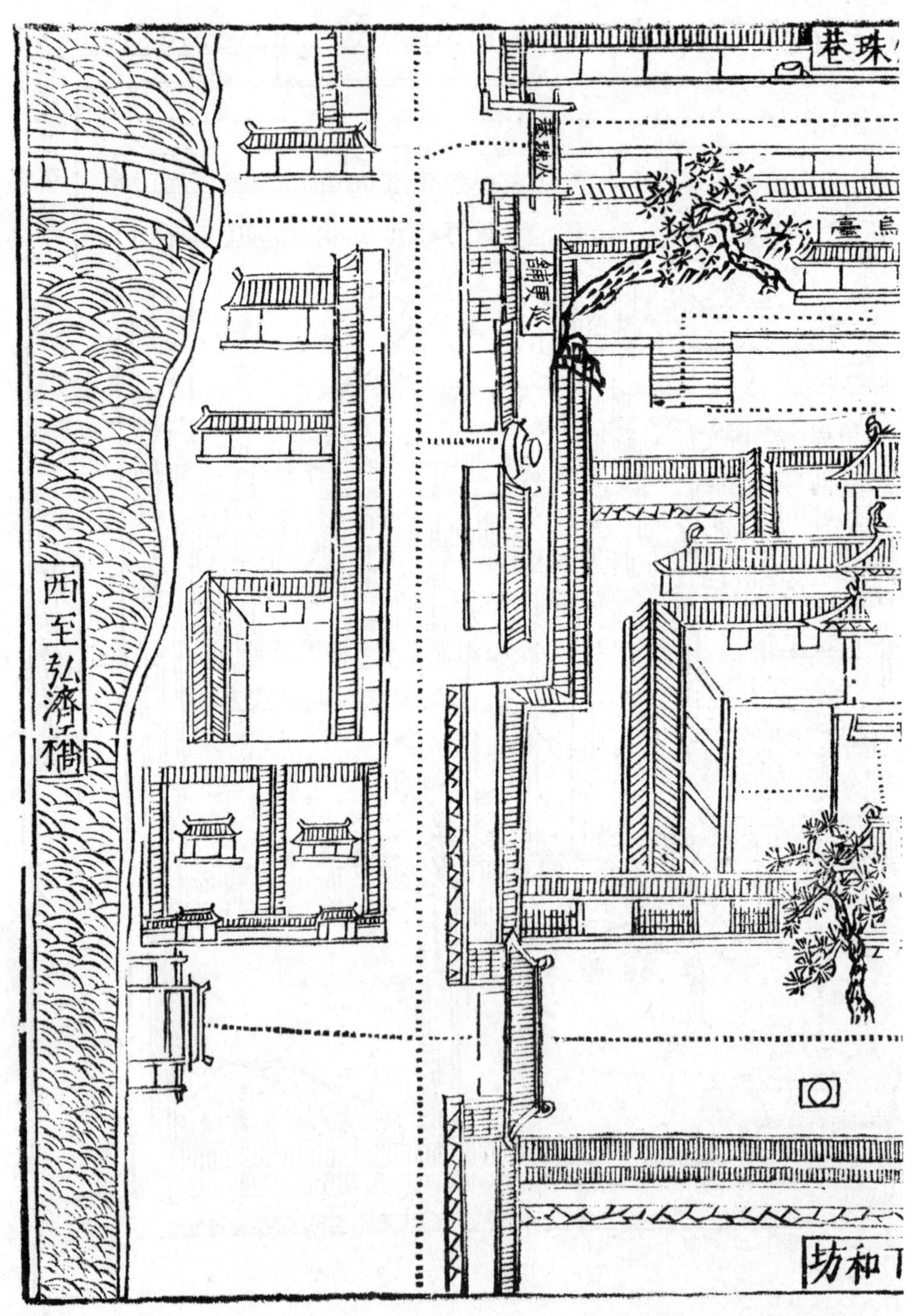
珠巷
烏臺
火珠巷
巡更鋪
西至弘濟橋
下和坊

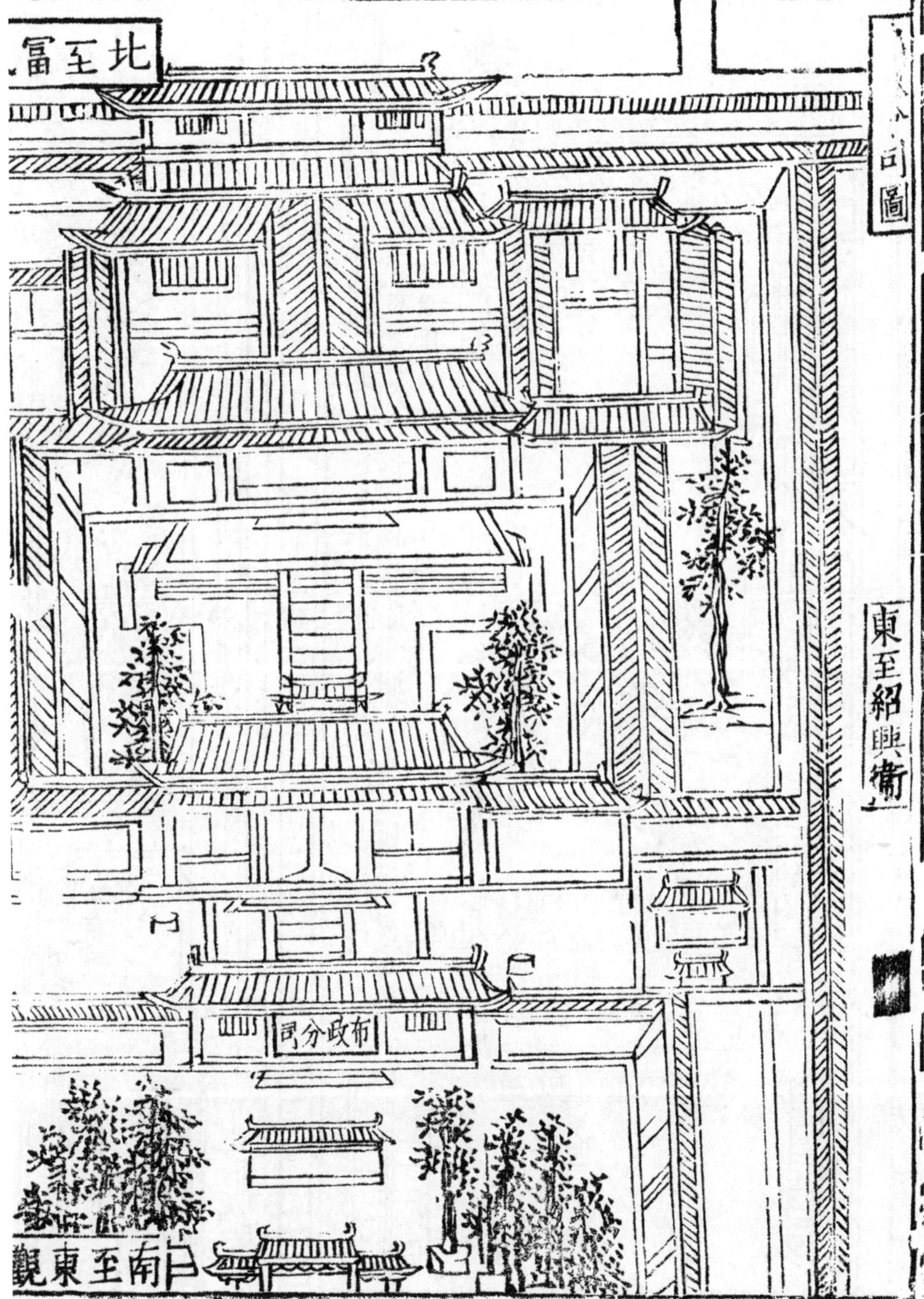
北至富
東至紹興衛
布政分司
南至東觀

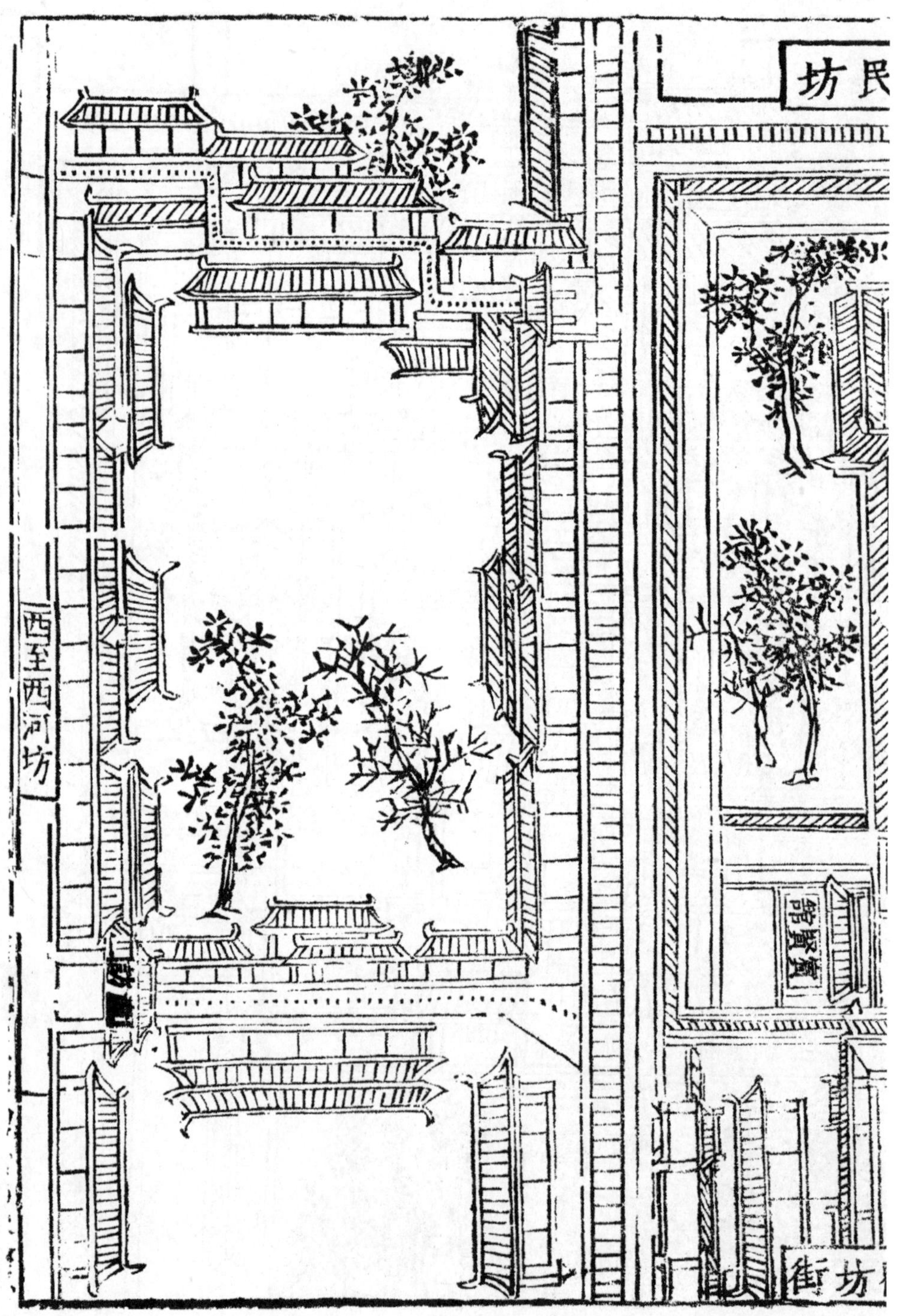
民坊
西至西河坊
賓賢館
坊街

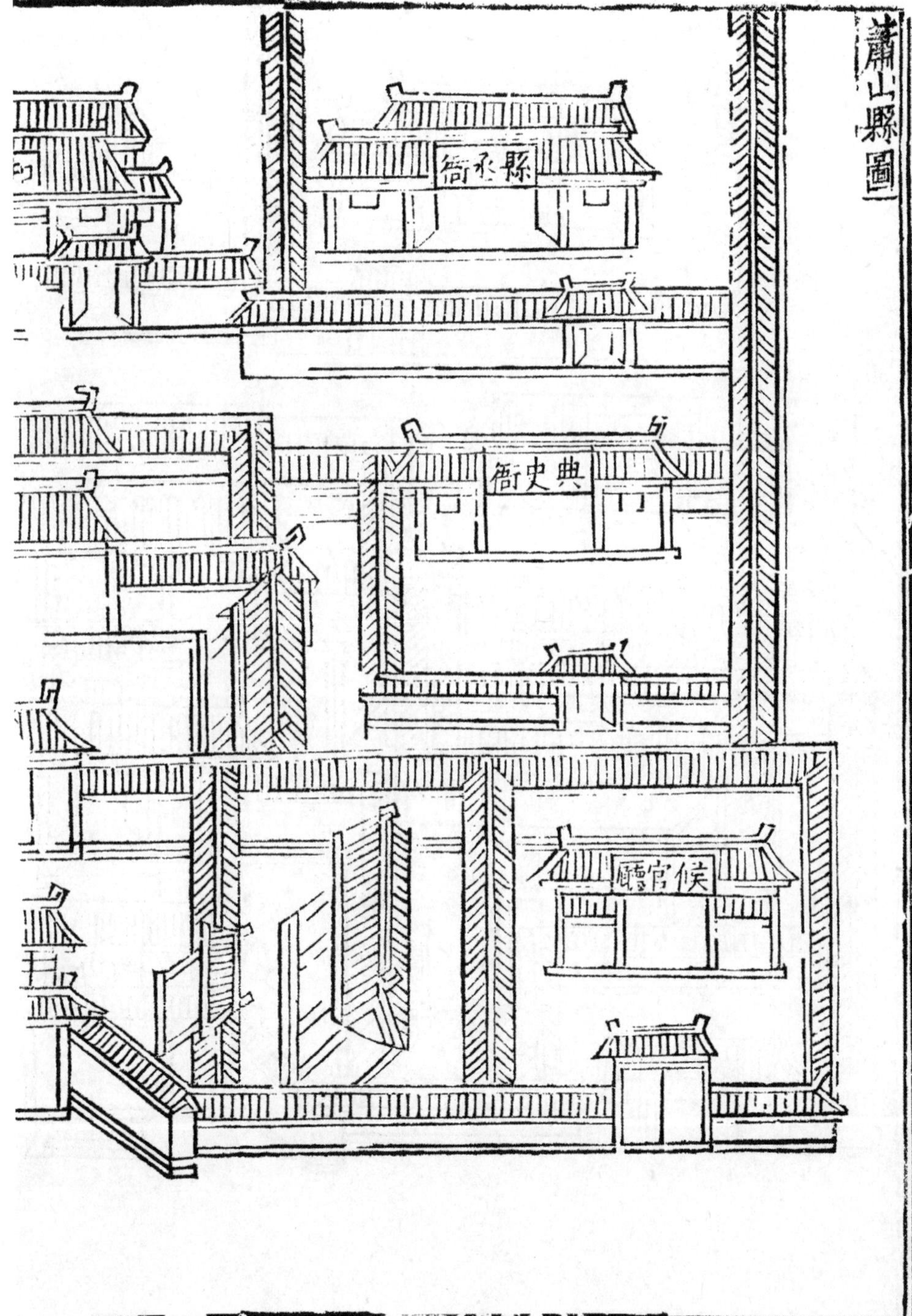
蕭山縣圖
縣丞衙
典史衙
候官廳

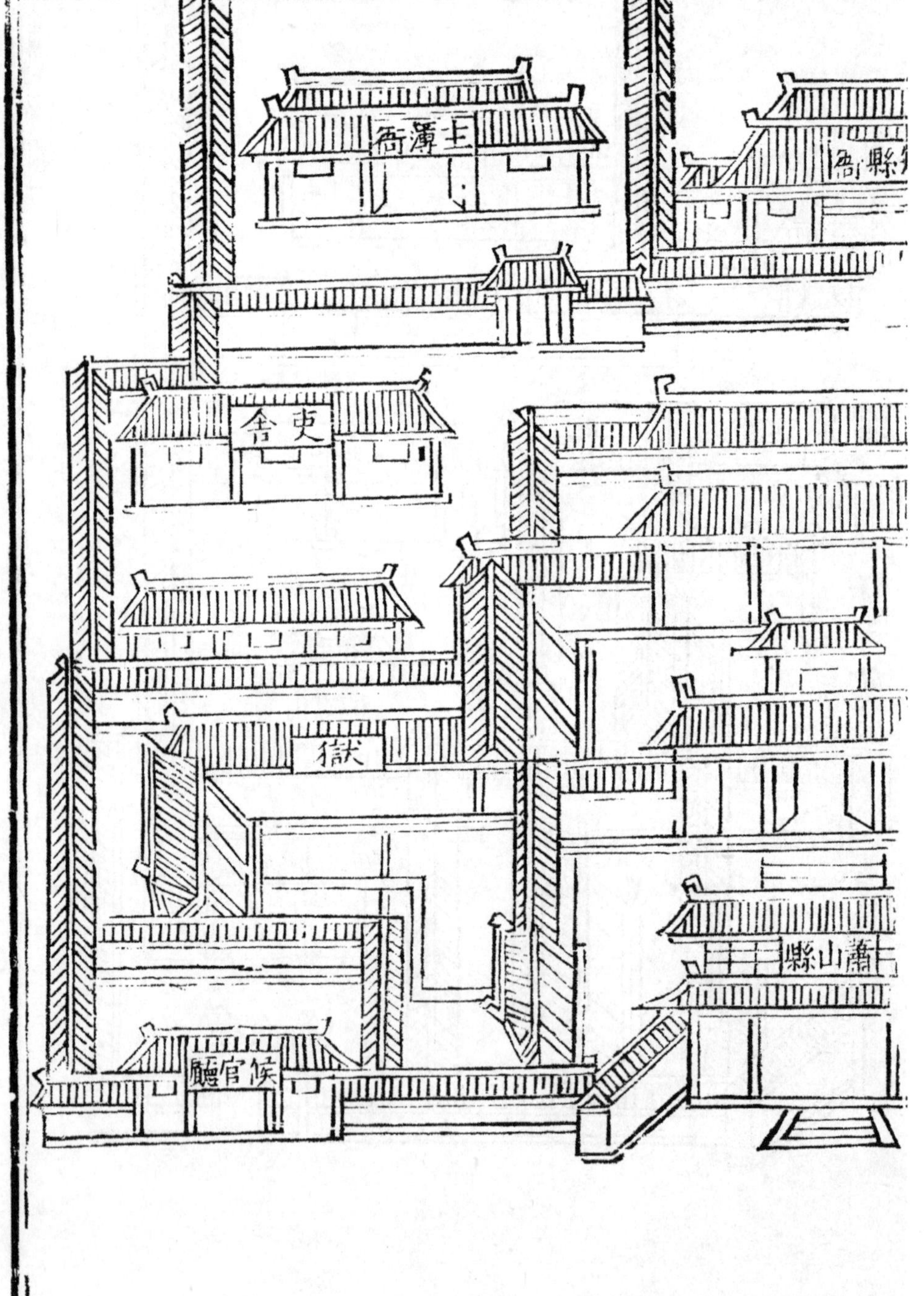
主簿廨
吏舍
獄
蕭山縣
候官廳

上虞縣圖

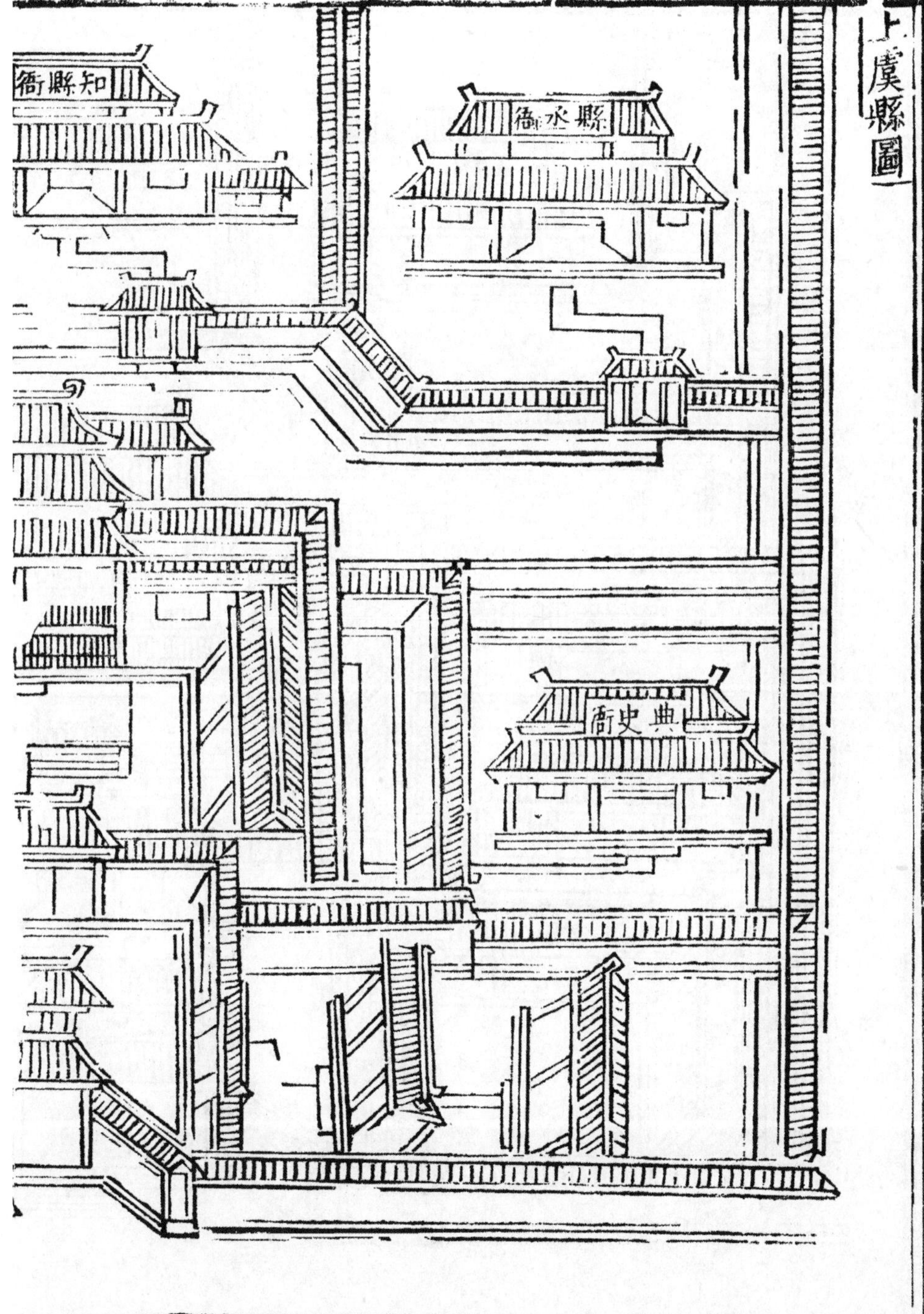

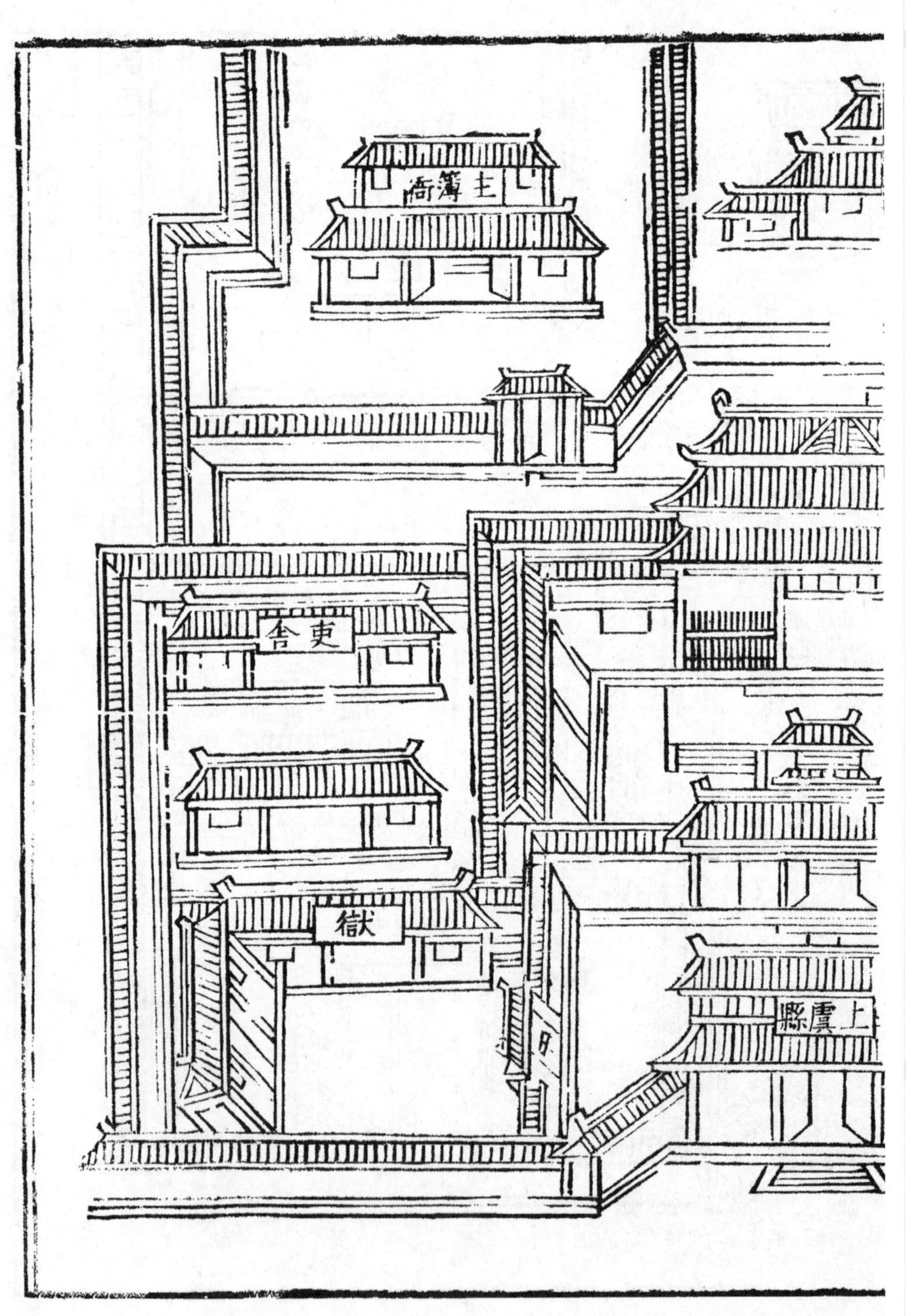
主簿衙
吏舍
獄
上虞縣

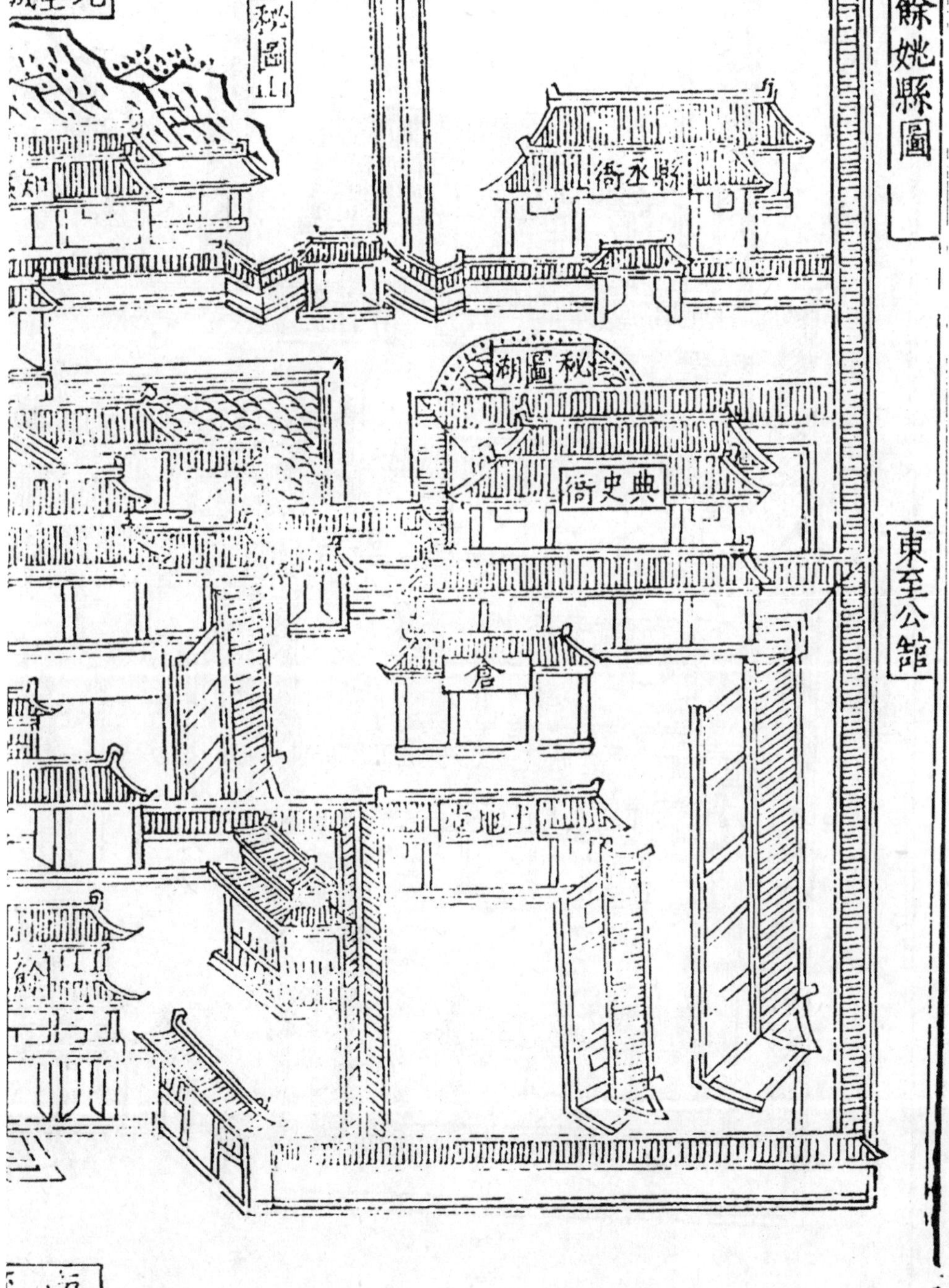
餘姚縣圖
北至城
秘圖山
縣丞衙
秘圖湖
典史衙
倉
土地堂
東至公舘

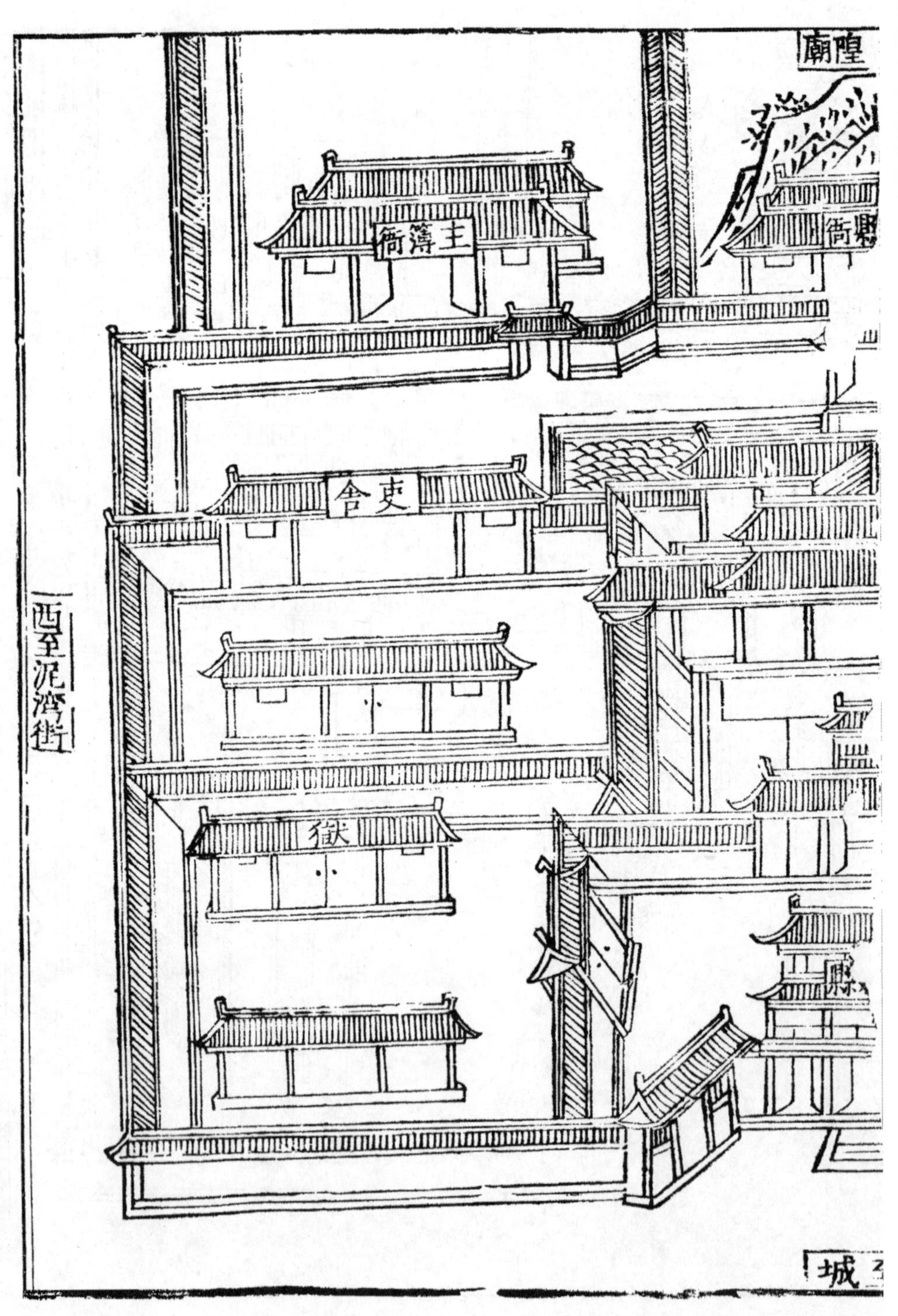
主簿衙
吏舍
獄
西至泥湾街
縣衙
隍廟
縣
城

紹興府志卷之三

署廨志

府　縣　行署　衛所　雜署　廢署

府唐時爲州宅後枕卧龍面直秦望元稹云居山之陽凡臺榭之勝皆因高爲之以極登覽常以詩誇於白居易在當時勝槩可想見也乾寧中董昌叛即廳堂爲宫殿昭宗命錢鏐討平之以鏐爲節度鏐惡昌之僭跡撤而新之故元李諸公吟賞處皆不存然是時堂舍亭臺固自瓌瑋宋初諸公亦富有歌詠至建炎以後又復頹毁則張趙登臨處亦俱湮没嘉定十

五年守汪綱鳩工大新之嘉泰志及續志紀述稍備今節錄之存舊跡焉【唐元稹詩】州城迴遶拂雲堆鏡水稽山滿眼來四面常時對屏障一家終日在樓臺星河似向簷前落鼓角驚從地底囬我是玉皇香案吏謫居猶得小蓬萊【又和樂天韻重誇詩】仙都難畫亦難書暫合登臨不合居遶郭烟嵐新雨後滿山樓閣上燈初人聲曉動千門闢湖色宵涵萬象虛爲問西川羅刹岸濤頭衝突近何如【白居易答詩】賀上人囬得報書大誇州宅似仙居厭看馮翊風沙久喜見蘭亭烟景初日出旌旗生氣色月明樓閣在空虛知君暗數江南郡除却餘杭盡不如蓋樂天時守杭州也【宋張伯玉詩】萬疊湖山煙水濱朱門畫戟間松筠登臨不踏紅塵路燕寢長居紫府春書靜欲驂風外駕夜寒疑是月中身我慙白首方懷紱猶得蓬萊作主人

宋府署據卧龍山之東麓是爲鎮東軍節度即子城之東以爲東門榜曰鎮東軍吳說書郎中士參政綱立東

衢大河即簞醪河也橋曰府橋橋之北曰惠風亭自惠風亭北曰東亭古以爲餞客之地唐宋之問夜飲東亭詩春水鳴大壑皓月吐層岑岑壑景色佳慰我遠遊心暗芳足幽氣驚鸞棲多衆音高興南山曲長謡横素琴史魏公浩改築更名蓬萊館然邦人猶謂之府東亭由軍門而西百二十三步折而北曰譙門榜曰賜大都督紹興府亦吳郎中説書建炎二年翟公巽始製漏器篆銘其上直譙門曰儀門或云其下即謝夷吾墓夷吾知時將亂戒子孫懸棺葬焉直儀門曰設廳紹興元年九月高宗駐蹕以州治爲行宮會當郊祀之歲行明堂大禮即以設廳爲明堂設廳之後曰蓬萊閣錢王鏐所建蓋舊記云蓬萊山正偶會稽又元積詩亦云小蓬萊也宋章粢作蓬萊閣詩序云不知誰氏創始按閣乃吳

越錢鏐所建棨偶不知爾淳熙元年其八世孫端禮
重修乃持揭於梁間云定亂安國功臣鎮東鎮海兩
軍節度使撿校太師侍中兼中書令食邑一萬戶實
封六百戶越王鏐建自元祐戊辰章棨修之又八十
七年錢端禮再修又四十八年汪綱復修綱自記歲
月於柱云蓬萊閣登臨之勝甲於天下自昔以來不
知其凡幾壞幾修矣邇年其壞尤甚而修之於嘉定
十五年歲次壬午十一月巳巳朔十五日巳未者郡
守新安汪綱仲舉也【錢公輔詩】蓬萊謫居香案吏此
語昔自微之始後人慷慨慕前修高閣雄名從此起
【趙抃詩】蓬閣下臨千嶂起戟扉前對五雲開誇詩舊
屬微之宅叶氣今同老氏臺月滿夜疑仙子降風掃
春喜故人來近緣冗劇懷清暇夢裡東遊到幾回【張
伯玉詩】書報蓬萊高閣成越山增翠越波明雲夕冷
上天地靜人在月中金翠橫游女弄芳珠作珮仙人
度曲玉爲笙會須長揖浮丘伯醉聽銀河秋浪聲丁
【蓬萊閣醉歸詩】蓬萊閣上醉歸時猶索芳樽步步隨
啼鳥似來留翠珮傍人爲咲整花枝腰間半掛黃金
印頭上斜欹白接籬拍手向他賓從道使君未是
扶持【沈紳詩】三山對峙海中天【秦觀詩】四面林巒抱

城動秋風此橋門梯上臥龍路隔西陵兩三水門南鎮一千峰湖吞碧落詩爭發塔湧清溟畫幾重非是登高能賦客可憐徒依鶴自相容［又］冠裳盡坐灑清風軒外時聞韻籟龍人八面春生紅玉液銀盤煙覆紫馳峯天涵秋色山山此樹攬鄉思葉葉重便欲買船江北去爲懷明德更從容［又］雄簷傑檻跨崢嶸席上風雲指顧生千里勝形歸俎豆七州和氣入簫笙人遊晚晰朱樓遠鳥度晴空碧嶂橫今夜請看東越分藩星應帶少微明［又］城連湖晰水爲關旦暮樵風自往還龜負寶林新佛地龍蟠使宅老仙山平生仕宦今何得終日登臨獨未閑歲滿徘徊難遽別就中蕭洒興人間［王十朋賦］越中自古號佳山水而蓬萊閣實爲之冠昔元微之作州宅詩世稱絶唱近代張公伯玉三章膾炙人口好事者從而和之獨未聞有賦之者十朋筮仕之初辱爲蓬萊客適者中秋之夕與同僚會飲于茲閣覽湖山之勝翫月于樽俎間即席賦詩諸公皆和既而念之閣不可以常登一詩不足以盡意遂從而賦焉王子猶會稽客蓮幕登臥龍之山躡巨鼇之閣秀閟千巘流觀萬壑縱遠目於東州暢幽懷於寥廓于時天高氣肅秋色平分簪盍良朋

把酒論文俯仰湖山懷古傷今登高賦詩以寫我心俯覽城闉鱗鱗萬瓦龍吐戒珠龜伏東武三峰鼎峙列嶂屏布草木蘢蔥煙霏霧吐棟宇崢嶸舟車旁午壯百雉之巍垣鎮六州而開府東望稽山思禹之功喬松鬱乎故陵丹青儼於祠宮藏丹書於魋穴流遺畫於無窮南目秦望哀秦之過方鏡石以頌德驕顏色以相賀嗟仙藥之不來俄腥風之已播西望夕陽送目蘭臺懷王謝之風流感斯文而涕零徒觀夫茂林修竹銷煙靄而冥冥北望滄海渺其無涯方吳門之畫龍視越國其如蚩轟雷鼓於一震虛吳國而成窪訪隱譙之故址第見乎古木之號鴟前瞻鑑湖滿目雲水嘉馬侯之偉績慕賀監之高軌禍荒芳遺跡半湮宅冷兮黃冠無幾徒有漁舟賈棹風樵航葦往來乎鷗鷺之鄉款乃乎煙波之裏仰瞻高閣翬飛崔嵬俯瞰州宅緬懷高牧面無時之屏障家終日之樓臺長湖山之價於几席之上惜斯人之安在哉言未畢客有揖斯閣而謂予曰子亦知夫閣之所以得名者乎蓋始於元和才子也以玉皇案吏之尊擁旌麾於千里也蓬萊隔弱水三萬里以筆力坐移於是也齊名有白從事有華胄中有萬頃之湖真一代之奇

[illegible]此詩章一出遂能發秦望之精神增鑑湖之風采
蘭亭絕唱亘古今而莫擬也予亦讀夫才子之傳否
乎姑問訊其從何而來集乎彼而至乎此也才子之
不、固足以起吾予數百年之聳慕才子之所以獲侍
王皇者亦吾子之所喜攻而深恥也夫何惜之有予
於是引客之手揚袂而起言契予心諾諾唯唯有是
哉有是哉斯人也而至於斯也尚忍言之哉俄而鼓
角作於人間明月出於林端妙三弄之梅花爛十分
之銀盤醽一觴而徑醉有不盡之餘歡頃之陰雲忽
興點綴青天漸山川之蒙籠若有妬乎嬋娟倚危欄
而感慨覺興盡而思旋矣於是用與眾茗於清白之
堂漱齒於清白之泉閱唐宋之題名終夕爲之慨然
嗚呼噫嘻死者可作吾誰與歸其無出乎范文正公
之賢又詩二首中秋翫月小蓬萊風送嬋娟入座來
樽俎論文清有味湖山照眼淨無埃雲生脚底蛟龍
臥影落人間鼓角吹把酒問天無問月何時此夜更
卿杯又祖龍車轍遍塵寰只道蓬萊在海間空上望
秦山上望不知此處是神山明高啓詩旅思曠然釋
置身蒼林杪群山爲誰來歷歷散清曉奇姿脫霧雨
奮身爭欲矯氣通海煙長色帶州郭小曲疑藏啼猶

橫恐截歸鳥流暉互蕩激下有湖塹繞住處未徧經一覽心頗了秦皇遺跡淛晉士風流杳願探金匱篇振袂翔塵表設廳之東爲便廳便廳之後曰使宅建炎四年車駕再幸越州以州宅充行宮紹興元年移蹕臨安賜行宮爲府治使宅之前曰清思堂張伯玉詩白雲無事不肯出幽鳥有時還自來趙抃詩閲今堂在便廳重屋之後略無所見以前人題咏考之恐非今處便廳之東曰青隱軒政和間守王仲嶷建直青隱軒之北曰清涼閣紹熙元年洪内翰邁改題爲招山閣閣之下曰棣萼堂即邁建乾道中洪丞相适亦常守兹上誥中有云一門棣萼也閣之東爲複道以陟山麓曰采菊火亢有亭曰晩對亦邁建覆之以芳取杜甫詩翠屏宜晩對之句便廳之東火下爲府

食廳唐大曆中帥皇甫溫建唐崔元翰判曹食堂壁記越號中府連帥臨六郡督諸軍設官之制食劇曹皆二人紀綱之職亦分爲兩食堂之制陋而不稱太子少師皇甫公來臨是邦始更而廣之後二歲御史大夫崔公又爲之備食器增食物云儀門之外兩廊爲吏舍儀門之西南鄉爲安撫僉廳唐天復中建唐吳融鎮東軍監軍使院記元帥彭城王平難帝命兼鎮之上將軍汝南周公監護之乃命軍吏揆日經始累月土畢垂門列楹顯敞豊博東廂西序又列署四爲設廚窈窕深邃越城之中稱爲一絕爲省馬院爲甲仗庫爲公使錢庫公使錢庫之西北爲公使酒庫廳之兩廊爲複屋曰走馬閣東廊爲使院之便門西廊曰架閣庫西廊之西曰軍資庫北曰清白堂康定中范文正公仲淹建范公記獲廢井泉清而色白因命其

堂庳幾居斯堂而無忝其名後廢不存嘉定十五年汪守綱命訪其所曰都廳即其處也乃別創都廳重加整葺而復范之舊扁清白堂之西曰賢牧堂清白堂側舊有清白亭以記考之當是亭故址舊祠范文正公乾道四年史忠定始以趙清獻公並祀八年方侍郎滋又增朱忠靖公勝非趙忠簡公鼎張文靖公守翟忠惠公汝文嘉定十四年守吳格又以忠定公合祀凡七人袁燮作記賢牧堂之西北曰極覽亭淳熙七年李參政彥穎建極覽亭西南曰白涼館白涼館西南曰城隍廟由蓬萊閣而北少西經井儀堂故址宋錢伯通記堂在蓬萊閣之上望海亭之下西樓其左西園其右成於嘉祐六年主人刁公景純也登臥龍山絕頂曰望海亭不知何人建元稹李紳嘗賦詩則唐時已有之矣元陶

詩 巖空古墓失文種嵋几惟石疑防風

昔范蠡作飛翼樓以壓強吳此亭即其址也祥符中州將高紳植五桂於亭前易名五桂歲久亭廢桂亦不存嘉祐中刁約增拓舊址再建復名望海自作記嘉定中汪綱復建爲樓唐元稹詩年老無流輩行希足薛蘿熱時憐水近高處見山多衣袖長堪舞喉嚨囀觧歌不辭往復醉人世有風波張繼詩江城昨夜雪如花郢客登樓望霽華夏禹壇前仍聚玉西施浦上更飛沙簾籠向晩寒風度睥睨初晴落景斜數處微明銷不盡湖山青映越人家

沈立越州圖亭蓬萊閣望海亭東齋西園皆燕樂之最者由蓬萊閣而西曰崇善王廟卧龍山神祠也梁貞明三年錢鏐建直使宅之北曰望仙亭紹熙七年趙侍郎不流建南依巘石北望

梅山及海際諸山仙者謂梅福也東北曰觀風堂紹興中曹泳建[王十朋詩]薄俗澆風有萬端欲將眼力見應難但令心境無塵垢端坐斯堂便可觀由觀風而北少東曰觀德亭王尚書希呂建用以習射始曰堵如王給事信書今額改焉或云即越王臺故址由觀德亭而西歷桃蹊梅塢出使宅之北南走城隍廟下爲西園便門

東齋舊經云漢王朗爲會稽郡守子肅隨在郡於東齋注易沈立越州圖序亦有東齋

滿桂樓唐李紳詩序云架樓州城西南臨眺於外盡見湖山別開外扉通杜鵑樓不啓重扃清夜開宴[詩]爲

此湖水逼霄望不
聲樊陽郡月樓

杜鵑樓樓前植杜鵑花

望雲樓舊經云即句踐遊臺也

披雲樓宋齊唐詩元和文物盛群賢曾借蓬萊住列仙書入簾籠山外寺鑑揺臺榭鏡中天

海榴亭唐李紳詩海榴花早開繁蕊光照晴霞破碧烟

新樓唐白居易和微之新樓北園偶集從孫公度周巡官韓秀才盧秀才范處士小飲鄭侍御判官周劉二從事皆先歸詩聞君新樓宴下對北園花主人既賢豪賓客皆才華初筵日未高中飲景已斜天地爲幕席富貴如泥沙嵇劉陶阮徒不足置齒牙因聾鄙畢卓落幘嗤孟嘉芳草供枕藉亂鶯助諠譁醉得道路鄉在海無津涯一歲春又盡百年期不賒同醉君勿辭獨醒古所嗟銷愁若沃雪破悶如割瓜稱觴起爲壽此樂無以加歌聲凝貫珠舞袖飄亂麻相公謂四座今日非自誇有奴善吹笙有婢彈琵琶十

指纖若笋雙環鬟如鵶履舄起交雜盃盤散紛拏歸去匆擁遏倒載逃難遮明日宴東武後日遊若耶豈獨相公樂謳歌千萬家

京堂范文正清白堂記云蓬萊閣之西有京堂

逍遥堂宋張伯玉詩旌麾千騎長風月一堂深

五雲亭在卧龍東峰宋章岷建岷自爲詩卧龍東嶺冠雲霞亭面溪流對若耶

延桂閣在清忠堂之側前有巖桂甚古宋守趙彦倓建王補之摘杜甫詩賞月延秋桂之句樓之下爲寢處燕坐之所便房夾室悉備蓋館士所寓之地也

雲近在招山閣之右宅堂之廊廡也趙彦倓建取杜

甫詩云近蓬萊常五色之句

燕春在清思堂後汪綱建摘張伯玉詩燕寢長居紫府春之句

雲根在州宅後汪綱建摘張伯玉詩州宅近雲根之句

四面屏障在州宅後汪綱建摘元稹詩四面無時對屏障之句

步鰲亦在州宅後汪綱建摘沈紳詩雲隨步武鰲頭穩之句

拂雲在子城下汪綱建摘元稹詩州城縈繞拂雲堆

之句

無塵在拂雲左汪綱建摘張伯玉詩疎竹間花陰了無塵土侵之句

鎮越堂在蓬萊閣之下汪綱建汪綱自記於柱由蓬萊閣而下凡三級始達廳事承平時皆有堂宇廢圮已久後來者乃由中鑒蹬道以便往來而饗軍延見吏民之所遂爲通行之路非獨失帥府之觀瞻其於陰陽家之說尤爲妨忌郡寖不如昔民亦多艱未必不由於此嘉定辛巳予自憲移帥即有意稍復舊觀顧力未贍弗暇明年秋公帑稍有銖積於是補葺罅漏芟夷草萊築一堂於上以鎮越名之蓋東南之鎮其山曰會稽而鎮東又越之軍額也名實其核地高而爽堂奧而明泰望諸山皆欣然領會有効奇獻秀之勢又創行廊四十間于兩翼聯屬蓬萊併與閣一新之山川朝拱氣象環合而斯堂之勝遂獨擅於越中矣工既畢功始記歲月於此是歲九月辛未新安汪綱書

月臺在鎮越堂之前汪綱建舊嘗有望月臺壞已久其址亦不知在何所唯王十朋詩傳焉綱葢寓舊名於此王十朋詩明珠邐吐卧龍頭漸覺清光萬里浮人望使君如望月更須如鏡莫如鈎

雲壑在卧龍之東汪綱建前有喬松甚古汪綱自記於杜嘉定壬午五月郡守新安汪綱作雲壑於卧龍之東峯葢百花亭之舊址也黃太史詩云老松閟世卧雲壑回首滄江無萬牛而此堂之下蒼髯老榦雲霧深藏雪壓霜侵不改其操是宜其高卧閟世縱有萬牛焉能動哉

清曠軒在雲壑之側汪綱建自記於杜章棨蓬萊閣詩序謂四時之景不同而所同者自然之清曠也此語當矣西園舊有亭名清曠亭廢不存復寓此名於斯軒噫何獨此名爲寓而斯軒亦直寄焉耳

秋風亭在觀風之側其廢已久汪綱即舊址再建自記

秒桂秋風亭辛稼軒曾賦詞膾炙人口今廢矣予即舊基面東爲亭復創數椽於後以爲賓客往來館寓之地當必有高人勝士如宋玉張翰者來遊其間游目騁懷幸爲我留其毋遽也悲吟思歸之典云辛棄疾漢宮春詞亭上秋風去年嫋嫋曾到吾廬山河舉目雖異風景非殊功成者去覺團扇便與人疎次不斷斜陽依舊茫茫禹跡都無千古茂陵循在甚風流章句解擬相如只今木落江冷渺渺愁予故人書報莫因循忘却蓴鱸誰念我新凉燈火一編太史公書

多稼亭在望海亭下王補之嘗修焉因改今名後汪綱又修之

越王臺祥符圖經云在種山東北今臺乃在臥龍山之西非舊也嘉定十五年汪綱因小茅亭基址名近

民者爲之目極千里爲一郡登覽之勝曾耆年篆三大字刻于石別爲亭覆之在臺之左又一在蕭山唐李白詩越王勾踐破吳歸義士還家盡錦衣宮女如花滿春殿只今惟有鷓鴣飛寶華詩傷心欲問前朝事惟見江流去不回日暮東風春草綠鷓鴣飛上越王臺宋文天祥詩登臨我向亂離來落落千年一越臺春事暗隨流水去潮聲空逐暮天迴烟横古道人行少月墮荒村鬼哭哀莫作楚囚愁絶看舊家歌舞此銜杯

府西園之新蓋自蔣吏部堂初景祐三年冬堂實始來數月政成郡以無事乃斥淫祀毀金山神祠即其祠作正俗亭既又爲曲水閣鑿渠引湖水入曲折縈紆激爲湍流而閣踞其上有流觴亭蔣堂詩一派西園曲水聲水邉

終日會冠纓幾多詩筆無停綴不是當年有罰觥秦觀詩倫引湖光一派飛詠觴還却似當時吳歌送酒隨流恐越艷浮花轉曲遲山廟早因前守徹水盤原是故工遺年年禊飲今非昔不到蘭亭到此池茂林亭並取永和蘭亭故事後六年而向集賢傳式來是時有綠波亭向傳式詩一沼開芳檻雙橋亘彩霓不知何年作始見於傳式詩傳式又於城上起望湖樓向傳式詩城上輿崇構林巒聳半梯注云園枕郡城予因建樓其上以望湖山也時又有清曠亭齊唐者舊云在城邉自是以後扁榜位置更易不常莫得盡考而西園如故也又飛蓋堂不詳其始舊榜乃宣和書學博士徐兢書堂後有池曰王公池池自錢氏時已有後稍堙皇祐中太守王逵因濬城壕復闢之遂以王公名泓渟澄

瀲皎若瑩鏡自是爲奇觀矣齊唐記方錢氏伏鉞爲後房梓謳鳧鴈之樂邪人不與其觀聖朝受圖且百年前治越者始新西園及公始命邦人無小大得恣樂其中故王公池非新也由王公名之也池北有亭曰漾月堂之前四亭對峙史魏公浩所建曰冬瑞春榮秋芳夏蔭直堂之南爲橋橋外有亭曰水竹循橋而西有數逕詰屈相通於叢竹亂石間得立石如里堠者二及其上所紀亭宇亦皆浩所建茂林鄉蘭亭里東流杯巖西右軍祠南脩竹塢北數榮門佳山鄉鵞池里東清眞軒西崇峻菴南騁懷亭北曲水曲水之東欄楯相接若閣道者曰惠風閣由惠風歷清眞西南登城亭曰列翠列翠以北

曰華星亦城上其他亭多無扁不具載蓋西園燕休則飛蓋最勝觴詠曲水最勝登覽之勝則列翠矣嘉定九年守吳格嘗葺之未幾亭宇多壞十六年汪綱復增葺之又創憩棠一亭頗華麗元以後堙圮不存今惟池尚在【宋王十朋詩】黎明出城郭偶作西園遊春淺花未都池寒綠初抽湖山欲縱目煙霧浮不收初來興非淺心賞殊未酬賴有三君子清談洗牢愁更期春色濃攜酒泛仙舟

通判北廳在府署之東便坐之前多植木犀宋嘉泰中施宿因名之曰桂堂有小圃頗幽雅一池清潔可愛嘉定中袁甲儒臨池作亭名曰淥秀池傍環植以梅於梅林中作亭摘曾鞏憶越中梅詩泠香幽豔向

作開之句名曰冷香又一亭亦表作名曰逍遥遊曾鞏倅越劉攽贈詩云君作逍遥遊義取諸此表又作一室曰卧龍齋以其簷俯卧龍之麓也齋傍地形稍高爽宜於觀眺湖山之勝盡在目前沈繹又作亭命之曰會稽圖畫有井極清冽泉脉脉來自卧龍惜開井之倅姓名不傳宋齊唐越州通判廳新鑿方井詩卧龍山脚寒巖底沮洳泥涂不記年疏引一朝逢至匠坐令咫尺變璇淵待時蔵用懷靈德濟物施功假世賢留作越人歌詠事召棠陰下酌貪泉

通判南廳有壽樂堂太子中舍張次山建蘇軾詩張侯眼力覷天輿能遣荆棘化堂宇沈立詩會稽四面是湖山亭在湖山絕勝間又有世綵堂通判

史文卿建其父定之時爲江東倉使也有水竹橋亭之勝

通判東廳乃貟外置舊寓武憲廳紹興中王十朋來作民事堂〔王十朋賦〕堂名民事志天語也十朋備貟越幕歲將期顧惟不才瞢然無補日以敗官曠職爲憂所幸黄堂主人甚賢同僚皆士君子朝夕講論無非民事之要者因爲之賦以志其一二云

緊越幕有下僚兮名所寓曰民事之堂誦天語之丁寧兮銜聖恩而不敢忘咲民脂以飽妻子兮猶雀鼠之偷太倉苟不民事之自思兮又將奚逭乎天殃嗟會稽之太府兮羅薦歲之凶荒颶風作於孟秋兮雨浸淫而異常天吳怒而江濤沸溢兮漂廬舍而壞隄防潦盛害而歲大侵兮民饑踣而流亡射黑魚而米斛千兮擷蓼花以爲糧痛瀕海之蚩蚩兮嗟汇魚之腹腸予嘗告其故於前使君兮請敷奏於巖廊顧恭中平日之辨兮人迺斬其爲狂會伯尊之傳召兮人民瘼於九重予殆有類於輩者兮亦何恨夫言之不

康洪惟當宁之至仁兮視赤子其如傷蠲常賦而救天菑兮出内帑之所藏哀東州之無告兮惠吾民以龔黄左公孝而右孟博兮相與協贊其惟良先撫字而後催科兮正今日之所當覽公私之債負兮以俟乎歲之豐穰省訟諜之煩苛兮抑蠹政之豪彊節無用之浮費兮俾斯民之小康茲政事之所悉兮敢不忠告乎黄堂至若鑑湖利及九千頃兮日侵削而蕪荒歲和買無慮十萬縑兮曾無一錢之償權酤之利半奪於有力兮財賦浸以荒凉蕪弁之弊熾於大俗兮編氓餒於糟糠茲又越中之巨害兮姑畧言其大綱若夫民事之在天下兮固不足以知其詳有一言以盡之兮曰生之而不傷擇守令兮去姦贓愼勿擾兮如牧羊茲畎畝之惓惓兮願入告于天王　嘉定十七年顔耆仲又葺路鈐廳居之

舊簽廳敝甚外限僅以竹籬嘉定十七年守汪綱修之創倅幕位次重建兩廊大門

五官廨一云五官省寰宇記云在州東二里舊經云五官省今清白堂南址也十道志云兩廂梁是句踐廳事用者梁宋間以材爲後堂梁俗傳千載之木能止心痛服之多愈

元時府爲路遷路廨於宋提刑司即今之按察分司是也而故廨改爲江南行御史臺

今府署仍唐宋之舊址然廳事久且蠹敗矣弘治十一年知府游興新之嘉靖元年二月火東廊黄册庫儀仗庫俱燬十月又火西廊燬二年十月知府南大吉乃修復之已又易其正廳室樓堂楹棟之朽腐者修

賁其瓴甓墻垣之頹壞者䕶飾其梁宇榱桷之剥落者大新矣堂舊額曰公正堂於是改題爲親民堂是爲府堂王新建守仁有記堂之後爲鎮越堂宋汪綱舊址天順間知府彭誼重建左右有側房其前舊有望月臺今廹堂即廳事無所謂望月臺矣萬曆十三年知府蕭良幹重修推官陳汝璧有記北曰黄册庫又北上數十步近山之脊曰儀仗庫府堂之東廹掖下曰泰積庫庫東爲經歷廳廳東舊爲知府宅有臺門有前廳有中廳有後寢寢之前後重樓周焉由前廳東出爲書室又北出而東折而南上十數級復折而東爲龍首書

院前曰大觀堂後曰吏隱軒周墻繚焉知府南大吉因舊基建

南大吉龍首書院記

紹興府治據臥龍山之東麓由府東廊之南出而東走南向者爲守宅由宅大門入經廳事出東北隅之側戶過東側廂之廊由北旁門出而微東麓之半得平土乃一區焉前後有屋各一所前而南向者三間五架中祀土神左右爲司夜者居詢之乃前守退食遊藝之所後而西西向者三間棟宇雖頹磚碏石礎嶄然存焉詢之亦前人藏置典籍之所由麓之東南折而之北斜陟其巔而周覽其下竹篠交加松蘿掩映禽鳥居之烟霧興焉則固一佳境也然幽草荒榛蕪穢而不可遊塈垣頹址落莫而不可居矣爰命工僕薙治而量度之南北凡一十四丈有七尺東西凡六丈有一尺於是因前屋之舊而增新之名曰大觀堂移後屋之基依北麓而剏制之名曰吏隱軒由軒外東北隅折而之西至麓之盡遵岸而南齊堂右前檐而止繚以磚垣垣崇八尺又由東北隈折而之南齊堂左前檐而止依東麓爲磚砌如垣之制亦崇八尺歸然東西相嚮焉堂有棟由棟南二架之下每間實以交扉大

其三架之下歇而爲廊直廊之東西各爲圭竇由竇而轉于兩序之外各爲翼室而以磚垣塞其後由棲塞之隸刻樂府一首曰遠期篇几鼉楹之外折而之北二架之下歇其左右二間中爲屏六扇合兩楹而後各爲户户二扉東西相直其三架之下中爲交扉二依兩楹而開之又爲半雲扉二實諸中之下而歇其上左右各爲交囪六以磚築其下爲半墉而以囪實其上堂中之地砌以方磚兩檐之下合以長石文梁斲桷黝柱堊墻凡三間七架闊四丈有四尺深三丈有三尺軒有穩白穩北二架之下中爲交囪六以磚築其下爲半墉而以囪實其上左右各以磚墉而實築之其穩南二架之下中實以交扉六左右各爲交囪六以磚築其下爲半壁而以囪實其上由南北二架之下直兩楹之前後各斷以板扉八開闔其前之中二扉爲左右户由户而入爲東西房房以置圖籍焉其南三架之下歇而爲廊直廊之東西亦各爲圭竇由東竇出而之北爲側室由西竇出而之北爲後門兩房之地闒以木板中軒之地砌以方磚兩檐之下合以長石蒼楣赭宇紫綴丹甋凡三間六架闊四丈四尺深二丈四尺有五寸由後門之外左登北

山之巔可以遠眺右遵石堦而下與宅東園旁門屬焉由後門之內爲圭竇而入至軒囱之後依北垣爲臺崇三尺種薔薇其軒前中廊之下爲石堦二級堦之下爲石路闊一丈有二尺長四丈有四尺抵前堂之中與後堦屬焉路之上爲箬棚三間直軒堂南北之檐以蔽風雨其兩旁爲院院種紫斑二竹及芭蕉各二本由堂前中廊之下亦爲石堦二級堦之下中墀砌以長石至地之中分爲東西爲兩路中墀之左右爲磚墀墀各種桂一株兩路之南直東西磚甃之中爲臺崇二尺有五寸種牡丹四本芍藥八本臺之左右置大缸各一貯水種荷缸之左右種梧各一株臺之北中種海棠一盆左右種盤梅蘿松刺栢各二盆又左右置盆各六種萱菊蘭芷諸花草由堂兩序之外綠樹之岈兩遵而繞南合而止中亦繚以磚垣崇四尺有五寸東西各闕其中爲路之口南之中出外三尺砌爲石屏崇五尺闊八尺屏之面鐫記書院貝兩旁斜入而翼者爲磚垣與東西磚垣屬焉由堂中堦左右兩檐之下甃石爲渠繞垣之內至石屏兩旁之外出以泄水其中墀東石路而下折而爲石堦者七級循堦而外爲斜垣崇六尺堦之下西向者爲

學十二間五架左間斷而爲司夜者居右間穴其後墉
爲門雙扉出門而遵山之東麓可以遊覽又由塍西
石路而下折而爲石堦者二十有七級循堦而北亦
爲斜垣上崇六尺下九尺其下爲門二扉北向而簷
額其上題曰龍首書院出門而西下右爲賓廚前由
石逕而之左乃與側廂房門通焉於是登堂而望越
之山川城郭盡歸一覽之下故曰大觀息軒而下深
山茂木之中宛然隱者故曰吏隱然茲地也是卧龍
山之首故于門則大題曰龍首書院云者
蓋亦竊取仕優則學之義以自勵焉爾矣　由書院後
陟山巔爲觀風亭遍植松栢蔚然千樹前轉而東出
至山之東麓爲東園竹木蒼然繞山北可以登絕嶺
歷望海亭之故址今改爲管糧通判宅而書院不屬
焉少南爲水利通判宅有門二重有廳有寢有房有
園旁有亭其大門故從旁入復轉而南始入二門萬

曆十三年通判徐雱攺新焉南數十步爲經歷宅又東爲知事宅府堂之西爲照磨廳廳後有清白堂遺址其下泉在焉上有希范亭歲久亭圮泉亦湮萬曆十一年知府蕭良榦爲新之已又求其泉濬焉扁其門曰公餘小隱齋曰吾兼齋亭曰清白亭又西則迫高崖崖上舊爲同知通判宅今攺爲知府宅先是天順間知府白玉由通判超擢遂仍舊廨後久曠弗居南公作志時猶稱爲添設通判衙嘉靖七年知府洪珠來乃修葺居之前爲瞻禹門又進爲洪稷門清省堂有寢有翼室有書舍有爨舍有梓陰軒雙鶴軒後

同知宅從於西則拓其署爲書院在寢後有下爲推

官宅有門二重有後堂萬曆十二年推官陳汝璧題

曰委宛齋有寢後有雙桂亭又稍南後折而西爲照

磨宅爲檢校宅檢校近裁革宅亦廢又西爲同知宅

有外門有廳有寢嘉靖中通判吳成器由會稽典史

超擢特創茲宅吳既去遂改爲同知宅云又南崖下

爲吏舍重樓百餘間府堂之前東西兩廊皆重樓中

甬路上舊有戒石亭甚卑隘且敗南公亦改建而軒

豁其規制易戒石焉南數步爲儀門又南數十步爲

前門儀門外東爲督糧廳有門有廳有退居有後門

又南爲土地堂西舊爲清戎廳今改爲賓賢館又稍
南折而西爲理刑廳有門有廳嘉靖中推官張士佩
題曰欽恤堂前門有臺上爲譙樓甚宏壯其外東旌
善亭西申明亭由府前折而東北爲撈房撈房之東
南今爲清戎總捕廳即所謂蓬萊館也視諸廳稍寬
厰分巡使者至無署每暫居焉折而西北爲水利廳
通判吳成器建其制如督糧廳
鎮東閣在府治左即舊子城鎮東門宋元以來名鎮
東閣　明嘉靖元年燬於火四年知府南大吉復
高七丈輪奐甚偉顯敞

越望亭在卧龍山巔嘉靖十五年知府湯紹恩建即望海亭故址舊有徑許郡人入遊後乃以墻限之亭後有諭飛勅碑文字剥落不可識碑陰刻無名氏滿江紅詞拂式殘碑諭飛勅依稀堪讀慨當時倚飛何重後來何酷果是功成身合死可憐事往言難贖最無辜堪恨更堪憐風波獄豈不惜中原蹙豈不念蒙塵辱想北狩南轅此身何屬千載休談南渡錯康王自怕中原復歎區區奸檜亦何能逢君欲　明董玘越望亭題咏集序越望亭存古也亭初名飛翼樓句踐時范蠡所建後人葺之名望海亭正德間循餘石柱者四前守曳仆之迹遂泯篤齋湯侯自德安以能治劇來莅茲土踰年乃及斯亭不浹旬而亭屹然以完更名越望以龍山爲一郡之望又前與秦望山相值也蓋昔之稱勝槩者必於深山窮谷如所謂羅浮天台衡嶽廬阜乃皆在乎僻陋之鄉人迹所罕能至惟金陵錢塘二都會稽號爲盛麗然其古形勝治亭榭者亦必於郊野之外而好事者後得以爲巳功未有直治城挾闤闠不

踰庭闕而湖山林壑之美烟雲潮汐之變人物居邑之繁一寓目而盡得之徧行天下者無與此亭比顧傾圮堙没于榛莽間且千餘年前後爲守者莫知其幾莫或詢及至侯而一旦復之遂冠絶于他邦傳曰賢者之典而愚者之廢非此類也夫【謝丕詩】小亭着向卧龍尖東越争傳勝事添八面奇靈環海嶽四時作息見閭閻星河炯炯仙蹤隔逕路蕭蕭吏隱兼欲擬莓苔尋舊跡重教柱石聳遐瞻【季本詩】遠連滄海近連山萬里蓬萊指顧間曾共蒭蕘穿曲徑忽聞歌吹出重關勝遊惟有仙軿到清宴常乗吏事閒城外平疇看不盡酒酣還與一凭欄【知府蕭良榦題八景】曰雲門一望曰鏡湖千頃曰珠山烟火曰蛩口樓臺曰種墓遺跡曰岳碑遺石曰古井清流曰孤亭新搆

霖雨亭一名新亭在儀仗庫後嘉靖四十一年同知王近訥建太僕張公天復有記

【縣】山陰縣署舊在府南承天橋東實林山麓去府五

里許不知何時建山陰縣額三字舊傳徐浩書或謂
是學王右軍書而工者非浩所及丹陽葛蒙勒石在
縣治今不存元泰定二年始遷于今署去府僅一里
即宋上下省馬院故址也形勝頗與府同内有光化
亭據山岡稍面東南爽曠高敞四望諸山盖拱列而
奇絶

會稽縣署舊在府東一里唐垂拱二年建今乃在府
東三里　明洪武初知縣戴鵬舉重建廳後有河有
三友亭植松竹梅亭之後稍東有清遠樓

蕭山縣署北負北幹山南俯菊花河西南距蕭山二

里許宋天聖四年令李宋卿建元末燬於兵尹性重建有樓有閣有亭尋亦廢今署蓋　明成化十三年知縣吴淑所搆

諸暨縣署當城中少近東北宋時舊廳廨元季盡燬　明洪武初知縣田賦重建嘉靖中知縣彭瑩朱廷立夏念東相繼新之

餘姚縣署北負秘圖山宋時有翰墨堂刻東坡手翰山麓有秘圖閣下瞰秘湖巳乃改爲翠賞亭又有吊隱亭高風閣嚴公堂並以嚴徵君名蓋北望見客星山云而譙樓之南爲承宣亭後遺張世傑之兵毀火

之元至元皇慶閒復建有高峯閣愛蓮堂故承宣亭之址作舜江樓翠簀亭之址作雩詠亭今署大率因之由川堂東門折而北過瑞蓮池有半間亭　明正德中知縣劉守達建蓋劉能於官日之視事者半游息者半云後顧存仁改曰考祥以並蒂蓮爲祥又用視履考祥之義

上虞縣署創於唐長慶宋建炎中爲金所火紹興初令劉不擿重建南有圃中有瑞豐堂讀書林北有蓮花池東南有千巖勝槩亭德祐二年張世傑兵來復火之元至元二十一年縣尹展熈再建　明宣德中

知縣吳倖新之

嵊縣署在剡山之陽因高爲址歷坡而升宋以前不可考剡錄云公廳相直舊有迎薰堂堂既廢扁亦不存東有東園有四山閣嘉定八年令史安之徹舊而更之廣四山閣堂復寧薰之名北爲面山堂累石成山玲瓏盤錯因山之址注水爲池雜蓺卉竹相與映發亭榭參差殆十餘所元至正中燬於兵　明洪武三年主簿張安道因舊址再建

新昌縣署在南明山後宋太平興國中知縣張公良創立宣和三年燬於方臘紹興十三年知縣林安宅

重建元至元二十六年燬於楊璉真龍二十八年縣尹完顔復建至正末燬於方國珍　明洪武元年知縣周文祥又鼎新之舊有畫簾閣凝香閣今無存

行署察院府城内在府東北二里隸山陰本射圃基嘉靖十九年御史王紳建餘姚在縣東北百步許按察司後舊布政分司也嘉靖中改爲之今邑人猶稱爲後司新昌在縣東三十步

布政分司府城内在府東南一里隸山陰本紹興衛軍器局正統六年知府羅以禮創建蕭山在縣西三十步舊三皇廟正統八年改建諸暨在縣西中湖橋

西餘姚在縣東三十步舊府館嘉靖十九年通判葉金改建買民地拓之上虞在啓文門外嵊在縣東南一百十五步舊三皇堂址成化中知縣許岳英建新昌在縣西二十步

按察分司府城内在府東不一里隸山陰即宋浙東提刑司也後枕火珠山山上有稽山堂即稽山閣故址宋時又有清閟亭續志稱其疊石爲巖洞而冠亭其上茂林叢竹交映左右頗爲幽雅今廢蕭山在縣東二十步洪武二年建諸暨在東門内餘姚亦在東門内今傾圮上虞在縣東北嵊在縣南一百十步成

化中知縣劉清建新昌在縣西三百步城隍廟西
府館蕭山在縣南五百步諸暨在縣西南上虞在縣
東一百步嵊在縣南一百三十五步舊布政分司成
化中知縣許岳英改建
浙東道行署在蕭山縣後運河北舊爲預備倉西隙
地嘉靖十一年知縣張選建
兩浙都轉運鹽分司在府東不一里按察司前隸山
陰即宋錄事司故址元大德二年建
工部分司在蕭山縣東南十五里單家堰嘉靖十一
年薛主事僑買民地建

嘉泰志云蓬萊館在卧龍山之左東問津亭北通川亭皆臨府東大河水光映發望之如圖畫舟車既屆必有次舍焉而寔一州佳觀也子城東門有豐宜館今爲觀察判官署西迎恩門東五雲門皆有亭以送迎御香則由陵寢寓是也又云西出迎恩門則臨安路有接待院有吕氏莊皆將迎之地院側竹臺因古城遺址巨竹森茂莊亦有亭榭花木可以置酒昔時山陰尉廨門外臨運河亦有亭遠則有法雲寺柯橋館靈秘院皆其所也東出五雲門則有會稽尉廨前亭子石佛院西南出常禧門則有小隱山園其亭榭

山林別見遠則有蘭亭天章寺正南出稽山門則有告成觀大禹寺亦別見今府城內市舶公館隸山陰在縣西三十步

會稽迎春亭在五雲門外舊在鎮東軍門左弘治中移置東雙橋已乃移今處

接官亭在迎春亭東一里嘉靖中知縣張鑑創邑士秦位金堂捐地爲之

分香亭在稽山門外凡遇頒降　御香皆迎至此亭二灶分徃南鎮二灶分徃宋攢宮今亭圮基存

諸暨觀稼亭在縣城東五里舊名接官亭後廢嘉靖

中知縣朱廷立復之改今名

楓橋公署在縣城東五十里有喜雨堂即楓橋舖也

知縣李文麟詩偶沾微祿忝王程每到山郵一駐旌形勝不殊歸杜曲簿書非復對寒檠民饒只合勤輸賦政拙尤宜自勸耕遥望白雲千里外愧無雙舄比王生

上虞龍光駐節亭在西門外五十步

通明會館在縣東門外三里

娥江公署在曹娥驛西俱萬曆十二年朱維藩修

嵊候謁館在布按二司之間

代驛館在南門外駐節亭舊址俱萬曆四年知縣譚禮建

迎恩亭在北門外二里
勸農亭二一在南門外五里鋪一在北門外楊公橋
勞勞館在三界
新昌接台公館在天姥寺傍
迎春亭在東門外
迎送亭在栖溪萬曆初知縣田琯建
衛紹興衛在府城内由府譙樓直南而下過蓮花橋轉而之東過酒務橋又東百餘步有門二重有廳五間有廊有庫左爲前右二千戸所鎮撫所土地堂經歷廨右爲後中左三千戸所知事廨吏舍萬曆十二

年知府蕭良榦重修增後堂三門張元忭有記

臨山衛在衛城内有正廳有軒有左右耳房有吏廊前爲儀門爲外門今暫改爲叅將行署前增旗臺二座後增山廳左爲經歷司右爲知事廳外門之内爲

鎮撫所一千戶所五

觀海衛在衛城内規制大約同臨山衛

所　三江千戶所隸紹興衛

三山千戶所

瀝海千戶所隸臨山衛

龍山千戶所隸觀海衛俱在所城内重門有正廳今

後堂有廊有百戸廳鎮撫廳

海道公館二衛四所俱有臨山衛在城東北後所地

[雜署]府有司獄司在府東南高墻三重周焉各縣止

有獄俱在二門外

府税課司在府東南迫篳䣯河

府織染局在江橋北

弓張局在紫金坊

蕭山漁浦税課局在巡檢司東北

紹興衛軍器局在府城東南二里即福果寺基初在

衛後洪武二十三年指揮趙忠移於此各衛所舊亦

俱有軍器局今皆廢

府如坻倉在通濟橋北少西

山陰三江倉在三江所城内

餘姚常豐一倉在臨山衛

常豐二倉在瀝海所

常豐三倉在三山所

常豐四倉在觀海衛

常豐五倉在龍山所

預備倉屬府者在東大街轉而北百餘步會稽在都

泗門内蕭山在浙東道東諸暨在城隍廟側餘姚在

縣東南二十步上虞在書錦門外嵊在城隍廟側名
城隍倉新昌在縣西
便民倉山陰在謝公橋東妙明寺故址也會稽與預
備倉合蕭山在運河北餘姚在江南新城西上虞亦
與預備倉合嵊在繼錦門外
義倉一名社倉宋淳熙八年朱文公熹提舉浙東常
平適當歲歉乃奏以常平米建社倉付富室歛散每
石取息二斗凶歲則蠲其息又以士大夫或舉人有
行義者與縣官同出納俟息米及十倍即以本米還
官倉專以息米歛散每石止收耗米三升士民願以

所藏米充入者亦聽之如官米法户部看詳以爲可行而一時議者以爲毋石取息二斗乃青苗法紛然攻詆然朝廷卒行之併下諸路諸路既不能皆如詔而府外之六縣亦止報府言一面措置竟不以已立社倉爲言惟會稽山陰二縣行之甚爲小民之利方朱公爲此時府帥王尚書希吕實左右之慶元二年提舉李少監大性復以常平米一千五百石增置社倉在會稽則若馬山若妙智若資壽若廣教若淨社者凡五處在山陰則有梅山之本覺柯橋之靈秘南池之興教迎恩稽山之廟菴凡五處又以常平錢入糴

慈谿宮米一千五百石每會以三百石爲率文於會稽姥廟取當來本米二百七十石有奇立琶山倉共爲倉十有二所

國朝義倉先年在在而有今俱廢惟新昌萬曆五年知縣田琯創建一間附於預備倉尚書呂光洵捐田十畝民人陳大順捐田二十畝又陳大順陶文光各捐穀一百石陳應壁陳應賜各捐穀五十石

山陰三江巡檢司

白洋巡檢司俱在司城内

蕭山漁浦巡檢司在縣南三十五里漁浦江之南

餘姚眉山巡檢司

三山巡檢司

廟山巡檢司

上虞梁湖巡檢司在百官市舊驛址

黄家堰巡檢司在司城内

府蓬萊驛在迎恩門外唐曰西亭宋曰仁風

會稽東關驛在曹娥江西岸舊名東城

蕭山西興驛在西興鎮運河南岸唐之莊亭也宋曰

遞驛

餘姚姚江驛在東門外大江北埂

上虞曹娥驛在梁湖壩旁驛丞今裁革以梁湖壩官代之一應夫船等項仍舊

其半知縣朱維藩曰法制莫備於古人紛更莫甚於近日此一驛也去東關驛衹隔一江似可議減然自蓬萊以至東關西路止矣又自曹娥以達姚江東路始焉酌往來之所必由爲驛路之所起止故設一驛剏東關夫馬例不越江則曹娥一驛勢所難廢今驛減矣而費移之縣縣去驛三十里往往支應不敷奔走悞事以縣代驛其費奚殊近日惡紛更者之爲非而又嫌議復者之非是姑存其議以俟

舖大約十里一舖山陰縣西北爲青田舖高橋舖梅市舖柯橋舖白塔舖錢清舖西南爲鑑湖舖金家店舖赤土舖洪口舖東北爲昌安舖應山舖三江舖

會稽東爲五雲舖織女舖皐部舖茅洋舖陶家堰舖瓜山舖黄家堰舖東關舖曹娥舖東南白米堰舖小江舖東北桑盆舖周家堰舖

蕭山縣儀門之東曰總鋪又東爲十里鋪新林鋪白鶴鋪抵山陰界西爲鳳堰鋪沙岍鋪迫西興關

諸暨縣譙樓西曰縣前鋪東爲十里鋪張駝嶺鋪新店灣鋪櫟橋鋪楓橋鋪干溪鋪古博嶺鋪南爲桐樹嶺鋪鯉湖橋鋪寒熱畈鋪季家橋鋪湖頭鋪羅嶺鋪

餘姚縣東四十步曰縣前總鋪又東爲常山鋪桐下湖鋪入慈谿縣界西爲任渡鋪舊在治西七里名七里鋪又西曹墅橋鋪三十里牌鋪入上虞界是爲南官道憑遞鋪西北爲方橋鋪化龍鋪道塘鋪泗門鋪臨山衛前鋪入上虞界治東北爲眉山鋪擔山鋪

山鋪洋浦鋪入慈谿界是爲北海道雲遞鋪
上虞縣譙樓東曰縣前鋪又東爲通明鋪查湖鋪華
渡鋪蔡墓鋪新橋鋪嵩陡鋪西南崑崙鋪池湖鋪蔡
山鋪十五板橋鋪明劉基詩磴滑泥深去馬遲雪殘青嶂不多時荒烟蔓草中郎宅素石清溪烈婦祠日落風生臨水樹野寒雲濕渡江旗宣光事業存書史北望淒凉有所思北烏盆
鋪夏蓋鋪達浦鋪
嵊縣前二十步曰總鋪南五里鋪天姥鋪抵新昌界
北八里鋪禹溪鋪僊岩鋪楮林鋪上館鋪
新昌縣西與公館連墻爲市西鋪西爲三溪鋪東爲
栢溪鋪小石佛鋪赤土鋪班竹鋪會墅鋪冷水鋪關

遞鋪

餘姚大江口壩有設官而無廨並壩乃有津廳云

上虞梁湖壩亦無廨官舊假民居治事今寓曹娥驛

錢清場鹽課司在府城西北六十里吳元年建即典會寺基初隸蕭山

三江場鹽課司在府城東北三十里因宋元之舊以上俱山陰境

曹娥場鹽課司在東關驛南會稽境

西典場鹽課司在西典鎮運河北岸蕭山境

石堰場鹽課司在石堰餘姚境去縣二十里古名買

納場宋分石堰東西場元併東場入鳴鶴而西爲石堰場即今場云

鹽倉錢清三江各一倉石堰舊五倉今存其一曰北倉

紹興鹽倉批驗所舊在府西北六十里正統間遷錢清鎮弘治又遷白鷺塘俱山陰境

府陰陽學在紫金坊山會附蕭山在縣東諸暨在縣前西街餘姚在布政分司前門之左上虞在縣南一百步嵊新昌久廢

府醫學又稱惠民藥局亦在紫金坊山會附蕭山在

縣西南諸暨亦在西街餘姚在布政分司前門之右上虞在縣西今改爲社學嵊在縣前街東新昌廢

府僧綱司舊在大能仁寺今在大善寺山會附縣稱僧會司蕭山在祇園寺諸暨在智度寺餘姚在建初寺上虞在等慈寺嵊在圓照寺新昌在寶相寺無廨舍以各寺僧領之

府道紀司在長春觀山會附縣稱道會司蕭山在城隍廟諸暨在乾明觀餘姚在廣福觀今久廢上虞在明德觀嵊在桃源觀新昌在古山觀各隨道會所在寓焉

養濟院宋謂之居養院嘉泰志云居養院以惠養鰥寡孤獨安濟坊以濟疾病立法皆甚備居養院最侈至有爲屋三十間者初遇寒惟給紙衣及薪久之冬爲火室給炭夏爲涼棚什器飾以金漆茵被悉用氈帛婦人小兒置女使及乳母有司先給居養安濟等用度而兵食顧在其後安濟坊徧遣諸醫療視月給俸上醫憚行乃共雇一里醫之無賴者冒名以往多給庫錢治藥吏肆爲姦官稍檢校則監司走馬使者輙以沮敗德政刺劾死於安濟者相踵則又鈎奇言端坐而化自言莫報上恩於是有封處士者婦人封

邑號者已而四方爭上其事朝廷悟其欺一切不報居養院人有與編民及卒伍訟雖理曲皆得直去人甚苦之宣和初詔曰居養安濟之法本以施惠困窮有司奉行失當資給過厚常平所入殆不能支窮民飽食煖衣猶有餘峙而軍旅之士廩食不繼或致逋逃四方甚非爲政之道可裁立中制自是居養安濟之法寢廢不舉今府城内養濟院在鯉魚橋西宋貢院址也分東西二院西屬山陰東屬會稽各房百十間後各有園地分畦種蔬蕭山在縣西社稷巷諸暨在城北一里餘姚在龍泉山西上虞在南門外嵊在

便民倉東新昌在城西一里

【廢署】千戶所一餘姚千戶所其址即今察院行署

稅課局十山陰離渚稅課局在柯橋會稽偁塘稅課局萬陡稅課局桑盆稅課局各在本地名所蕭山稅課局在縣西一里諸暨稅課局不知何地餘姚稅課局在齊政門外上虞稅課局在縣南又五夫稅課局在五夫嵊三界稅課局在三界新昌在縣西

河泊所九山陰昌安河泊所在昌安門外會稽五雲河泊所在五雲門外桑盆河泊所在桑盆蕭山河泊所二一在縣西一在縣南餘姚河泊所二一在縣南一無署上虞百官河泊所在百官通明河泊所在通明門内

倉一府大有倉在謝公橋東

巡司五諸暨楓橋巡檢司在楓橋餘姚李家閘巡檢司在通德鄉新昌彩烟巡檢司豐樂巡檢司

善政巡檢司俱各在本鄉

驛四山陰錢清驛在錢清嵊訪戴驛在縣左三界驛在三界新昌馬院驛在縣西

重建紹興府公堂記後續刊入恐久而散逸也

河南僉事郡人黃猷吉撰

吾郡山水佳天下而堂盡攬之故堂又佳天下堂之來尚矣入我　明洪武初一新於地嘉靖初一新於火猶相去幾二百年且公私之積甚殷也迨今萬曆郡守鶴峯劉公兩新之無乃冒時詘舉贏之戒與夫功有一勞而永逸暫費而永寧者計之先事者也有惜財而重費求逸而重勞者失之後時者也此堂自

嘉靖初迄今七十年餘梁朽柱腐雖面勢巍峩而棟宇欹側固班輸氏之所望而却走者也已而雪甚堂之前楹圮勢益孤立岌岌乎必非一木所能支矣公時雖以覲登塗猶謂少府劉公奏記監司請改作得報可遂盡撤其舊用其不甚朽蠹者稍佐以新堂以告成君子謂公識先後着足以破世之斤斤議羸絀者奈何居二年而弗戒於火所新者悉就煨燼公念土木之役一之已甚緩之使民稍得蘇息即令守臣露冕容何傷故絕口不敢言改作事而聽事於別館館甚隘不能旋馬於是諸吏民聚而相告曰公為守

清而不激威而不猛察而不苛高而不亢心秉塞淵政務敦大力追古道痛懲時獘自下車來吏畏民懷刑清訟簡海波不揚外戶不閉乃何以災甚矣夫祝融氏之不仁也余曰唯唯否否不然天災流行雖聖人不能却其來故堯有九年之水湯有七年之旱然堯不貶帝而湯不貶王稱仁誦德萬世罔極者何也則其警予自責有以塞天譴而慰民咨也方今兩宮三殿告災而天下諸郡縣亦相繼以災報則不得以吾越咎之人事明矣乃公竊自克責若無所容益脩明其政刑真良二千石也夫以堂堂二千石使不得御

正衙以臨臣民出政令非體也
聖壽元旦嵩呼舞蹈於蓬蒿瓦礫之場非敬也賓旅
往來延見無所非禮也金帛圖籍寓積縣舍非法也
雖公麗用仁義威用道德若此斷礎頹垣灰階煙陛
眞萬鑿之羞而千巖之耻也非所以昭示遠近令衆
庶見也堂其可已乎不可已乎昔西伯用民力以爲
臺沼詩至今歌靈臺焉夫臺沼以時遊觀耳緩急非
堂比也藉使周民而當公之世其子來又何如者而
吾獨緩於謀公不及西伯毋乃爲周民笑乎於是合
詞請公公愀然長嘆曰誠多公等第吾以不德上干

天和又違天以動衆是重吾不德也吾惟束身待命而已敬謝公等良苦而監司又移檄謂堂必不容已且不容緩公迫於上下之議乃始強計其費與費所自出諏日祭告始事而屬之少府公曰吾終不忍見此爲也遂以覲行而少府公代事乃集諸吏民而告之曰是役也公有必不忍勞吾民之心吾何忍亟也然有必不得不勞吾民之勢吾何敢緩也吾誠無所避勞與怨矣惟爾諸吏民相與共成之於是諸吏民欣欣相告曰少府公廉勤才與誠合必能辦此役易易耳吾儕盡畫地授工并日兼力惟少府公命是聽

少府公於是委用庶能責以庶務而攬其大綱規[illegible]方員取裁心匠竹頭木屑不爲長物邪許相勸鼛鼓弗勝蓋工不百日費不千緡而堂成五楹制還舊觀壯麗有加焉且以餘材新退思軒倚堂之後又新經歷照磨兩廳事翼堂之傍而堂益堅壯落成之日燕雀相賀歌誦非吾職乎於是走書報公公則復書曰堂壯麗以菲躬據而有之似可喜念百姓任其勞守享其逸則又瞿然勿安也矧前日之費已爲革府今日之興又安知不益一罪狀夫公不以堂成爲喜而反以爲罪此其心乎吾民宜民之悅以忘勞也公趨

郡至錢塘而聞攜李之
命猶煞東渡登覽徘徊穆然有深思焉乃謂余曰一
郡守待罪四年餘無狀徒兩新其堂子知我者其謂
我何故余為直書其事於石庶幾後之君子有所觀
覧焉公諱庚山東青州府壽光縣人戊辰進士以萬
曆貳拾壹年拾月貳拾日任少府同知劉公諱昇山
東登州府萊陽縣人堂圯而重建之萬曆貳拾叁年
柒月初玖日也燬而又建之萬曆貳拾陸年叁月拾
柒日也

紹興府志卷之三

塗山圖
北
塗山
東
斷蛟臺
南

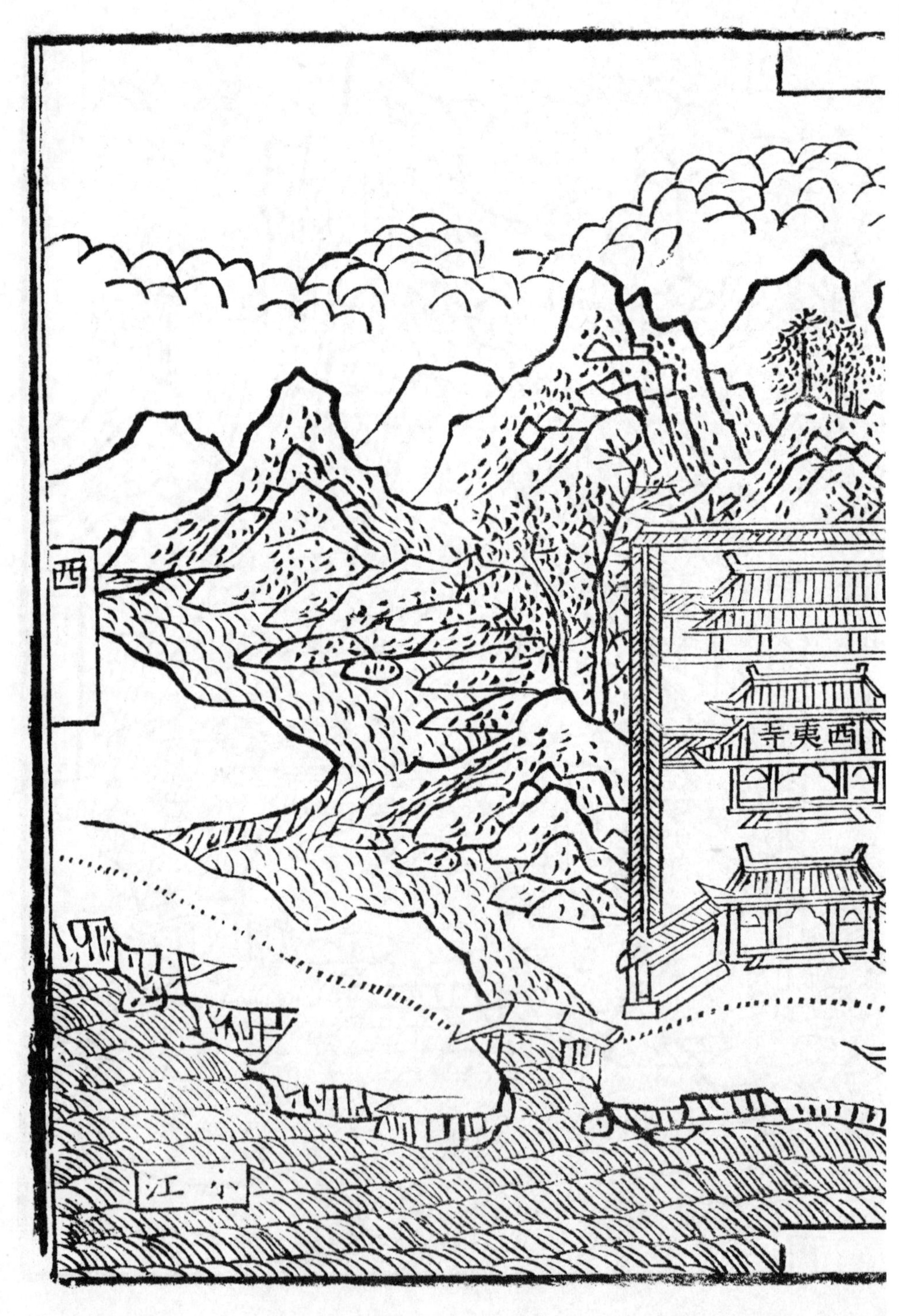
西
西夷寺
小江

山圖
天柱峰
會仙臺
石屏
連珠石
卓筆峰
含情石
擲錫岩
白雲峰
五洩山
第一級
第二級
第三級
第四級
通徽經
積翠峰
鳴玉溪
香爐峰
樵石
小潭
橫鶴石
明月溪
石寶泉
珠林
翔鳳岩
夾岩
洄波岩
東龍潭
爛柯石

石筍
出定岩
倚天岩
停雲岩
面壁岩
清風嶺
龍門
碧玉峰
朝陽峰
石鼓
西龍潭
龍井
倚杖臺
寒碧澗
禮拜堂
金仙岩
門樓
列翠軒
石河
蟠龍窟
過龍橋
倶胝岩

紹興府志卷之四

山川志一

山上

晉書會稽有佳山水

會稽郡記會稽境特多名山水峰嶂隆峻吐納雲霧

松栝楓柏擢榦竦條潭壑鏡徹清流瀉注

世說王子敬云從山陰道上行山川自相暎發使人

應接不暇若秋冬之際尤難爲懷顧長樂從會稽還

人問山川之美顧云千巖競秀萬壑爭流草木蒙籠

其上若雲興霞蔚

宋秦觀倡和集序會稽爲鎮蓋惟山川形勢之勝其勝遊珍觀相望乎楓柟竹箭之上枕帶乎荇藻芙蕖之濵亦非他州可及

輿地志白水翠巖互相應發縈帶郊郭若鏡若圖

山 府城八山六隸山陰二隸會稽

臥龍山舊名種山越大夫種所葬處又曰重山孔曄會稽記云種訛成重也蜿蜒奇秀自隋迄唐即山爲州宅其後亭閣崢嶸蹯起相望與其山川映帶號稱僊居山西北幽徑敞衢傍皆叢篁灌木其地闃黯不鼇相傳大夫種墓襄因潮水穴山後失其尸也

志云吳越備史遜王倧於臥龍山西麓後置園亭栽植花竹旦暮登臨倧能爲歌詩亭榭州紀錄皆滿臥龍山名始見於此寶慶續志云按元稹州宅詩序州之子城因種山之勢盤遶迴抱若臥龍形故取以爲名是山名臥龍蓋始於元稹又錢鏐重修牆隍廟記有公署據臥龍髙阜之語則昔人稱之屢矣非始見於錢倧也刁約望海亭記云府據臥龍山爲形勝處山之南亘東西鑑湖也山之北連屬江與海也周回數里盤屈於江湖上狀臥龍也龍之腹府宅也龍之口府東門也龍之尾西園也龍之脊望海亭也味約

之言山之形勢大畧可睹矣產佳茗芽纖短色紫味芬稱瑞龍茶山有清白泉瀹茶爲宜今府署據其東麓山陰縣署在南麓宋景祐中將吏部堂閔山序云府山一名臥龍爲一境形勝予視事之明日見其竹樹零榦僅有半在問吏曰爲昔人剪伐使然自謂非予守土此山殆將童矣於是申約束止樵採作閔山詩東南亘群山形氣或斷續茲山窮嶄絕孤峙越之腹呼吏對泉石申禁護林麓嘿寧十年程給事公闢植松千餘章於山上奏觀撰樂安公唱和序云昔樂安蔣公以山冨草木樵蘇所採令於公府止之程公能述樂安公之志狂枝惡蔓斬薙以時秀甲珍芽得無輒取春秋佳日開池籞具舟楫與民共遊樂隆興二年吳給事■臥龍山草木記云臥龍山之陽州宅據其下是宜林木叢茂乃大不然驅鈴下卒輦糞壤除榴翳種竹萬竿桃李千本方將藝茶於秋栽松於冬植花卉於春以書衙舊觀爾予還朝矣飭吏校數竹之數今所植外所得七百餘根併列于碑陰嘉泰志云前太守申約束禁樵蘇茶

作封殖以爲軍府芘然百年翁不成章者可數

材竹樹雖數榮擢秀大抵多凡歲所植也宋蘇軾詩

臥龍盤屈半東州元施鈞詩山匝平湖玉鏡臺四圍

晴景翠昇聞雲移滄海龍猶臥月滿中天鶴不來種

基陰陰空蔓草習碑寂寂自芬芳東風不滅千年恨

燕子斜飛廿回明高懷詩垂湖載帝共天行與湖

水並難逃形幻作奇山鎮東越州城華國川原千嬰

霧拿雲勢猶在忠不激翠鬣愈光彩近若掉尾入南湖

遠見昂頭窺北海元精川蘊蓄瑞氣多楩楠松柏森騈

羅飛騰不逐張華劍變化寧爲陶氏梭我時尋幽因

寄寓夢中邂逅與真龍遇起覺來想

像不敢登只恐凌雲又飛去

火珠山在臥龍山東隅與臥龍首相對小而圓絕類龍頷之珠宋爲浙東提刑廨上有稽山閣西有識舟亭今俱廢

蛾眉山在火珠山下百餘步石隱起土中狀如蛾眉

有峨眉菴

龜山在卧龍南三里遠望似龜形一名飛來山又名怪山又名寶林山越絕書龜山句踐所起遊臺也東南司馬門因以灼龜又仰望天氣觀天怪也臺高四十六丈周五百三十步吴越春秋范蠡築城既成琅琊東武海中山一夕自來百姓怪之號曰怪山寰宇記龜山下有東武里東武山移來人因徙此水經注山飛來徙此壓殺數百家亦曰越王無疆爲楚所伐去琅琊還浙東東武人隨居山下越起靈臺於山上又作三層樓以望雲物川土明秀亦爲勝地寶林寺

實越城山能與秦望爲主客者臥龍寶林戢山也其城南左右數十里疾馳屹立皆屬於秦望又率其左右之山因鑑湖入謁於郡城臥龍爲郡治戢山少東不能正受秦望之謁越之形勢臥龍下未有如寶林者山巔有巨人迹錫杖痕靈鰻井山麓有寶林寺上有應天塔俗今呼爲塔山唐徐浩詩茲山昔飛來遠自琅耶臺孤岫龜形在深泉鰻井闢李紳詩一峰凝黛當明鏡千仞喬松倚翠屏元稹詩一峰巔伏東武小兩峰鬬立秦望雄方軒詩邃巘喬木夏生寒林下雲溪枕上看臺殿漸多山更重即今飛去却應難宋張伯玉詩一峯來海上高塔起天心元余貞詩茲山昔飛來贔屭信有力初一疑洛書出無乃星隕石芒昧竟誰論鳥飛墮空碧

陽堂山在臥龍南三里許府城跨其脊其南麓出城

外跋於河隍一名鮑郎山山址舊有鮑郎祠

戢山在臥龍東北三里許山少木多產戢越王句踐嘗採食之晉王羲之宅在焉又曰王家山今西有右軍祠後為戒珠寺亦名戒珠山〔宋〕王十朋詩陟彼越山言采其戢我思古人中心悒悒維國有恥晨勿遑粒瞻于座隅霸勲以集陟彼越山言采其茗我思古人中心惻惻維國有恥夕勿遑瞑焦心以思沼吳之境覺厥草匪甘厥蔬匪香維其味之豈曰嗜之心焉孔焦膽焉亟嘗唯其苦之是以取之我陟高山瞻彼東越訪王之祀曠古有歎宜廟于山世享不絕何以薦之戢茗是擷采戢四章章八句〔又〕十九年間膽厭嘗餘蓄野味當含香春風又長新芽甲坼擷青青薦越王〔明〕張岱以文詩懸膽親嘗味若飴廿年辛苦破吳師歸來嚼嚼如花妓何暇重言采戢時以上隸山陰

白馬山在戢山東南一里許土淛毀削山石依然

彭山在白馬山東舊經云彭祖隱居之地旁有此彭侯廟以上隸會稽

山陰亭山在府城南十里孔曄會稽記晉司空何無忌臨郡起亭山椒極望巖阜基址猶存因號亭山或云山形獨立如亭　明興時越國公胡大海攻城嘗駐兵馬西有楚翁蜺巖明王琥詩如蓋亭亭矗鏡心濕蒸濃潑變晴陰勢陵萬仞雲霞表地鎖千峰紫翠深無忌舊亭基已沒野翁高躅客重尋郡城樓閣瞻來近風角霜鍾送曙音

侯山在府城南九里水經注山孤立長湖中晉車騎將軍孔愉少時遁世栖迹此山後封侯又名九里山

琵琶山在府城南五里或作邑山今俗但謂之杷山

陳音山在府城西南四里許水經注越之善射者曰陳音越王問以射道又善其説乃使簡士習射北郊之外按吳越春秋音死葬於國西山上今陳音山乃在國南五里湖北有射堂及諸邸舍連衍相屬孔曄會稽記今開冢壁悉畫作騎射之象

何山在府城西南四里嘉泰志云有塔久廢近復營之頗增湖山之麗今下有何山菴而無塔

賴山在府城西南六里相傳云以近城句踐時樵採賴之俗今呼爲外山

絹山在府城西南六里石紋如疊絹

戴於山在府城西南十里望若兩山其實一也居民有戴於二姓

磴山在府城西南十里山形如磴有石泉在竹樹陰中甘寒可瀹茗

彈九山在府城西南十五里狀如彈九下有方陽渡

麻林山在府城西南十五里越絕書句踐伐吳種麻於山以爲弓弦使齊人守之越謂齊人曰多故又曰麻林多山以山下田封功臣

徐山在府城西南十五里鏡湖中財如岡阜多桑竹

䶏山在府城西南十五里兩山相對正如兩君榼

海山在府城西南十五里多桑竹

龍尾山在府城西南二十里與臥龍首尾相望

六峰山在府城西南三十里有溪出山麓産楊梅

峽山在府城西南二十里兩山夾木

外山在府城西南二十五里其形迴旋産竹木

項里山在府城西南二十里其趾溪水聚之産楊梅與六峰塢山下地名項里華舍考古云項梁與籍居此未知然否大抵會稽界自吳訛者甚多今莫能辨然羽本紀秦皇帝渡浙江梁與籍俱觀則或嘗至越亦未可知

法華山在府城西南三十五里舊經云晋義熙中僧曇翼誦法華經感普賢應現因置寺號天衣寺山有十峰宋咸平中裴使君莊各命以名一法華二衣鉢三積翠四朝陽五雲門六倚秦七天女八嘯猿九起雲十月嶺其下雙澗東北流唐李邕天衣寺碑云其峰五連其溪雙帶是也又有雙鳥之異萬齊融碑云雙鳥所以示兆今尚翔鳴舊經云山有雙鳥雛長則送出之唐李紳詩十峰排碧落雙澗合清流宋曾幾詩布襪青鞋蹋欲無看山看水未成蹤十峰雙澗尤奇處萬壑千巘總不如

花徑山在府城西南二十五里多桃李及柳望之如

錦繡包絡山谷

直步山與花徑山相近多薜梅亦産楊梅下有溪入鏡湖

容山在府城西南二十七里其上平曠可容

木客山在府城西南二十七里越絶書木客大冢者句踐父允常冢也初徙琅琊使樓船二千八百人伐松柏以爲桴故曰木客一曰句踐伐善材文刻獻於吳吳越春秋吳王好宫室越王使木工三千餘人入山伐木一年師無所幸作士思歸有怨心而歌木客之吟一夜天生神木一雙大二十圍長五十尋陽爲

文榜陰爲梗柟巧工雕治麗鶱錯畫文章使大夫種獻之

蘭渚山在府城西南二十七里饒竹木有草焉長葉白花花有國馨其名曰蘭句踐所樹蘭渚之水出焉北流爲蘭亭溪晉王羲之四十二人修禊處

玉架山在府城西南三十三里三峰如筆格秀麗可畫

青蓮山在府城西南四十里宋楊與時擬開琵琶青蘿帳尋得磷磷白石梯

銅井山在府城西南七十里有潭曰龍井其色正黄若銅歲旱禱之得雨

西竺山在府城西南一百十里東麓有慈恩寺

大巘山在府城西南一百十五里山形若晃旒又名晃旒山宋時宮闕在錢塘者與山相對

清化山在府城西南一百二十里多松栢有石如屋名石屋有湫名龍湫麻溪水環于山麓宋陳安世詩淺淺溪流涵白石微微山路入青雲

浮丘山在府城西南一百二十里浮丘公遺迹其巔有丹井

麻姑山在府城西一百十里相傳麻姑僊煉丹所

白峰山在府城西南一百二十五里山峰有白石

山

聖女山在府城西十九里

三山在府城西九里鑑湖中地里家以爲與臥龍岡勢相連宋陸氏居之

離渚山在府城西南三十里有謝尚書塢

柯山在府城西南三十五里山皆石其下有水曰柯水上有勝覽亭今廢東有石佛高十丈餘明張倬詩維舟鑑湖曲鑑水照層巘蒲稗相因依鷗鳧戲下遠白雲天際來松壑怒濤捲一解塵垢嬰捫陟忌足疲昔賢有遺事亭子久蕪薉叢桂烟未消疎篁露猶泫尚餘粉節書俯仰若在眼富貴齊嵩岳愚哲信有辨萋迷藹[illegible]庄側愴羊公峴撫景情鬱紓寄言聊自遣尚想化鶴來垂流弄清淺

蜀山在府城西三十五里柯山東俗名獨山

蓬山在府城西三十五里柯山東

龍山在府城西五十里近錢清

東眺山在府城西八十三里

西眺山在東眺山之西二峰至高登眺者可極遠

鳳凰山在府城西六十五里至小而具山形嘗有鳳集焉邑有二鳳凰山一在城南七里許

丫髻山在府城西六十三里山巔二小峰如髻

牛頭山在府城西六十五里小江縈其西唐天寶間改名臨江山山産石可作假山其小碎者取爲盆山

尤宜草木皆葱蒨耐久與崑山所出相埒東坡先生所謂盆山不見日草木自蒼然是也縣志云石踈理入水則浮名浮石近者王新建改山名浮峰以此或云以其臨江瞰海山勢若浮云　峰南有石如臺曰石臺江之西爲蕭山縣界（明王守仁詩翠壁看無厭山池坐益清深林落輕葉不道是秋聲図碓石有千竿老松多半枝清風洒蠨洞是我再來時）

羊石山在府城西北三十六里有石如羊

馬鞍山在府城西北四十里狀如馬鞍唐天寶間改名人安山

上方山在府城西北四十里有上方寺

下方山在府城西北四十里與上方山相聯有下方寺

金帛山在府城西北四十三里世傳禹至塗山諸侯執玉帛朝會于此其嶺有九龍池

寶林山在府城西北四十里南有金井潦不溢旱不枯亦名金井山

塗山在府城西北四十五里舊經云禹會萬國之所山麓有斬將臺有石船長丈二云禹所乘宋元祐中於船側掘得鐵履一雙梁初又掘得青玉印蘇鶚演義云塗山有四一會稽二渝洲三濠洲四當塗府州宗元塗山

銘　維夏后氏建大功定大位立大政勤勞萬邦和調四極威懷九有儀刑後王當乎洪流方割災被下土自壺口而導百川大功建焉虞帝耄期順承天曆自南河而受四海大位定焉萬國既同宣省風教自塗山而會諸侯大政立焉功莫崇乎禦大災乃錫玄圭以承帝命位莫崇乎執大象乃輯五瑞以建皇極政莫先乎齊大紀乃朝玉帛以混經制是所以承唐虞之後垂于孫之丕業立商周之前樹帝王之洪範者也嗚呼天地之道尚德而右功帝王之政崇德而賞功故堯舜至德而位不及嗣湯武大功而延祚于世有夏德配於二聖而唐虞尚功焉功冠於三代而商周讓德焉宜乎立極垂統貽于後裔當位作聖著爲世準則塗山者功之所由定德之所由濟政之所由立有天下者宜取於此追惟人號既發華蓋既揚方岳列位奔走來同山川守臣莫敢遑寧羽旄四合衣裳咸會儼以恭就列俯僂聽命然後示之以禮樂和氣周洽申之以德刑天威振耀告立讜訓宜在長久厥後啓征有扈而夏德始衰羿距太康而帝業不守皇祀之誠不由此人亡政墜卒就陵替向使繼代守文之君又能紹其功德修其政統卑宮室惡衣服拜昌

言平均賦入制定朝會則諸侯常至而天命不去矣茲山之會安得獨光於後歟是以周穆遐追遺法復會於是山聲並天下亦紹前軌用此道也歟余爲之銘度後代朝諸侯制天下者仰則於此其辭曰惟禹體道功原德茂會朝侯衞統一憲度省方宣教化制殊類咸會壇位承奉儀矩禮具樂備德洽既孚乃塞邪刑以弼聖諛刑義防風遺骨專車克威克明疇敢以湎宣昭黎獻底定寰區得祚後裔丕承帝圖塗山巖巖界彼東國惟禹之德配天無極即山刊石貽後作則

西余山在府城西北四十二里一作西扆謂禹嘗於此負扆朝諸侯也

碧山在府城西北四十八里石色碧潤四時不易一名黨山北有洞極深奧

烏風山在府城西北五十里濱海有洞出烏風一

石龜山當潮生時遠望之宛然如龜出沒水中今名

白洋山南麓爲巡檢司

雷山在龜山北二十里海潮大時山在潮中潮至其聲如雷

浮山在府城東北三十五里浮海口與三江所城相對

蒙搥山在府城東北四十里與浮山相對上有烽堠二

石姥山在府城西北五十里

蜀阜山在府城西北四十五里舊經云山自蜀來帶兒婦二十餘人善織美錦自言家在西蜀今忽至此

一云句踐伐吳置寡婦其上以激軍士名獨婦山吳越春秋又作濁女山云諸寡婦女淫泆犯過者皆輸此山上越王將伐吳其士有憂思令遊山上以喜其意

巫山在府城北十五里越絕書云越黜神之官死葬其上一名梅山或云漢梅福隱居之所上有適南亭下有子真泉天香堀茶塢竹徑明陸相詩一峰寒影墜江天花落層崖泣杜鵑却笑子真原未隱尚留名姓在山川

下馬山在府城北二十五里舊經云秦始皇東巡息駕於此有石如蟾亦名蟾山俗名蝦蟆山山多露石

兩崖夾水石骨横水底曰石檻又有馬嘷山越絶書
吳伐越逢大風車敗失騎士墮死匹馬啼嘷
璜山在府城北三十里勢小而環抱若璜小江經其
北
大峰山在府城北三十五里多梔白花黄梂黄實多
硌石有洞焉石投之泠然有風曰風洞
禹山在府城北三十里舊傳大禹駐蹕於此
王山在府城北二十八里兩崖門峙下有八閘泄山
會蕭三縣之水渾渾沌沌懸流數丈漂沫十餘里舊
經云唐貞元元年浙東觀察使皇甫政鑿

六山在府城東北二十里高廣尋丈壘列澤中越絶書句踐鑄銅不爍埋之東坂其上生馬箠句踐遣使者取於南社徙種六山飾治爲馬箠獻之吳唐天寶六年改爲句踐山今上有六山鋪

石城山在府城東北三十里山下有石城里按吳越傳史乾寧三年錢鏐討董昌攻石城去越三十里即此

會稽會稽山在府城東南十二里周禮楊州之鎮山曰會稽山海經會稽之山四方其上多金玉其下多砆石勺水出焉南流注于湨史記禹會江南計功而

崩因葬焉命曰會稽會稽者會計也吳越春秋禹登茅山大會計更名茅山曰會稽山輿地志一名衡山其山有石狀如覆鬴亦謂之覆鬴山十道志一名苗山一名塗山吳夫差入越越王以甲楯五千保會稽山水經注會稽之山古防山也亦名鎮山又曰棟山越絶云棟猶鎮也隋開皇十四年詔會稽等山並就山立祠唐開元十四年封四鎮山爲公會稽曰永興公有南鎮永興公祠自經史地志所著曰苗山曰茅山曰衞山曰釜山曰防山曰覆鬴曰棟山曰南山實一山也東北接觀嶺其上有磐石屹立曰降僊臺一

曰苗龍僊人臺臺下有香爐峰永興公祠之側有若
鴨淘沙徑思古亭遺址山南別峰曰石傘峰下有范
蠡養魚池唐孫抗書堂山西北五里即禹井禹廟又
西百餘步有大禹寺菲飲泉舊經云會稽山周回三百五十里蓋總言東南
諸山之隷會稽郡者如晉王彪之刻石山贊云會稽
刻石山宋何胤傳云居會稽秦望山然則刻石秦望
皆可以會稽山名之泊宅編會稽東南巨鎮對案梅
里尖其周回六十里此又無言寶山也然則會稽山
云者諸山之通稱爾晉郭璞贊禹徂會稽爰朝羣臣
不虔是討乃戮長人玉櫝表夏玄石勒秦唐孫逖詩
稽山碧湖上勢入東溟盡煙景晝清明九峰爭隱嶙
望中厭朱紱谷內探玄莊野老聽鳴騶山童擁行軫
僊花寒未落古蔓柔堪引竹澗入霜多松崖向天近
雲從海人去日就江村隕能賦丘嘗聞和歌參不敏
冥搜信沖漠多士期標準頓奉濯纓心長謠反招隱
李白送友人尋越中山水聞道稽山去偏宜謝客才

千巖泉灑落萬壑樹縈廻東海橫秦望西陵遶越臺湖清雙鏡曉濤白雪山來八月枚乘筆三吳張翰杯此中多逸興早晚向天台錢起仲春晚尋覆釜山胡蝶弄和風飛花不知晚王孫尋芳草步步忘路遠況我愛青山淡處皆遊踐縈廻必中路陰晦陽復顯古岸生新泉霞峯映雪巘交枝花色異奇石雲根淺碧洞志忘歸紫芝行可搴方嗤嵇叔夜林臥方沉湎又登覆釜山遇道人真氣重嶂裏知君嘉遁幽山階壓丹穴藥井通洑流道人帶經出洞中携我遊欲驂白覡去且爲紫芝留忽憶武陵事別家疑數秋李紳詩削平水土窮滄海畚插東南盡會稽山擁翠屏朝玉帛穴通金闕駕雲霓秘文鏤石藏玄璧寶檢封雲化紫泥清廟萬年長血食始知明德與天齊宋高宗詩六龍轉淮海萬騎臨吳津王者本無外駕言蘇遠民瞻彼草木秀感此瘡痍新登臨望稽山懷哉夏禹勤神功既盛大後世蒙其仁顧同越句踐焦思先吾身艱難勝遵養聖賢有屈伸高風動君子屬意種蠡臣明王守仁登香爐峯詩二首曾從爐頂躡天風下數天南百二峯勝事總爲多病阻幽懷還與故人同崖旗影動星辰北鼓角聲廻滄海東世故茫茫渾未定

且乘溪月放歸篷〔又〕道人不柰登山僻日暮猶思絕棧雲巖底獨行穿虎穴峰頭狐笑亂猨群清溪月出時尋寺歸棹城隅夜款門可笑中郎無好興獨留松院坐黃昏

宛委山在府城東南十五里山上有石簣壁立干雲升者累梯而上十道志石簣山一名宛委一名玉笥有懸崖之險亦名天柱山昔禹治水歌功未成乃齋於此得金簡玉字因知山河體勢遁甲開山圖禹治水至會稽宿衡嶺宛委之神奏玉匱書十二卷禹開宛委山得赤珪如日碧珪如月各長一尺二寸吳越春秋禹功未及成愁然沉思乃案黃帝中經曆蓋聖人所記曰在于九山東南天柱號曰宛委赤帝在闕

其巖之巔承以文玉覆以磐石其書金簡青玉爲字編以白銀皆瑑其文禹乃東巡登衡嶽血白馬以祭不幸所求禹乃登山仰天而嘯因夢見赤繡衣男子自稱玄夷蒼水使者聞帝使文命於斯故來候之非厥歲月將告以期無爲戲吟故倚歌覆釜之山東顧謂禹曰欲得我山神書者齋於黃帝巖嶽之下三月庚子登山發石金簡之書存矣禹退又齋三月庚子登宛委山發金簡之書案金簡玉字得通水之理也水經注又有石山石形似上有玉簡金字之書文云玉笥竹林雲門天柱精舍並疎山刱基架林裁宇溪

潤涎流晝泉石之好山下舊有棲神館唐改爲懷僊館今爲龍瑞宮有洞曰陽明洞天山巔有飛來石其下葛僊翁井山南則葉天師龍見壇元韓性詩秦山萊城城中望山色明暗分陰晴老夫厭策山前路爲愛看雲不歸去仰看鷲怪鷺飛來回頭忽見雲生處崦中孤起如炊煙東風騰上蒼崖巔崖巔宿雲合迎接橫空一幅兜羅綿天風吹散銀千縷淡處是煙濃是雨雲師物怒不肯回露出峰頭尺來許一雨三日溪水肥老夫欲歸不成歸雲師知我慘不樂故出小譎相娛嬉老夫作詩一笑領舉袖收雲散空迥倚松絶叫山下人仰看雲峰起山頂

秦望山在府城南四十里死委山南高出群山表秦始皇登之以望東海其東南隸會稽西北隸山陰十道志秦始皇登秦望山使李斯刻石其碑尚存水經

注秦望山在州正南爲衆峰之傑陟境便見自平地
以趣山頂七里縣磴孤危峭路險絶記云攀蘿捫葛
然後能升山上無高木當由地迥多風所致山南有
譙峴峴裏有大城越王無餘之舊都也故句踐語范
蠡曰先君無餘國在南山之陽社稷宗廟在湖之南
山有三巨石屹立如笋龍池冬夏不竭俗號聖水傍
有崇福侯廟今廢山在城之南與府治屹對故謂之
南山姚令威叢語予嘗上會稽東山自秦望山之巔
並黄茅無樹木山側有三石笋有水一泓蓋即譙峴
也咸平中陸參譔法華山碑夏后氏巡狩越山方名

會稽后世分而爲秦望蠶而爲雲門法華其實一山
自始皇登此山以望南陽又陟天柱之高峯以望秦
中始有秦望望秦之名而秦望最著【秦頌德碑文】皇帝休烈平一宇
內德惠攸長卅有七年親巡天下周覽遠方遂登會
稽宣省習俗黔首齋莊群臣頌功本原事迹追道高
明秦聖臨國始定刑名顯陳舊章初平法式審別職
任以立恒常六王專倍貪戾傲猛率衆自强暴虐恣
行負力而驕數動甲兵陰通間使以事合從行爲辟
方內飾詐謀外來侵邊遂起禍殃義威誅之殄熄暴
悖亂賊滅亡聖德廣密六合之中被澤無疆皇帝并
宇兼聽萬事遠近畢清運理群物考驗事實各載其
名貴賤並通善否陳前靡有隱情飾省宣義有子而
嫁倍死不貞防隔內外禁止淫泆男女絜誠夫爲寄
豭殺之無罪男秉義程妻爲逃嫁子不得母咸化廉
清大治濯俗天下承風蒙被休經皆遵度軌和安敦
勉莫不順令黔首修潔人樂同則嘉保太平後敬奉
法常治無極輿舟不傾從臣誦烈請刻此石光垂休

銘唐蕭翼詩絕頂高山路不分煙嵐長鎖綠苔紋猿猴推落懸崖石打破下方遮日雲孟浩然久滯越中贈謝南池會稽賀少府陳平無產業尼父卷東西負郭昔云翳問津今已迷未能忘魏闕空此滯秦稽兩見夏雲起再聞春鳥啼懷僊梅福市訪舊若耶溪聖主賢為寶卿何隱遯棲薛據詩南登秦望山目極大海空朝陽半暘谷晃朗天際紅溪谷爭噴薄江湖第交通而多漁商客不悟歲月窮振緡近早潮弭棹候遠風予本萍泛者乘流任西東茫茫天際帆棲泊何時同將尋會稽跡從此訪任公宋陸游醉書石壁秋雨初霽開長空夜天無雲吐白虹擘波浴海出日月披山捲地驅雷風崑崙黃流瀉浩浩太華巨掌摩穹穹平生所懷政如此拜賜虛皇稱放翁放翁七十飲千鍾耳目未廢頭未童向來楚漢何足道真覺萬古無英雄行窮禹跡亦安在聊借曠快洗我胸濤瀾屢犯蛟鰐怒澗谷或與精靈逢黃金鑄盡決河塞俘獻頡利長安宮不如翠華掃青嶂一寸毫健驚天公王十朋詩瞻彼秦望崇于會稽昌云其崇登焉而柴孰登是山西方之人兮瞻彼秦望輕于會稽昌從而輕孰名之以嬴孰名是山東方之人兮我登稽山思禹之

蹟吾儕不魚繫帝之力我瞻秦望哀秦之過虐彼黔首其誰之禍禹駕而遊夏民以休有翼其行稷禼是謀政轍而狩羸隨以仆孰稔其惡斯高左右孤竹兄弟殍于首陽山與其人嘉名孔彰谿辱以愚泉汚以盜物之不幸名惡而暴浙濤如銀鑑流如紳濯彼崔嵬勿汙以秦

明王守仁用壁間韻詩　秦望獨出萬山雄縈紆鳥道盤蒼空飛泉百道瀉碧玉翠壁千仞削古銅久旱忽晴真可喜山靈於我豈無以初疑步入畫圖中豈知身在青霄裏蓬島茫茫幾萬重此地猶傳〻至祖龍僊舟一去竟不返斷碑千古原無蹤址望稽山懷禹蹟却嘆秦皇爲慚色落日淒風結晚愁歸雲半擁春湖碧便欲峯頭拂石眠爭古傷今更惆然未暇長卿哀二世且續蘇君觀海篇長嘯歸來景漸促山鳥山花吟不足夜深風雨過溪來小榻寒燈卧僧屋

董玘記　秦望山在越中最爲傑特予省覲歸留五六歲得縱遊諸溪山猶未及所謂秦望者恒以爲歉今年冬仲王邑侯道脩過予山中談及之乃偕[illegible]斫榛莽除茅茷蹊徑微露報曰可以登矣甲辰[illegible]以舟來逆至望隱橋宿馬鄉彦司馬邢[illegible]丹[illegible]趙惟衡皆會次日早至雲門寺[illegible]

麓數百步有泉錚然折而北至小阜旋在霄漢間問
樵者曰此未及半又數數十步石益峻徑益縈曲輿人
皆病乃攝衣攀援以上或後或先或偃或頓至山之
絕頂而止遥望東海渺瀰一白雲起天末隱若島嶼
俯瞰郡城迤邐一帶八山纍纍僅如卷石南接宛委
諸峰列若屏障左右拱峙勢如飛舞禹陵在焉西臨
鑑湖煙水浮暎恍影出沒若有若無蓋一郡數百里
之土壤與夫千巖萬壑之爭競者皆在履舄之下一
覽而盡久之落日漸低暝色四合崖谷黯黮林木振
動乃尋舊路而下是夕復宿于寺劉昺詩名嶽結幽
想遐攀藉群仲緣蘿經峭壁披篠臨迴磴溪流淨朝
碧林禽雜春弄遠眺眷前蹤慷慨悲世夢夙夢驚奇
勝放歌及良辰雖無達士觀聊與靜者倫景會與自
俱物鮮情彌親觀願言保終始百代常若新新篁已委
籜夭桃未辭榦羣姿漪風沆流芳滿春甸廻廻波泛素
波行庖進豐饌同遊豈異人繾綣平生舍舍化遠彌
新戾迹久亦昭秦皇昔馭世顧盻自稱豪並海斬脩
鱗登山著長謡如何千載後汨沒生蓬蒿蓬蒿故所
欣冕紱焉所求遺世豈中行競進誠足羞宛委二三
子前軌安所由何如頓塵網脫屣從事遨遊張元忭記

吾越巖壑之勝甲天下鼓櫂而出遊遠近數十里内其爲奇峯邃谷怪石好泉者皆是而羣山所宗唯秦望爲最高環秦望之麓浮屠之宫若明覺普濟廣福天衣今皆湮于榛莽而自義熙迄今千餘載故址依然唯雲門爲最盛萬曆甲戌予以省覲歸讀書雲門將遂登秦望而霖雨瀰月稍遲勝遊春既暮始霽且和乃偕陳文學惠上人挈壺榼以往由石橋折而北數百步爲白乳泉又三里許抵秦望之足有峰聳起如削當山之半從者指曰此鐵刑部修真之所陳子與上人步甚瘏先余至余亦扶掖而行與步相半稍後至有石壁立當峯之前上爲龕龍趾鳴泉淙淙遶出其右松檜蓊鬱可悅余乃嘆曰昔者八山子棄妻子焚衣冠巢棲於此者凡八年虎豹之與群猨狖之與俱即所學畔孔氏乃其處志而苦行超然溘埃之表可不謂奇男子哉陳子曰然請鐫其石曰鐵公巖自此磴益危徑益窄後先相尾攀蘿葛而上屢仆屢起屢酌屢憩乃陟其巔巔廣可數丈平衍無木相與藉茅趺坐俯而四矚萬山羅列其下東望則窕窔沓廬之間夏后氏之所藏也西望則鶖鼻芙蝞透迤相接志稱秦皇之刻石無餘之故都在焉北望則海波[illegible]

繞郡城如帶萬井如鱗臥龍飛來諸山纍纍如塊馬想句踐之雄風慕鴟夷之遐舉南望則雲門諸峰起伏萬狀若耶一水瀠瀠如綫任公子之所垂釣王謝何陶諸賢所從處而遨也覽既周引觴浮白歌咏交作須臾有白雲從海上起漸升漸漫斂吸彌四野不辨上下疑神龍驂至蛟螭羣從俄而風起谷應猿虎競嘯從者皆怖頃之雲乍開已又合如是者數四忽復爽朗遂循舊徑而下日方午農者就饁矣是遊也攬山川之勝窮雲物之奇既夜而寐猶恍恍然如在層霄之上煙霧之中也詰旦爲記勒之石留雲門方丈中

刻石山在府城西南五十里一名鵞鼻自諸暨入會稽此山爲最高以秦始皇刻石其上得名姚令威叢語史記秦始皇本紀云上會稽祭大禹望於南海而立石刻頌秦德越絶書云始皇以三十七年來遊會

張仟

稽以正月甲戌到越留舍都亭取錢唐浙江岑石石長丈四尺南北面廣一尺東西面廣一尺六寸刻文於大越東山上其道九曲去越二十里水經云秦始皇登會稽山刻石紀功尚在山側孫暢之述征紀云丞相李斯所篆也梁書竟陵王子良爲會稽太守范雲爲主簿雲以山上有始皇刻石三句一韻多作兩句讀之並不得韻又字皆大篆人多不詳雲夜取史記讀之明日登山讀之如流張守節云會稽山刻李斯書其字四寸畫如小指圓鐫今文字整頓是小篆字予嘗上會稽東小山秦望山之側有三石笋別無他

石石笋並無字復自小逕別至一山俗名鵞鼻山又云越王棲於會稽宮娥避於此名娥避山山頂有石如屋大中間插一碑於其中文皆爲風雨所剥隱約就碑可見缺畫如禹廟没字碑之類不知此石果岑石歟非始皇之力不能插於石中此山險絶罕有至者得一採藥者則至之耳非僞碑也或云大篆或云小篆皆不可考山上有洞曰風洞遇陰雨聞鼓樂聲據令咸所述如此則石屋插碑是其親見莫濟乃云石屋固在碑蓋無有何也十道志謂秦望有刻碑蓋山隴相連即指此山爲秦望云

晋王彪之詩　隆山嵯峨崇巒岧嶤傍覩滄洲仰拂玄霄文命遠會風淳道遼秦皇遐巡邁茲英豪宅靈基阿銘跡峻嶠青陽曜景時和氣淳脩嶺增鮮長松挺新飛鴻振羽騰龍躍

鱗【宋陸游詩】街頭旋買雙芒屩作意登山殊不惡蒼崖無罅竹邊逸崩石欲墮松根絡憑高闊豁快送目歷險崎嶇危着脚川雲怒起兩蛟舞瀑水高吹萬珠落大巖空硿誰所劃絕壁峭立端疑削坡平或可容百人峽東僅容飛一鶴蛇蹊岌岌頭自眩鬼谷慘慘神先愕秦皇馬跡散莓苔如鐫非鐫鑿非鑿殘碑不禁野火燎造物之報焚書虐人民城郭俱已非煙海浮天獨如昨

望秦山在府城東南三十二里與秦望山相接稍北始皇登之以望秦中者也一名天柱峰一名卓筆峰【唐戴叔倫詩】拔翠五雲中擎天不計功誰能凌絕頂看取日升東

雲門山在府城南三十里秦望南晉義熙二年中書令王獻之居此有五色雲見詔建雲門寺後析爲六曰廣孝顯聖雍熙普濟明覺今廣孝寺獨存寺僧云

山本小阜高可丈許嘉靖十年僧法慶建樓其上名曰看竹今竹間土阜其故址也其傍有好泉亭松花壇麗句亭今皆不存梁釋洪偃詩杖策步前嶺褰裳出外扉輕羅轉蒙密幽徑復紆同松高枝影細山靜鳥聲稀石岩苔滑蔓蟲網乍粘衣潤旁紫芝聯巖上白雲飛杉梓排煙出鶬鶴遂雲歸窮谷無性還攀桂獨依依唐杜甫詩若耶溪雲門寺青鞋布襪從此始唐崔顥詩輕舟去何疾已到雲林境起坐魚鳥間動搖山水影巖中響自答溪裏言彌靜事事令人憂停橈向餘景唐常建白湖寺後溪宿雲門詩落日山水清亂流鳴淙淙舊蒲雨抽節新花水對窓溪中日沒時歸鳥多為雙杉松引直路出谷臨前湖洲渚晚色靜又觀花與蒲入溪復登嶺草淺寒流速圓月明高峯春山回獨宿松陰澄初夜曙色分遠目日出城南隅青青媚川陸亂花覆東郊碧君氣鎖長林四郊一春影千里歸寸心前瞻丁程促却戀雲門深畢覽有餘興到家彈琴張謂詩共許尋雞足誰能惜馬蹄長空靜雲雨斜日半虹霓簷下千峯轉

窓前萬木低看花尋徑遠聽鳥入林迷地與喧譁隔人將物我齊不知樵客意何事武陵溪[秦系詩]十峰遊罷上招提路入雲門嶮似梯秀氣漸分秦望嶺寒聲猶入若耶溪天開霽色澄千里稻熟秋香亘萬畦多少靈蹤待窮覽却愁回馭日平西[宋范仲淹詩]一路入巖巒經禹鑿開林無惡獸任巖有好泉來雲陣藏雲去山根到海廻莫辭登絕頂南望即天台[趙抃詩]十里崢嶸到忽平兀然如覺夢初醒石通幽室心生白遲擁寒雲步入青一水下窺疑絕線兩山相列似開屏重城歸去仍堪喜歲稔人家戶不扃[林景熙詩]最愛林中過客稀坐分片石澹忘歸僧閑時與雲來往鶴老不知城是非蕭洒山光秋入畫淸寒花氣曉侵衣一溪截斷紅塵影西有任公舊釣磯[明劉基詩]平旦出雲門亭午至靈峯山盤澗縈紆谷深巖錯重竹露滴皎皎林霞散溶溶度石苔蘚滑披蘿煙靄濃頗喜禾黍成可以慰老農野草各有色照水似衒容徐行恐觸熱聊憩崖下松時聞幽鳥鳴亦足開心胸慨懷陶隱居丹竈今無蹤干將與莫邪俱已化爲龍空餘遠山色菡萏靑芙蓉[高啓詩]旅思曠然釋泯身眷林杪群山爲誰來歷歷散靑曉奇姿脫霧雨

奮首爭欲矯氣通海煙長色帶州郭小出疑載帝一
横恐截歸鳥流暉互蕩激下有湖塹繞石處未遍望
一覽心頗了秦皇遺跡泯晉士風
流杳難探金匱篇振袂翔塵表

何山在府城東南四十七里與雲門山相接南宋何
胤所居王龜齡詩謂秦刻石在其上[宋梁安老送古碑與王十朋詩]

公生博物好奇古勸我搜求秦望碑我來稽陰已三
年夢寐絕頂雲俱馳是非近代問父老鼻祖已來猶
不知或云其山多虎狼淵湫蟠井蟠蛟螭魑魅木客
忌人到陰霾賊霧迷羊岐樵夫懸磴懼失勢一落千
丈誰能知吾意如此鍾乳穴民皆畏擾相詩欺曩時
山東之罘不石磅砰入海無津涯固知秦人遊戲餘非
民之利寧一時暇日登臨雲門寺僧曰若耶溪上奇
山曰何山勢最峻丹鶴夜宿天孫枝南望天台西錢
塘下視峰神如羣兒李斯篆書真刻本昔人避亂此
見之褁糧遂偕墨士往攀崖貫木如鹿麋舉酒酹觴
山之神千古呵護煩神司鎖鑠僅存三尺許龜趺蹤
鑿山石爲劖苔剔蘚隨手剥匝節背角摧霜皮老龍

脫甲蛇解蛻鋪紙拭墨漫披離收藏入袖恍若失遐想往昔還嗟咨我聞太古功德盛鋪寫不盡乾坤儀詩書紙上自不朽金石還有磨滅期秦皇不慕仁義業直謂堯舜猶瑕疵焚書欲盡前代美寧聞伏生傳有順後人不廢丞相書歌頌雖在多浮詞惜哉此紙無一畫欲記傳示人應咥他年好事繼追訪姑與置尾觀吾詩

王十朋次梁韻詩并叙

會稽秦頌德碑丞相李斯篆在秦望山世莫知所在教授莫君好奇嗜古搜訪尤力有言碑在何山者莫以語某何山見爲經在秦望東南疑其真秦望也某欣然欲往職有所拘以告會稽尉梁君梁慨然而行登山果見之碑石僅存字磨滅已盡墨片紙而還作古風長韻具記始末因次其韻且記吾三人好事之癖以示後人也姬嬴遺跡存者稀世傳石鼓稽山碑石鼓揄揚得韓子文與二雅爭驅馳秦碑夸大頌功德埋沒草莽無人知或言山頂石猶在上有虎豹龍蛇蟠神藏鬼護荊棘蔽懸崖磴絕幾無岐廣文好奇探禹穴梅山好事尋滑支我貧其行要親覩勿愛世俗流傳欺望秦秦望兩嶄絕何山壁立東南涯豐碑屹植最高處不[illegible]磨滅從何時剔苔掃墨了無有模糊片紙亦足奇[illegible]

雲霾霧暗將雨古木槎牙蟠老枝歸來走筆出險豪
訶政此斯同小兒詩成持特寫寄我辭嚴意偉法退
之我聞秦人滅六國酷若犬齧臨江麋先王法爲秦
所負負秦況有秦有司五經灰飛儒濺血堯舜周孔
何乱爲上蔡獵師妙小篆奴視俗體徒肥皮東封太
山南入蔵大書深刻先陛歸沙丘風腥人事變鬼鑠
族赤誰若咨漢興萬事一掃土惟有篆刻餘刑儀磨
崖欲作不朽計其如歷數不及期蚩尤五兵討滌器
人物美惡寧相並我雖過秦愛遺畫南山入望頻支
頤不須嶧陽訪棗刻不用邃史觀雄辭壺堂默坐對
此紙閉眼暗想若勿嗤要知秦碑文字本却類周頌
無辭詩

貞齋復次前韻詩幷敘

秦會稽石刻唐人如張守節司馬貞皆嘗援以證史記紹興初舅氏姚令威刪定登山吊古見碑石猶存後二十餘年分教是邦以語僉判王龜齡勉己尉梁君求之則石已鈌字不可見矣梁君以詩記其事龜齡既賡之以濟首幾其幾書以示濟按會稽秦頌德碑凡二百九十六字視秦世泰山之罘諸刻獨此碑字爲最多唐李嗣真云斯小篆之精古今妙絕秦望諸山及皇帝璽猶千鈞强弩萬石洪鍾豈徒後學之宗匠是亦傳國之

遺寶同越法書苑獨載封禪碑數十字而已至歐陽
公趙德父集録天下金石遺文殆盡亦不復有秦望
山碑姚令威紀鵞鼻山頂石屋所揷一碑今石屋固
在碑蓋無有梁次張所模片紙指爲秦碑乃在何山
其去鵞鼻尤爲隔絶盡記本末以俟後之君子六王
失國四海歸秦皇東刻南巡碑法因史籀有增減名
與[illegible]鳴爭飛馳自言功德可歌頌黔首凋凋愚無知
海神何故獨拒命風濤塞路蟠蛟螭羣臣謟佞僊藥
遠死生治亂分兩岐山靈不可守碑記片段應作龜
床支陵谷雖存世代異耳目雙被誑者欺只餘紙本
落人世千古遺具東南陲我聞秦望最高峻城域所
見非吉時何山距縣四十里符合傳記壯且奇衆峯
及是子孫行木古幾換蛟龍枝指東作西未足怪父
老流傳從小兒政如塗山玉帛會謾設不可考歲久之
梁石吏隱年甚少鬱鬱才角初解糜裊躍擘搕訪古
跡氣味蕭散如分司忽聞片石在絶頂小篆無乃斯
翁爲手披荆棘訶虎兕柱杖直印山頭皮樸樕豈復
有字畫此物及見秦亂離當時威勢振天下不言橑
弄民嗟咨乘輿所至爲刀鋸方嶽何暇安禮儀關中
屢棄百二險廢歷數浪指僞爲期君臣乃爾自賢聖變

論不復相瑕疵陳迹安知百世後樵夫牧子笑睨興亡俄頃三歎息撫掌重閱太史辭假使王敦欽笑書其文過其實世所強是知余王不可恃相君應毋播書詩

刺涪山在雲門山南一名明覺山山不甚高登其巔則見雲門陶晏諸山列其下陰壁兀立盛夏爽然如秋其名明覺者蓋明覺寺基也頂有池

若耶山在府城南四十四里下有采蓮田東又有若耶嶺下復有潭潭上有葛僊石舊經葛玄學道於此玄既僊去所隱白桐几化白鹿三足其行兩頭名更食晉謝敷宋何胤亦居此山胤時山發洪水樹石漂拔其室獨存梁釋洪偃詩蕭蕭物色晚肅肅天氣清旅人聊策杖登高傷客情川原多舊跡

墟里咸新銘宿煙浮始旦朝日照初晴遠行之徒侶徐步寡逢迎信矣非吾托賞心何易弁

赤堇山在府城東三十里會稽山南舊經歐冶子爲越王鑄劒之所一名鑄浦山越絕書赤堇之山破而出錫亦名錫浦國策破堇山而出錫薛燭曰赤堇之山已合無雲張景陽七命耶溪之鋌赤山之精亦山旁有井歐冶子取水淬劍曰歐冶子井有洞曰玉洞

白鶴山在府城南十五里會稽山東樵風逕下一名箭羽山山側有石屋砥平可容數十人孔靈符會稽記射的山西南水中有鶴山此鶴嘗爲僊人取箭曾刮壞尋索遂成此山漢鄭弘嘗得遺箭於此

射的山在府城南十五里與白鶴山相連水經注遠望山的狀若射侯故謂射的西有石室名爲射堂年登否常占射的爲貴賤準的明則米賤的闇則米貴諺云射的白斛米百射的玄斛米千其來遠矣石室一名獅子巖射侯是東峰壁上有白點孔云樂府會稽記射的山半嶺有石室僊人射堂東高巖臨潭有石的岫形甚圓明視之如鏡唐李白送遊越詩海水不滿眼觀濤難稱心即知蓬萊石却是巨鰲簪送爾遊華頂令余發舄吟僊人居射的道士住山陰禹穴尋溪入雲門隔嶺深綠蘿秋月夜相憶在鳴琴宋徐天祐詩鶴去山空幾度秋仙人遺箭有誰收不須覆斗占豐歲看取峯前白射侯

石旗山與射的山相連形如張旗旁有石室宋建炎

中士夫避地於此

石帆山在府城東十五里水經注山東北有孤石高二十丈廣八尺望之如帆南對精廬上蔭修竹下瞰寒泉西連稽山皆一山也十道志山遥望如張帆臨水下有文石其狀如雞曰石雞賦云之間有一石帆來每上天竟出湖中

葛山在府城東十里射的山北越絕書句踐種葛於此山使越女治以爲布獻吳王吳越春秋采葛婦作若之何詩葛不連蔓芬台台我君心苦命更之嘗膽不苦甘如飴令我采葛以作絲女工織兮不敢遲弱於羅兮輕霏霏號絺素兮將獻之越王悅兮忘罪除吳王歡兮飛尺書增封益地賜羽奇機杖茵蓐諸侯儀群臣拜舞天顔舒我王何憂能不移又一本止嘗膽不苦二句甘如作味若

鹿池山在府城東南八里會稽山東北鏡湖中嘗有白鹿水經注湖水自東亦注江通海水側有白鹿山又曰湖北有三小山謂之鹿野山按吳越春秋越之麋苑也山有石室言越王所遊息處矣越絕書白鹿山在大山之南下有飲水池俗呼鹿墅山

香山在鹿池山東木犀甚繁華無名氏詩誰將萬斛栴檀子撒向千春古道傍萬壑曉風吹不斷至今猶自滿山香

洞浦山在府城東南二十四里香山東舊經即湖南龍尾山西南之趾今呼曰桐塢

龍尾山在洞浦山東南形如龍尾又名楊梅山

箬簣山在府城東十二里洞浦山西北舊經秦皇東遊於此供芻草俗呼遊門山

少微山在府城東十里箬簣山北宋職方郎齊唐隱居處也山與會稽山相望最奇偉齊家園在焉宋王十朋詩出郭舟行十里間少微山近箬簣山山中處士已長往一點客星雲外閒明張元忭贈葉太守應春詩清朝端笏五雲間五馬歸來鬢未斑問訊只稱荆楚澤開樽恰對少微山一庭蕭鼓催花去萬壑烟霞伴鶴還欲學長生小方朔扁舟乘月扣玄關江右胡直詩秋攬湖山勝隨盟松竹緣爭如君解綬了悟得真詮關中鄒應龍詩清幽何處着几塵風景爭看別樣春可是白雲深杳處遥遥冠蓋往来頻

上城山在府城東六里少微山西北越王作土城以貯西施故亦名西施山今五雲門外有上城村西施

里吳越春秋王得西施鄭旦飾以羅縠教以行步習於土城教於都巷三年學服而獻吳王

寶山在府城東南二十五里一名上臯山東接紫雲山旁連錫山南抵下臯富盛山西北接龍尾箬簣諸山山巔有趙家㟥一名趙樂㟥西唐裏城南宋攢宮地也山巔號白鹿尖又新婦尖旁爲鷄籠山五峯嶺其對案曰栁李尖地理家謂之筆案

紫雲山在府城東南五十里舊經云昔有遊龍憇於此紫雲乘之

下臯山在府城東三十里

富盛山在府城東四十里

錫山在府城東五十里舊經云越王採錫於此嘉泰志云舊傳山出鉛銀或杯鑿取之忽山嘯摧壓數十丈今迹存焉其後里人無敢採者此山去寶山不遠意寶山之名或取此

鳳凰山在府城東南四十里寶山東山形肖鳳上有烏石將軍廟最靈

跳山在府城東南三十五里富盛山北俗傳錢王鏐微時販鹽遇官兵跳避此山石壁書大吉字并指掌跡俱存

横山在府城東三十四里跳山北俗所稱者有小橫山大橫山舊經山有草莖赤葉青人死覆之輒活

銀山在府城東五十里橫山東無草木產銀沙舊有禁毋得擅開而居人往往聚衆盜發之不惟礦氣傷禾且懼召亂謂宜塞其路散其黨乃可耳

北山與銀山連其頂有穴可容二十餘人

鷄山在府城東南六十里康家湖北越絕書鷄山豕山句踐以畜鷄豕將伐吳以食士也鷄山在錫山南去縣五十里縣蓋指山陰又諸暨有金鷄山

鶴鳴山在府城東南五十七里鷄山南山上時有鶴

嗚

東化山一名將軍山

西化山一名筆峰二山相連接在秦望山南寰宇記天下有二十四化皆真人脩煉之所旁又有龜鶴二山

龍惠山在府城東南七十里傜塘埠上有龍王祠禱雨池

諸葛山在府城東南六十里葛洪嘗棲於此亦曰葛巑蓋會稽第一山也山高數千仞周亙五十里懸流百餘丈下射石曰如雷其麓有諸道人屋舍其基[illegible]

井有僊人石其象如鏤旁有鷹觜巖高數十丈巖上羣鷹窠焉攫狐兎委諸中人往往拾其墮者石有龍池可禱雨

黄龍山在諸葛山之半有寺曰延安亦有葛僊丹井在寺殿之後

閣老山在諸葛山東左視如屏右視如筆九井在其下

靜林山在諸葛山西南上有龍潭祈雨輒應

銅牛山在府城東南五十八里靜林山西水經注山有銅穴三十許丈穴中有大樹神廟山上有冶官山

北湖下有練塘里吳越春秋句踐鍊冶銅錫之處孔曄會稽記銅牛山舊傳常有一黃牛出山巖食草採伐人始見猶謂是人所養或有共驅處之無及輒失然後知爲神異舊經又云牛見靈汜橋人逐之奔入此山不見掘地視之有銅屑又姑中山越絶書越銅官之山也越人謂之銅瓠瀆孤一曰姑長二百五十步

舜山在府城東南四十里銅牛山西一名筆架山俗傳大舜遊憩於此殆謾耳山高可十里餘上有水田可稱緇黄之流往往茨其上

大平山在府城東南七十八里舜山東南又一在餘姚

西湖山在府城東南二十二里西湖之旁

天荒山在府城東南八十里山不生草木其下爲駐蹕嶺

石瀧山在府城東南一百十里天荒山東多松楮木

儲山在府城東南一百四十里風土記越王供儲在此又云張瑶種田立廥倉於山俗稱栗山

嶀山在府城東七十里下臨舜江與上虞接壤山高銳如削其巔有洞廣八尺深十餘丈類神所斧清絕

可愛一名蒿尖舊經漢樊夫人學道於此昇僊有石室石井丹竈存焉

豐山在府城東北六十二里璩山西北臨曹娥江錢王鏐破劉漢宏將朱褒於曹娥進屯豐山褒等降此山是也

稱山在府城東北六十里豐山西北北環大海舊經越王稱炭鑄劒於此俗呼稱心山

鄭弘山在府城東南三十里以漢太尉弘名

稷山在府城東五十里稱山南舊名稷山越王種菜於此後漢謝夷吾爲稷鄉嗇夫亦此越絕書句踐

戒壇也亦曰齋臺山十道志一名椋山
陰山舊經秦始皇移在會稽山北有陰山之稱
白塔山在稷山側有寺及興嘗將軍殿
犬亭山在府城東南三十里寶山北舊經越絶並云
句踐畜犬獵南山白鹿欲以獻吳故曰犬山其亭爲
犬亭歲久相延呼爲狗山又曰吼山俗謂宋攢陵所
在諸山皆拱此山獨否故名之曰吼取呼而相向義
也陸游祖宅左丞佃以前墓俱在此好事者者摭其景爲八題咏頗
多曰犬亭雲石者緣此山盡白石爲工人所伐獨有
孤存者一筍矗霄可數十丈亭亭如雲曰牛塚煙蘿
者謂予旦與陸佃同仕旦先死一夕夢旦來告已得
謎爲牛轅於錢塘次日佃詣其處牛果淚下佃買歸

夏則帳匃之已而震死葬之山旁又云是陸游事曰卜徑延螺者謂山之濱有巨石形似螺能逆山浮移每至陸氏門其年輒有第者昏夜漁磯舟楫爲漁人縋之而定曰石洞朝霞者山之北岸有小山曰曹家山舊亦伐石玲瓏若戶牖歲久蘿木蔓之而積水成深潭移舟其中一洞天妙景也其他四景俱有題而無實故不采

蕭山蕭然山在縣西一里又曰西山縣舊八景曰今西山月色人直謂之蕭山舊志晉許詢於此憩林築室有蕭然自適之趣或云句踐與夫差戰敗以餘兵棲此四顧蕭然按漢書地理志餘暨縣蕭山潘水所出東入海則名不始于許壯之隴曰淨土山其麓有金泉井又名酒泉其中之徑曰柴嶺南之徑曰稗牌嶺工緜[illegible]

碑在馬下有潘泉井 唐劉滄詩 一望江城思有餘遥分野逕入樵漁青山經雨菊花盡白鳥丁灘蘆葉踈靜聽潮聲寒木杪遠看風色暮帆歸秋朔又踐潼關路不及年年向此居 宋陸游詩二首 素衣已免染京塵一笑江邉整幅巾入港緑潮深蘸岸披雲白塔遠招人功名姑付未來劫詩酒何孤見在身會向桐江謀小築浮家從此往來頻 又 閑居無策散閑愁聊作人間汗漫遊晚笛隨風來倦枕春潮帶雨送孤舟山家菰飯香初熟市擔蓴絲滑欲流自笑勞生成底事黄塵陌上雪蒙頭 明劉基詩二首 落日牛羊下緑坡微風短棹拂晴莎窮愁白髮空相得悲感青春最苦多水煖菰蒲沙鳥集月明洲渚傍人歌此時忽漫思身世柰爾桃花滿眼何 又 積雨今朝天氣佳山亭眺色上林花未須汗漫思身世且可逍遥翫物華偶作斷橋妨去路却隨脩竹到隣家籬邉野鳥驚人過撥剌飛鳴落遠沙 王禕詩 身世真如寄登臨得及時地高風氣急天迥日沉遲緑鬢歎紗帽黄花照酒卮不知陶靖節歸去欲何爲 虞謙詩 晚過蕭山邑停驂石路寛天青山隱隱溪緑樹團團縣令低頭謁田夫仰面看近城無獵騎倚水有漁竿

泛雪誰思戴栽花共憶潘斷雲迷谷口飛鳥下江干
霧氣横遥海灘聲湧急湍花殘一夜雨人怯五更寒
官稅勤輸納民情在撫安
定期三月後相次拂歸鞍

鬬鷄山在縣西北三里兩山昂頭相對若鬬鷄之狀

菊山在縣西三里多甘菊

茗山在縣西三里

北幹山在縣北一里其巔曰玉頂峯舊經晋許詢家於此許詩蕭條北幹園縣八景曰北嶺烟光曰北幹松風皆此明富玹詩北山升絕頂眼界入林坰
飛鳥投丹嶂輕烟鎖翠屏草生三島秀花發四時娙
萬竹深涵綠千峯遠送青驚濤騫海國斜日駐湖亭
福地種元氣儒宫守巨靈行歌還採藥卻老又尋苓
玄度元無志旌陽舊有銘鷄鵬思奮翮鷹隼欲藏形
嵐重衣沾霧天低袖拂星留題欣合格乞粒笑分馨
群聚溪頭鹿重逢海上萍哭途嗔阮籍瞻隴憶頻丁

心評蹤衡岳身疑度井陘未應依北斗直欲從南溟蘿雨瓢猿背梅花墮鶴翎放懷看拄笏翹首望飄舲桑梓聯周井芝蘭越謝庭步蟾初倚杖占候忽更蓂自有三光耀何須數斗螢無因占廟祀有約訪巖扃豪興歸春社餘酣潄晚汀最宜烹茗罷無復索銀瓶絃誦人皆樂登臨我獨醒威靈尊嶽鎮形勝覽風霆城廓金湯固山河砥礪寧鶯花春靄靄燈火晚熒熒江漢朝宗意遥峰拱舜廷

去虎山在北幹山東三里許舊志宋景德中有猛虎常傷人一夕負子渡江西去縣令杜守一以名其山今山有虎子坳〔明〕魏驥詩望邑名山聳碧霄白頭重過興偏饒千村環堵高低屋一帶長江早晚潮玄度跡存猶可吊子胥魂遠若為招登臨莫起興亡嘆且醉浮生一酒瓢

城山在縣西九里其山中卑四高宛如城堞吳伐越次查浦句踐保此拒吳名越王城又名越王臺前兩

峰對峙如門曰馬門石上兩竅通泉圍不踰柸深不盈尺冬夏不竭曰佛眼泉山半有池曰洗馬泉中産嘉魚越拒吳時吳意越之乏水以鹽魚爲饋越取雙魚答之遂解圍去【宋華鎮詩】兵家制勝舊多門贍答雍容亦解紛緩報一雙文錦鯉坐歸十萬水犀軍【明朱純詩】越王臺畔偶躋攀喜得城中半日閑伯業已消嗟鳥喙仁風猶在憶龜山漁舟遠泛滄茫外僧磬微鳴紫翠間最愛菊花山上月清光直送酒船還【釋懷讓詩】句踐已僊去浮雲霸圖空危峯兀立數千仞鰲背獨擁蓮花宮蒼苔小徑盤松入佳境迴與塵寰隔樂重山色鎖樓青一片湖光蕩簾白我昔尋詩居上頭興與動每與諸生遊雙鞋踏破石磴蘚兩耳聽徹濤江秋別來東風喚啼馬南浦新愁長芳草今朝携杖復登臨重與諸生散懷抱落紅飛絮正悠揚談笑陡覺詞源長吟餘倚崖忽倦臥夾侯都染芝之雲香覺來却憶還山去孫鶴翩翩不能住一聲金鐸振長空回首湘湖隔烟樹

石巖山在縣西南十二里巉岏㠑峞其狀如獅子故又名獅子峯其巔有香泉方四尺深尺許明劉基詩落日下前峰輕烟生遠林雲霞媚餘姿松栢澹清陰振策縱幽步披榛陟層岑槿花籬上明莎鷄草間吟凉風自西來颼颼吹我襟榮華能幾時搖落方自今逝川無停皮急絃有哀音顧瞻望四方悵焉愁思深

荏山在縣東北十里孔靈符地志越王種荏於此

東蜀山西蜀山在縣南十二里兩山對峙無所連屬

塔山在縣南二十五里縣學向之名文筆峯絕頂舊有塔其南坳如舟名石船塢

木尖山在塔山東南山高霧冒又曰霧樓峯

黃竹山在塔山西南竹色微黃狀如刀削云是范蠡

遺鞭所生

峽山在塔山南二山相夾前曰前峽山後曰後峽山

壽山在峽山西

犀烏山在縣西南十五里東方朔神異記巫父斷蕭山南嶺將犀於烏江蓋江東以擲爲犀云

糠金山在縣西南十八里日出如灑細金光彩灼爍

定山在縣西南三十二里湘湖中舊志所云屹立江中潮聲至此而止過復怒者乃別一定山今屬錢塘縣

冠山在縣西十七里山形如冠有泉甚甘

連山在縣西二十里長岡九里舊經秦始皇欲置石

橋渡浙江今石柱數十列于江際傍有小山號石井山其井上廣下曲秉燭而入不盡數十級相傳謂如子墓

翠嶂山在縣西二十五里夏駕湖中湖去海止數里一名夏駕山舊經山多莔草織以爲席甚細密多接者爲精按上虞縣夏蓋山亦名夏駕山亦在湖中亦去海數里今並存之

乾薑山在縣西三十里山北有泉清潔殊異越王以之造薑曰乾薑泉

歷山在縣西三十里相傳謂舜耕處餘姚縣亦有歷山今並存之

石牛山在縣西南八十里其東之徑抵富陽縣界

三臺山在縣南七十里舊有臺三所

大山在縣西南九十里橫亘三都一名長山其南之最高者曰鏡臺山一名白石山又名筆架山許詢修煉之所巖曰玄度巖洞曰僊人洞巖洞出雲草木皆香可以療疾又曰百藥山溪口有僊人石唐王勃過之刻詩於上水涸石露乃見其蹟（王勃詩崔嵬怪石立溪濱曾隱徵君下釣綸東有祠堂西有寺淸風巖下百花春）

州口山在大山北九里相傳錢王鏐欲置州於此以斧驗之其石軟脆斧痕留焉

龍門山在州口山北十里兩山對峙上有龍湫

佳山在縣南九十里

金鷄影山又名峽山在縣南六十里濱于江上有鷄籠石

白鹿山在縣南六十里世傳有僊人騎白鹿於此忽已不見

苧蘿山在縣南二十五里下有西施宅上有紅粉石又一在諸暨

螺山在縣東十五里其形似螺

洛思山在縣東北三十六里輿地志云昔有洛下人隨太尉朱雋來會稽三年不得返乃登山北望而歎

孔曄記云雋遭母喪卜塋此山請洛下圖墓師爲相地師去鄉既久目極千里北望洛京號呼而絕因塋山頂[宋]徐天祐詩路去躋攀歲月深羈愁無奈故鄉心人生必竟俱塵土壯骨當時自楚吟[元]薩天錫詩登高復懷古路遶極羊腸目斷雲天闊何由見洛陽

鳳凰山在縣東三十里又名慈孤山石壁之間有望夫石

航塢山在縣東四十里舊經云何踐之航也三百石長負卒七十人渡之山巔有湫曰白龍井又一在諸暨[元]薩天錫詩拂衣登絕頂石磴濆苔紋鳥道懸青壁龍池浸白雲樹深猿抱子花煖鹿成群更愛禪房宿泉聲徹夜聞

吹樓山在縣東四十里又名岵市山東一峯北二峯諸岫參差相並有似前後部鼓吹

龕山在縣東五十里其形如龕相傳爲錢武肅屯兵之所近年官兵於此破倭寇馬一巨石有馬蹄跡名馬蹄石明周尚文詩吟踪偶滯留極目海邊州江闊天疑沒潮豈地欲浮年華同逝水身世若虛舟聽徹嘔啞笛殘陽滿戍樓宋金詩龕山何嵯峭千峰矗天表望海思淼茫臨崖欲欹倒藤蘚絡錦文虎豹臥秋草瓌奇殆萬狀觸目景俱好我來坐忘歸修竹聞啼鳥絲管何足聽軒冕未須寳此地即蓬瀛那復求僊島何日搆茆衡茅猶以終老

諸暨長山一名陶朱山在縣西一里南北可長十有餘里高五千餘丈其頂平博有石室可坐百人有峰

餘姚王以道刊

特秀曰文筆峰俗呼白楊尖北有戚家嶺亦曰七岡南有范蠡巖下有五湖鴟夷井舊有陶朱公廟相傳范蠡居其下唐駱賓王早發諸暨詩征夫懷遠路夙駕上危巒薄煙橫絶巘輕凍澁迴湍野霧連空暗山風入曙寒帝城臨灞涘禹穴枕江干橋性行應化蓬心去不安獨掩窮途淚長歌行路難明張世昌詩陶朱山頭楓葉赧山人一去何時還闔廬墳荒白虎逝歐冶劍古青蛇蟄鴟囊有智帷籌决烏喙多憂戾成血封存大禹拓遺疆力掃夫差殄餘孽功成自古袖身難五湖煙浪秋漫漫風吹故宅智井黑添燈夜聦藤盤寒

毓秀山亦名小陶朱山在城中當縣學後

紫山在城中西門内明錢德洪詩二首雲峯不可躋邐迤凌空碧佛磴臨丹崖巉巖屭危石絶棧珠絲懸連岡鳥道窄俯蹈滄溟闊仰攀北斗側凌虚振羽翰飄颻豁襟懷我欲駕長虹披雲

扣玄極沅湘煙水迷蒼梧澗道隔化城不可居岐嶠久寥寂茲意竟何如臨風倚奎壁〔又〕望望登高岑芙蓉插空翠躡足凌雲梯峯頭振雙袂來處御八極將欻遺下塊有客不能從匍匐攀蘿桂初登跬足憺臨高萬象會譬彼始學人窮探及高邃勿憚道路艱行行志竟遂勉哉千里足為爾正疆轡

姚舍山在城中西城下

石庭山在縣城南不一里形甚小石皆紫色堪輿家謂是縣之印山

苧蘿山一名羅山在縣南五里臨浣江江中有浣紗石輿地志諸暨苧蘿山西施鄭旦所居其方石乃縣紗處十道志句踐索美女以獻吳王得之諸暨苧蘿山賣薪女曰西施山下有浣紗石山足下有王羲之

墓舊有馮孫興公文王獻之書今不存舊志苧蘿山一在蕭山縣之苧蘿鄉濵錢清小江有西施小廟而無浣紗石一在諸暨縣南五里濵浦陽江之西俗呼爲張家山下有石而無浣紗之名縣東二百步有西施灘上有西施門而無施鄭之居至今傳疑竊意蕭山由諸暨析置而瀆陽江經錢清入海是江近縣俗稱浣紗又稱浣沙文稱歌溪皆以施而得名則濵江之石通稱浣紗無足疑者苧蘿之屬蕭山蓋在析縣之時爲志者失考故疑而兩存之浣紗即綄沙說文沙字無從系者[唐李白浣紗石詩]西施越溪女出自苧蘿山秀色掩今古荷花羞玉顔浣紗弄碧水自與清波閒皓齒信難開沉吟碧雲間句踐徵絶艷揚蛾入吴關提携館娃宫杳渺不可攀一破夫差國千秋竟不還[王維西施篇]艷色天下重西施寧久微朝仍越溪女暮作吴宫妃賤日豈殊衆貴來方悟稀要人傅香粉不自著羅衣君寵益嬌態君憐無是非常時浣紗伴莫得同車歸寄謝鄰家女效顰安可希[魚玄機詩]吴越相謀計策多浣紗神女去相和一雙笑靨才回首十萬精兵盡倒戈范蠡功成身隱遁伍員諫死國消磨只

人諸暨長江畔空有青山號苧蘿【雲溪友議】唐王
因遊苧蘿山過西施墓題詩云嶺上千峯秀
邊衆草春今逢浣溪石不見浣溪人忽一女素衣瓊
琚至謂軒曰妾自吳宮離越國素衣千載無人識當
時心比金石堅今日爲君堅不得軒知其異乃贈詩
云佳人去千載溪山久寂寞野水浮白蘋叢花自開
落猿鶴舊清音風月閒臺閣無語立斜暉幽情入天
幕女曰詩則美矣未吾之所寄也答詩云高花巖
外曉相憐幽鳥兩依依帝不歌紅雲飛過大江西從此
人間怨風月於是辭軒軒月餘乃歸有郭素者聞其事
亦往留詩宿無所見無名子嘲之曰三春桃李苦無
言卻被斜陽鳥雀喧借問東鄰效西子何如郭素學
王軒【明唐之淳詩】岩岩溪上山溪水清見石草木耀
人目花葉有五色中有浣紗人窈窕世無匹越人幸
見求將我至吳國館娃爲我宮長州爲我域片言千
乘輕一笑萬金直當時同浣者遂顧鵷鷺隔越土日
以疏吳步日以踣君王徒前來王貌亦淪寂夏諫戒
色荒厲階詩所斥褒升宜白廢巳進比干黜忠胥惠
有靈應爲茲山惜【戴冠詩】溪上西施祠溪中浣紗石
山靈欲亡吳生此妖冶色地非塗苧里人本褒妲巳

吾雪吾君剛甘心事讐圖笑劔傾吴城女戎竄疆域
萋衣畏霜露屬鏤賜遺直歌舞樂已酣忠諫路遲隔
一朵宫花開三千水犀踏吴越兩丘土木落山寂寂
伯業盡爲沼何用遠封斥事大孟軻取善戰春秋黜
世變本依然
徒令後人惜

金鷄山在縣東五里許與斈羅山相對嘉靖末教諭林志圖遷儒學於其下不果越絶書鷄山豕山句踐以畜鷄豕豕山在民山西去縣六十三里洹江以來屬越疑豕山在諸暨界中今無考

漁樵山在縣北二十五里縣之坐山

松山在縣西七里許山下有漢朱公買臣廟按買臣吴人漢會稽自治吴買臣雖有惠政不得諸暨有廟疑因會稽守誤

九眼山在縣西九里有石如眼者九
龍山在縣西十六里山巔有石柱長丈餘號青龍角
鷄冠山在縣西五十里形如鷄冠産奇石上有玉女
塚
洞巖山在縣西五十里有玉京洞
五洩山在縣西五十里輿地志山峻而有五級故以
爲名水經注浙江合浦陽江東逕諸暨縣與洩溪合
溪廣數丈中道有兩高山夾溪造雲壁立凡有三洩
洩懸三十餘丈廣十丈中二洩不可得至登山遠望
乃得見之下洩懸百餘丈水勢高急聲震水外上泄

懸二百餘丈望若雲垂此是瀑布土人號爲洩也飛沫如雪濆濛數里淙激聲如雷霆震撼巖谷刁約曰俗謂之小鴈蕩溪源自富陽山峽來下有東西兩龍潭東龍潭即飛瀑處有響鐵嶺過嶺即富陽界由嶺而西特起一大峯轉而面南五洩寺在峯下西龍潭深入谷中五里許未到潭處一嶺即浦江界隨潭流北至寺前與東潭水合山勢即轉而北兩山夾潭流東行綿延十餘里奇跡異狀最爲秀絶舊志所載峯十六曰朝陽峯碧玉峯漃湫峯滴翠峯白雲峯童子峯香爐峯卓筆峯天柱峯[illegible]峯缽盂峯玉女峯還

龍峰特起峰堆藍峰欝孤峰巖二十五曰輔德巖侍雲巖怡情巖垂雲巖棲真巖韞玉巖俱胝巖廻波巖翔鳳巖寶陁巖四壁巖出定巖擲錫巖刻鏤巖垂足巖壁立巖倚天巖邃隱巖雙峰巖金偃巖含沖巖肘盆巖摘星巖養素巖夾巖洞一曰夾巖洞谷三曰啼猿谷煙林谷清虛谷窟二曰蟠桃窟石室窟徑一曰通微徑軒二曰列宿軒疊秀軒石十曰石磯石鼓石河石昇石筍石門棲鶴石犀角石爛柯石連珠石井一曰龍井門一曰龍門臺三曰禮拜臺倚杖臺會僊臺嶺二曰平雲嶺清風嶺限一曰鳳翔限林一曰珠

林原二曰九瑣原藏春原溪二曰明月溪鳴玉溪澗一曰寒碧澗然尚有未悉宋寶元中僧咸潤來遊嘗作五洩山十題一五洩二西源三夾巖四龍井五石鼓六石門七石屏八俱胝巖九禱雨潭十摘星巖其序云平川孤越恠峰顛巒轉入轉幽駭悅心目比之鴈蕩詠無慚焉　明宋學士濂嘗著五洩山水志其辭曰五洩山在婺杭越三州境上北距富春南據句無東按浦陽其山水最號奇峭齊謝玄卿嘗以採藥深入其中而宋刁景純吳處厚亦頗游焉自西坑嶺入過遇龍橋北行二十步始入西潭潭前橫一溪水

甚寒履之如氷由溪而前徑小潭傍有蹠石突起狀大甕斜覆乃捫石而登一失足輒墜又行二里所地稍夷曠恠石四瞰峰巒環列獻狀其紋縈縈然類神工鬼斧所雕刓者山多猨遊人或恐之擲石亂下如雨又前行半里所泉自石竇中出瀏瀏作聲若琴若笙竿泉西流匯爲小窪瑩澈泓澂毫髮不隱儵魚數尾洋洋往來如行琉璃瓶中見人至潛去窪左大樹離立極恠偉倒影入水中如畫又前行五十步大石閼道相傳有巉角肖鷹喙肙夜大雷雨喙崩下聲聞二十里又行三十步榛篠成林翠光浮映衣袂成碧

色山矗崖砈奔造後先瞬目失所在至此則氣象陰幽絶不類人世如升蓬嶠坐水晶宫生平煙火氣消盡又自山腰緣葛而前竹篺覆地厚動足輒仆又過十步許抵小潭小潭上曰西潭流水傾沫成白簾潤可七八尺冉冉下注滑而無聲兩傍石崖峭立苔蝕蘚暈時有水珠纍纍滴下歲旱鄉民禱龍於此遇禱水或湧取蜥蜴入瓶玉盂中持以歸多驗自過龍橋至此約可六七里皆蛇盤蠶折路行若窮又復軒敞其中勝致難得具記或言潭上有石河從石河至三臺塔人跡罕至莫許也尋故路而出斜過而東過香爐

峰峭拔上有石類香爐故名香爐北有峰圓而童名鉢盂峰或云肖東甌鴈蕩又名鴈蕩峰由鴈蕩而南時有白雲覆其谷口者名白雲峰屹然人立者名玉女峰嶄嶄勢欲柱天者名天柱峰其他諸峰星聯肺附登名圖籍者蓋七十有二焉復並崖東折度略彴橋趨三學院院唐靈默禪師道場師嘗降龍於此遺跡尚存由院北深入又百餘步至東潭潭上飛瀑可二十丈瀑怒黎倒激崖竅中若運萬斛雪從天擲下白光閃閃奪人目睛至潭底輒復迸上有聲如輥雷人笑語咫尺不能辨猶閧甕中聲居人云每天風

一號四山林木震撼欲折黑雲下罩杳不知昏曉歲多投龍者其多驗如西潭復北折而西泝潭之源登響鐵嶺度紫閬山村人多舍篁葦間有平阜數百畝可耕溉傍沿石河又行一里所地名石鼓足填之蓼莪鳴越十步至第一潭潭如井既之正黑投以小石鏘若佩環又越十餘步至第二潭圓如錡釜面廣而底敞大水驅亂石聚其內治滿徙洩去潭下石壁百餘尺險不可寘足從北石懸藤墜下至第三潭潭甚深以線縋之下不見底其形方狹而長天向陰常有雲氣從中起疑有蛟龍潛其下人恒以幽悄爲病剪

門潭咸不敢往或以絙圍腰繫巨樹俯崖而瞰潭左右皆楓木其形大槩如第二潭而廣袤倍之側有晉劉龍子墓相傳龍子嘗釣於潭得驪珠吞之化龍飛去後人爲壘石作塚或云龍子之母塟焉世遠不可辨又其下至第五潭即東潭因其水五級故名之爲五洩云噫造物之委形山水者其奇峭有足哉至正丁亥春記

齊謝玄卿遇仙記玄卿會稽人好呼吸延年之術嘗作東郭先生導引法服餌人五明散僅百歲而精力不衰後採藥至五洩溪偶得一路前有石門夾道皆生桃枝細竹飛泉鳴瀨響亮空山可三四里石壁曲轉蒼翠臨雲又數百步直一橫溪俯臨峻壁淙湍激溜上有石梁纔可並足乃匍匐而渡至前轉寬班班若有人路連崖重嶂略無斷缺多生櫻桂喬樹凌霄蒙籠隱靄披拂左右稍聞鐘磬

尋之而去忽遇儷女數人逍遥林下被服纖麗姿豔
丰穠玄卿乃前拜之皆相視而笑謂曰非謝玄卿乎
相望久矣乃引玄卿登一峻嶺絶磴危壁互相承掩
遂至一處豁然平敞玉堂朱閣炳煥其中云此東華
夫人所居也[唐周繇詩]路入蒼煙九過溪九穿巖曲
到招提天分五嶺寒傾北地秀諸峯翠插西鑿徑破
崖來木杪駕泉鳴竹落榱題當年老默無消息猶有
祠堂一杖黎[宋刁約詩]西源窮盡到東源直注層崖
五磴泉真境無由追汗漫幽蹤聊得弄潺湲風生虎
嘯層巖底月上猿啼古木巔只待歸來林下去來同
靈默此安禪[晁以道詩]煙霞一隖兩山源石壁寒垂
瀑布泉人事是非空繚繞水聲今古自潺湲月留吟
容眠寒榻風送樵歌下嶺巔檀篆未銷爐火煖夜長
人靜好談禪[蘇轍詩]一道靈泉瀉碧天五潭遊徹思
飄然雨噴細沫來身上練挂長條在目前嵐翠已知
冬更好地涼應與夏相便因觀麗什懷清賞猶覺寒
聲到耳邊[丁寶臣詩]路緣蘿蔦蔭杉松翠壁丹崖不
計重天作錦屏環十里曾聞珠屋百千峯花間越鳥
斜軒語溪外秦人彷彿逢早晚車騶到林下藍輿飛
白傅追從[劉亢詩]不到茲山三十年重來風物自依

然兩源秋色排千嶂五級泉聲落半天絕唱傳聞諸老句幽懷猶想默師禪迴頭迴與塵寰隔何必蓬萊始是僊〔元〕申屠澂詩東源壁立萬仞崖五級水自銀河來西源桫欏杳無際各有神龍著靈異兩源幽眇氣鬱葱紫煙忽起香爐峯涼風披披淺叢竹杖屐躋攀看不足神遊那得扶飛僊直上青雲駕鴻鵠〔吴〕萊詩越中五洩古名山東源峻嶺空雲間老石峻嶒欲見骨天河瀉破莓苔灣蛇頭縮身似蜥蜴魍魎出沒可神奸雷公一聲忽下擊鳥跡不到猶重關青華真僊舊治所碧落侍從登清班穴疑綠猨據一柱戶想銅獸銜雙環飛馭鸞鸞擲白羽璚芝之樓菌閣朱堊啟櫳深林絕或可值洞府復遶多愁須嚮曾褰衣得揭涉別擬鑿徑通茅菅寬弘頗古十數畝屋靜初覺非人寰澗流帶縮玉縧縈紆翠髻排花斕斑截斷塵埃與世隔構成棟宇寧吾慳陳君尋常有道力況此跬步臨幽潺虛室光明白不動寶爐溫養丹將還丈夫出處我已定馳宇早寄孤飛鷁休拘豈崙弇漲海遇有勝處斗躋攀〔又〕首路東岡幾巒盤青天東峽望來慳林多鹿豕山爲國瀑有蛟龍海共寰客予杖藜依樹石神僊樓閣幻茅菅吾知此地宜招隱詎減淮南大

小山【又送宋景濂遊詩】知爾能携秀一短節寺前突屼定何峰九天笙笛來飛鶴三島樓臺守蟄龍閑欲嘯歌先已往病嫌登陟轉身慵西原山石東原水豈但渠家有赤松【明鄭天鵬遊山記】畧過七岡嶺循靈泉迫日亭午始抵青川再折而西僅里許見兩峰對立插天際問之曰此入五洩門關也再進里許少折而北重巒疊障左右森列令人應接不暇遂舍輿而徒諦觀諸峰疣形異狀每進一鳴穿叢涉淺仰視四壁如無去路峰廻徑轉仍復寬闊蹲踞翔舞又一境界如是者數次如抵五洩峰下則夕陽在山矣【朱日藩五洩行贈李武選武選儁宰諸暨】李君將有千里別席上傳杯話五洩諸暨縣北五瀑布土人呼洩義同泄五洩奇峭天下無怪石闕道難爲梯轆雷夜半折巉角白篠五級垂大都水經五洩三洩若其餘二泄不可去宋氏志中洩作潭西潭東潭樫夕嵐三潭相次亦漫紀妙在東西兩潭耳東潭飛瀑妙之妙碧溪筆力亦奇峭萬斛雪從天上擲白光閃閃山猿嗷何時入枉納凉行過日分他幾盤興平生煙火氣自消世間米炭腸空轢會稽山水美東南競秀爭流景可歷汰曹淅汭行嵊外康樂疆中望嵊尖五洩應當之

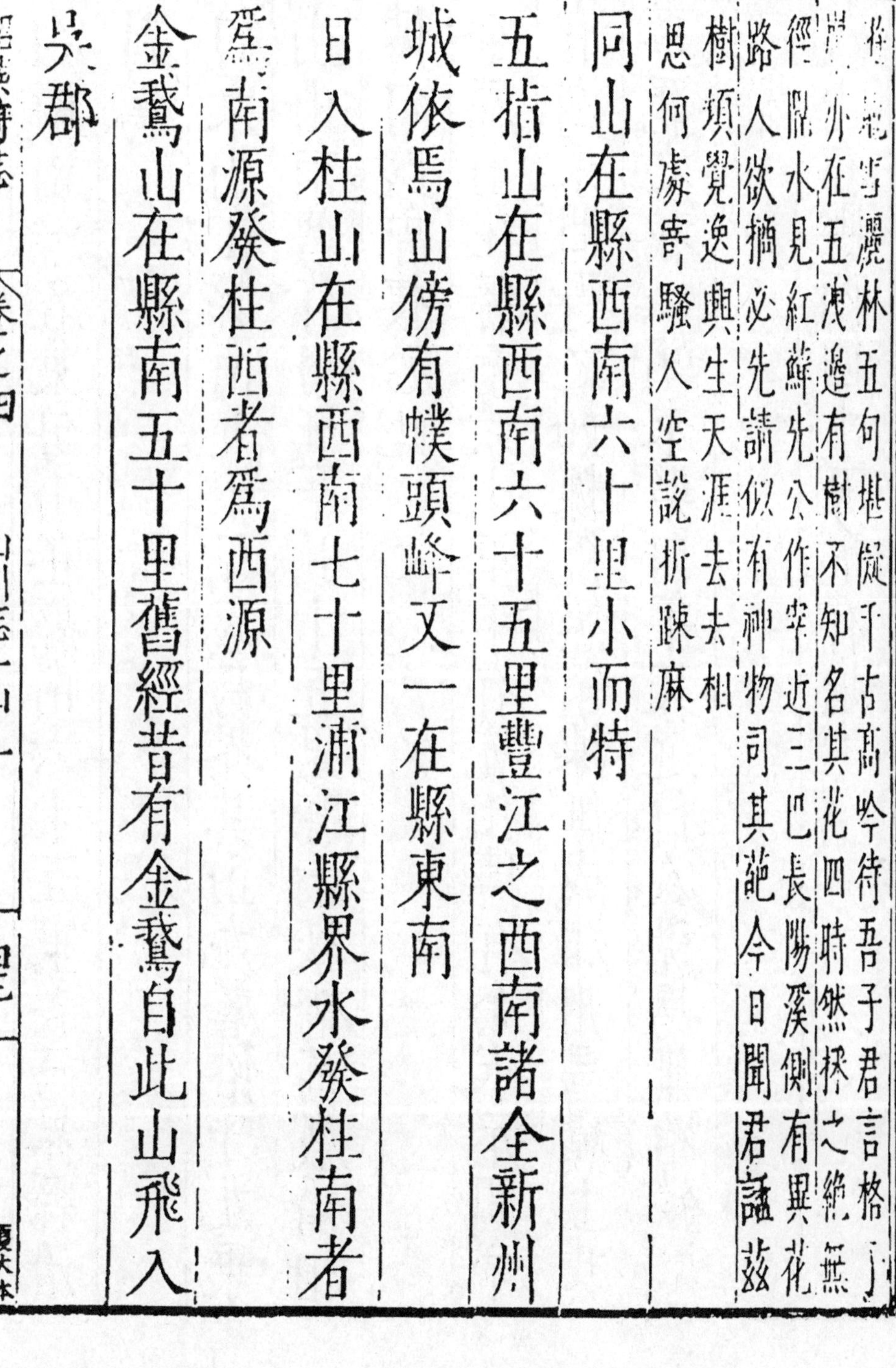
稱龍岩灑林五句堪擬千古高吟待吾子君言格了崖亦在五洩邊有樹不知名其花四時然榮之絕無徑別水見紅蘚先公作牢近三巴長陽溪側有異花路人欲摘必先請似有神物司其葩今日聞君謠茲樹頻覺逸興生天涯去去相思何處寄騷人空說折疎麻

同山在縣西南六十里小而特

五指山在縣西南六十五里豐江之西南諸全新州城依馬山傍有幞頭峰又一在縣東南

日入柱山在縣西南七十里浦江縣界水發柱南者爲南源發柱西者爲西源

金鵞山在縣南五十里舊經昔有金鵞自此山飛入吳郡

白巖山一名巢句山在縣南六十五里義烏界縣治對馬

句乘山在縣南五十里義烏界其山九層俗呼九乘山山南舊有句無亭北十五里有千秋橋萬歲橋相傳句踐曾棲於此

金澗山在縣南六十里下有坑相傳有金宋元間命官淘采間得之如糠粃然銷鍊無成知州馮翼上其事罷之我　朝永樂四年又遣行人視爲無冶鑛亦罷

虎山在縣南四十五里有越王廟

石鼓山在縣南五十里山下有盤石如鼓扣之有聲多產黃精白朮竹箭相傳唐王鍊師居其中唐秦系贈王鍊師詩黃精蒸罷洗瓊杯林下從留石上苔昨日圍棊未終局且乘白鶴下山來

浮塘山俗呼芧塘在縣南二十五里山巔有塘常有雲覆其上

黃箭山在縣東南七十里上有石峻立高十餘丈復有石如蓋狀

寶掌山在縣東南四十五里一名千歲巖寶掌禪師所居也禪師唐貞觀中開巖於此真身在半巖去地四十九尺山巖中石室可容百餘人洞口石板數片

如削相傳里人沐浴之所禪師種貝多木一株在巖上至今尚蒼翠秀鬱時有頻伽鳥巢其上

白茅山在縣東三十餘里有幞頭峯

九江山在縣北二十五里石室幽邃巖壁中有石若女人號靈女亦曰儸姑山下有儸姑廟廟後多奇石寒泉所凝人多采之以栢花卉明胡學靈女臺詩九江山色纖無埃紫鸞玄鶴時往來巖前巨石積鐵立一室劃開靈女臺女媧摶土亦戲劇剩畫何年著神迹麾幢羽蓋煙霧蒙王質氷肌土化餅可憐蟲蟲徼福徒杜酒椒漿來舞巫猶有山川出雲雨歲歲與民蘇旱枯

銀冶山在縣北三十里相傳山有銀鑛永樂景泰中有言其事者遣官勘驗無實乃罷

宜家山在縣東七十里嵊縣界産茶甚佳

五岫山在縣東六十里峯巒秀出者五與會稽雲門相連

烏帶山亦名采僊山在縣東五十里楓橋鎮之南山産紫石英石英狀如棗核而八稜紫色光瑩如琢藏石中石外圓中涵水石英在水中一頭微著石采取必於露未乾時孔靈符會稽記烏帶山其上多紫石世人莫知之居士謝敷少時經始諸山往往遷易功費千計生業將盡後遊此境夜夢山神語之曰當以五十萬相助覺甚恠之旦見主人牀下有異色甚明

試取拭視乃紫石因問所從來云出此山遂往掘果得其利不貲舊山名烏笪山梁武帝遣烏笪采石英終於此後人立廟祠之帶笪聲相近蓋俗誤也相傳每采石英則有火災嘉靖中知縣黎秀命父老凡來取者皆引至他所使無得因呈日合浦之珠以吏貪而徙曁產石英乃自本職到任數采無得此不職之效也采者以息後久不采遂迷其處云

紫薇山在縣東五十里當楓溪之陽濱溪有神僊洞洞邊有新婦石山之陰產白石英下當東化城寺塔

孝感山在縣東六十里唐張萬和廬墓之所山下傳有芝泉亭

鐵崖嶺在縣東六十里崖石如鐵峻立高百丈上有

萼綠楊百本名齊鯉尖又一峰名柯公尖上有龍湫山之陰一小山泉出其下清漣可燭鬚髮元末楊維楨世居其下因以自號明吳嘷鐵崖歌白泉生崖巔鶴髮兀然卻立如鐵堅朝餐崖上雲暮飲崖下泉虎豹崖上蹲蛟龍崖下眠崖之起兮四萬八千丈崖之伏兮四萬八千年上有金銀重疊非木非石五層之仙樓下有玻璃浩蕩不水不旱萬頃之瓊田鑿開太極混沌竅胎出元氣鴻濛前有時鐵爲簫有時鐵爲船一聲迸落山鬼膽一帆直遡象帝先象帝之先豈人世但有羲皇盤古相與爲周旋金烏玉兔東西晝夜互出沒天雞海牛左右水火蟠蜿瑰琪花瑶草含芳翠方蓬弱水相縈連武陵漁子泛花去小舟問路艱攀綠島中徐福採靈藥樓船逐浪不得窮根源鐵崖中人傳列僊黃庭紫府山海煙出陰入陽履坤載乾手寺麟經五百紙王綱提統二十年鳳凰池頭寂色兮明光入奏長楊前上林走馬一日遍綠楊紅杏春如煙歸來屣棄利名跡徑入鐵崖忘俗塵一飲五

斗不得醉再飲一石猶醒然樵童稚子識名姓大臣
巨卿呼不前興來吹盡黃鍾大呂曠古之上調酒酣
歌出於儞擊壤三百一十之全篇左手招崆峒右手
拈彭籛蟠桃着花幾度實桑田滄海幻化皆塵滓懷
孫書啼山木裂我歸鐵崖閣遺編鐵崖之堅堅莫言
鐵崖之深深且淵畫圖彷彿見形似山水日月爲數
宜東吳之水爲硯滴金華之山爲筆椽何
當赤腳就踏鐵崖上爲公作賦聲摩天

花山在北二十里

杭烏山俗呼抗烏山在縣北五十里疊嶂七十有二
一峰特高名鼓吹峯土人云風雨晦冥時常聞樂聲
有王臺石又石冢可容數十人大石爲門其平如削
又有池名黃巢杭劍池相傳時有龍見舊有杭烏刺
史廟

龍泉山圖
北
海日書
明祠
子陵祠
文正祠
東
南

祭忠臺
上方
吕公祠
忠烈祠
西
龍泉寺

歷山舜廟舊圖
東井

西井

客星嚴子陵墓舊圖
子陵墓
清風閣
高節書院
客星庵
燭溪湖

綵風亭
華清泉
孫家尖
客星橋
安山
陳山寺

四明洞天
嵊縣界
䆉州山
四窗
白蓮庄
簟溪
樊榭
下管
昇仙山
鳳鳴澗
羊額嶺
鸕鷀潭
祠宇觀
東岡
金嶺
瀑布
大嶺
楊石嶺
白雲山
雷山
蓮花峯
桃花嶺
吴山泉
梁衕
東明山
烏胆峯
羅壁山
筆嶺
湯泉
黄山
雙鳳山
上虞縣界
虞山

太白山
奉化縣界
杖錫寺
雲南
潺湲洞
千丈山石
孔雷峰
鄞縣界
過雲
鹿亭
孔潭
大蘭山
分水嶺
大皎
石潭
九曲嶺
雲北
石門
小皎
茭湖
白龍潭
雲頂山
小嶺
化安泉
餘姚縣界
橫溪

東山圖
謝公祠
白雲軒
明月堂
月池
東眺
荷花池
薔薇洞

調馬路
西眺
洗屐池
琵琶洲
小江口

蘭亭山圖

南明山圖
白鶴塢

月峽
石棋枰
掛榜岩
石城山
南明山

天姥山圖
天姥寺
關嶺鋪

蓮花峯
芭蕉峯
撥雲尖
細尖
大尖
阮公壇

紹興府志卷之五

山川志二

山下

餘姚秘圖山在縣署北署垣據北麓半其南麓爲知縣廨上有石如匱舊經云神禹藏靈秘圖之所山高止丈許周廣數十步初蓋名方丈山唐天寶六年改今名

龍泉山在縣城中秘圖山西一里許山腰有徵泉未嘗竭所謂龍泉者也舊名靈緒山亦名嶼山三峰挺秀如畫南俯姚江頗號佳勝孔曄記云山有三足白

鹿山巔有葛仙翁井有絕頂石山半有神僊洞嚴先生祠漢嚴子陵光孫忠烈公祠都御史贈尚書孫公諱燧謝文正公祠大學士謝遷陽明先生祠新建文成侯王守仁永賴祠大學士呂本生祠三錫祠總督胡宗憲生祠皆在馬下爲龍泉寺

唐方干龍泉絕頂詩 未明先見海底日良久遠雞方報晨古樹含風常帶雨寒巖四月始知春中天氣爽星河近下界時豐雷雨均前後登臨思無盡年年改換往來人

明陶安登龍山詩 蒼峯倚重霄萬古色不改神龍去已遠蹤跡隱然在石面常出泉土脉本通海寶坊起樓閣氣清地爽塏佳菊金蕨甦古木青掩靄攀磴行復坐躍章鮮可採賓明觴詠間氣味似蘭蕙談笑有雅趣巖壑被光彩嘉會有幾何不醉復何待

又 脚底潮生鼓萬雷浪頭隱隱白雲堆諸州地到海邊盡外國帆從天際來但見中間浮島嶼不知何處是蓬萊平生登覽今朝辟髣髴珠宮貝闕開

謝遷詩 迤邐蟠龍接秘圖雨中臺殿晝模糊神僊勝境兒餘三島征客歸舟任五湖地近東

溟先見日樹連南郭晚棲烏高軒過處一爭許一片清氷照玉壺林俊詩龍山幾道落岩泉古寺長松鎖夕煙風雨晦冥無丈室藤蘿昏黒隱諸天看飛短錫知何日打賁殘碑不記年生滅大千還世界白雲滿地故依然王守仁詩我愛龍泉山山僧頗蹤野盡日坐井欄有時卧松下一夕別山雲三年走車馬媿殺岩下泉朝夕自清瀉翁大立標列龍山八景方干詩未明先見海底日曰五更見日寒巖四月始知春曰四月留春江發上虞折而東下鹹池涯一里九曲西北三江亦皆宛轉抱城曰九曲環清四明山在南曰千峰拱秀姚江滉漾不可橋獨虹橋在前如虹飲澗曰市橋虹跨龍泉洞泉溜淙淙曰石洞龍蟠閟閣江南尤盛曰萬室飛翬南北城夾江並峙曰兩城合璧皇甫汸句餘八景龍山中鎮詩大唐昔頌濯龍川於越龍今吐異泉終日出雲
臨禹穴有時飛雨灑堯天

大黄山在縣東二里亦名鳳山有東嶽廟玉皇殿明翁大立標列凰山八景山東面海日初昇暎射林谷曰東海朝暾西面城與龍山相對落景在城闉煙靄聯

屬曰西山夕照其南四明山横亘百里雪後皛若瓊瑶曰南明霽雪其北三江五湖之水胥會于山麓曰北野玄江海潮抱山而上山下有鼉窟春月自能發潮與海潮竝湧曰蕙水春潮山趾福星橋長廊複道夜景殊奇曰星橋夜月東嶽廟毎三月望聖燈千點渡水而南憇于白山之麓晶光燭天曰千燈暮起竹樹蓊蔥和禽晚集計以數千皆回翔而下曰百鳥晚朝〔皇甫汸句餘八景鳳與東廻詩〕鳳去山空尚有名翩翩五色曉霞生遥瞻玉帝祠前火散作人間不夜城

小黄山在大黄山側

竹山在縣東南五里形如龜其北趾踆於江是爲縣水口

白山在縣東南三里形類蛇亦名蛇山有漢高帝廟相傳信國公湯和建用以厭蛇也以上五山堪輿家謂之龍鳳龜蛇

九壘山在縣東九里又名九里山

許家山在縣西南五里

南黄山在縣西南五里

西石山在縣西二里

童山在縣西五里

魯家山在縣西北六里

豐山在縣西北五里高一千八百丈廣四十里東西二峰相峙俗呼東豐山西豐山十道志云山少木多石又云通始寧及剡非也山今在江北與上虞猶接境㠣則大遠矣或山有同名者云山周圍未及十里

曰廣四十里亦未然其上多古塚有穴可入中室或寬四五丈或二三丈傍皆磚砌間有二三室者俗呼爲老人塚云是上古未有父子時人老則預爲土室羸糧居其中以待死又云非也是兵火時逃匿避亂者相傳如此不可考要之盖古塚尸朽化耳

勝歸山在縣北三里相傳晉劉牢之勝孫恩歸屯此故名嘉泰志作聖龜山山少草木多石土人採用之呼爲打石山嘉靖末年謂縣之坐山也禁開鑿

冶山在縣東北五里相傳歐冶子鑄劍之所會稽赤堇山鑄浦皆云歐冶子鑄劍處今並存之

化安山在縣東南十里有泉曰化安泉巖曰道巖

䑸山在縣南十五里

大小雷山在縣南二十里相傳云神仙所居獵者汙觸之輙震雷

羅壁山在縣南十八里有虞國墅郗家池

太平山在縣南八十里東連四明南接天台輿地志山形似繖四角各生一種木不雜他木一角㯳一角梓一角楮一角椐有道士舊築居山上穢身者來輙飛倒非潔齊不敢至有葛僊煉丹石藝文類聚餘姚江源出太平山東至陝江口入于海晉謝敷衆杜京

產居焉亦名日門山會稽記太平山一在會稽一在上虞一在餘姚而餘姚之山最著[晉孫綽銘]嵬峩太平踐踰華霍秀嶺樊綺奇峰挺崿上干翠霞下籠丹壑有士冥遊默往奇託蕭形枯林映心冥漠亦既覯止渙焉融滯懸棟翠微飛宇雲際重巒蹇產迴溪縈帶被以青松灑以素瀨流風佇芳祥雲停靄[齊孔稚圭詩]石險天貌分林交日容缺陰澗落春縈寒巘留春雪

四明山在縣南一百十里高一萬八千丈周回二百十里一云八百里蟠跨數縣由鄞小溪而入者稱東四明由餘姚白水而入者稱西四明由奉化雪竇而入者直謂之四明層巒絕壁深溪廣谷高迥幽寂與人徑殊絕方士家云第九洞天晉孫綽賦涉海則有方丈蓬萊登陸則有四明天台蓋日靈僊窟宅焉山

凡二百八十二峯四面攢聳梅福四明山記云四明山周圍八百餘里内八百餘家居之其山四面形勝各有區分中通一溪曰簟溪東面七十峰號驚浪山其境接句章東爲句章之地西南山狀如奔牛山中有五峰形如芙蓉號芙蓉峰正是四明山之心其峰有巖及石壁二峰生五種之芝自然花藥南七十峰狀如驅羊號驅羊峰其地宛轉吐出清澗有七峰甚奇一澗出南過一百二十里其水歸鄞江南源是四明山南門也號白溪西南有八峰如晉囊號八囊山向北有兩山如走蛇山足澗深七十餘里是四明之

北門山四面二百八十峰山内生銀蘭香草藥石乳梓松栢檉黄楊茗樹石鷰毛竹銀笋不死之鹽此盍盡四明山形勢而言若舉在餘姚境者則由梁衕至白水又逶迤向東南行斬荊棘攀蘿葛二十餘里其中爲三孕峰漢張平子家焉少南則芙蓉峰五峰相望各五六里其中峰有漢隸深刻四大字曰四明山心其上爲騫鳳巖東南十里爲殺羊巖神僊居羊於此有血漬焉又南爲分水嶺入鄞縣界騫鳳巖之右爲石窻四面玲瓏每天地澄霽望之如牖戸中通日月之光亦名四窻是稱四明唐謝遺塵云是爲四明

之目［唐陸龜蒙詩］石窓何處見萬仞倚晴虛積靄迷青瑣殘霞動綺疏山應列圓嶠宮便接方壺祗有三奔客時來教子書［皮日休詩］窓開自真宰四達見蒼涯苔染渾成綺雲漫便當紗櫺中空吐月扉際不銜霞未會通何處應連王女家右爲韓采巖左爲下管嶺入上虞縣界石窓稍西北爲樊榭是漢樊夫人遺跡［龜蒙詩］樊榭何年築人應白日飛至今山客說時駕玉麟歸乳蒂緣松嫩芝之臺出石微憑欄虛目斷不見羽華衣［日休詩］主人成列僊故榭獨依然石洞閑人笑松聲驚鹿眠井香爲大藥鶴語是靈篇欲買重棲隱雲峰不售錢又東數里爲鹿亭梁孔祐隱焉時有鹿中矢來投祐祐爲豢之瘡愈乃去［龜蒙詩］鹿亭巖下置時領白麛過草細眠應久泉清飲自多認聲來月塢尋跡到烟蘿早晚呑金液騎將上絳河［日休詩］鹿羣多此住因構白雲楣待侶傍花久引麛穿竹遲經時棓王澗盡日笑金芝爲在石窓下成僊自不知韓采巖之北七里曰孔

石又十五里爲丹山赤水狀類設色東連白水山由孔石南轉而東五里爲錢王鏐走馬岡又名青鋋岡卓方六七里細草連茵若文簟然下走馬岡五里曰陳巖又一里曰九雷嶺昔有禜嶺下者九雷奮於湫中云四明山心少北有洞曰潺湲洞瀆瀑流沫冬夏不息[龜蒙詩]石淺洞門深潺潺萬古音似吹雙羽管如奏落霞琴倒穴漂龍沫穿松濺鶴襟何人乘月弄應作上清吟[日休詩]陰宮何處淵到此洞潺湲敲碎一輪月鎔銷半段天響高吹谷動勢急噴雲旋料得深秋夜臨流盡古僊洞之下爲過雲巖巖絶高雲霧乘之有雲不絶者二十里民皆家雲之南北每相從謂之過雲[龜蒙詩]相訪一程雲雲深路僅分嘯臺隨日辨樵斧帶風聞晩着衣全濕寒衝酒不醺幾回歸思靜

髣髴見蘇君［日休詩］粉洞二十里當中幽客行片時迷鹿跡寸步隔人聲以杖深虛翠將襟惹薄明經時未過得恐是入層城［齊東埜語］陶通明詩云山中何所有嶺上多白雲只可自怡悦不堪持贈君雲固非可持贈之物也坡翁一日還自山中見雲氣如群馬奔突自山中來遂以手掇開籠收於其中及歸白雲盈籠開而放之遂作攓雲篇云道逢南山雲欻吸如電過竟誰使令之衮衮從空下又云或飛入吾車偪仄人肘胯摶取置笥中提携反茅舍開緘試放之掣去仍變化然則雲真可以持贈矣宜和中艮嶽初成令近山多造油絹囊以水濕之曉張於絶巘危巒之間既而雲盡入遂括囊以獻名曰貢雲每車駕所臨則盡縱之須臾滃然充塞如在千巖萬壑間然則不特可以持贈又可以貢矣其說甚奇然攓雲前未聞焉要自蘇公始近日楊山人珂亦時以罌貯四明雲山人餘姚人能詩且好修然特以工書名爲人甚有逸興嘗遊四明山過雲巘見雲氣瀰漫訝之愛其奇色覺濃厚可掬遂創新意携三四巨罌於雲深處以雙手捉雲撲之納罌中至湧出不容則知罌滿矣乃以紙封其口携歸藏之遇好事者過小酌輒云汝欲

觀四明雲乎昨携在此因呈雲壘席間刺針眼其口則一縷如白線透出直上須臾遶梁棟已而蒸騰坐間欝勃撲人面無不引滿大呼相矜誇謂絶奇也自後往四明屢携雲以歸亦間贈相知者云 其南爲雲南 [龜蒙詩]雲南更有溪丹礫盡無泥藥有巴賨賣枝多越鳥啼夜清先月午秋近少嵐迷若得山顏住芝㮶手自携[日休詩]雲南背一川無鴈到峯前墟里生紅藥人家發白泉兒童皆似古婚嫁盡如僊共作真官戶無由稅石田 北爲雲北 [龜蒙詩]雲北是陽川人家洞壑連壇當星斗下樓鎻翠微邉一半遥峯雨三條古井煙金庭如有路應到左神天[日休詩]雲北晝冥冥空疑背壽星犬能諳藥氣人解寫芝形野歌遇松蓋醉書逢石屏焚香住此地應得入金庭 並與韓采諸巘相直石窓西過白蓮莊又西爲簟溪下爲白溪神蛇居之禱雨輙應皆通於白水又南曰黎州山與嵊界山産青㰛子其味極甘其堅不可猝破 [龜蒙詩]山賓號青㰛環岡次第

生外形堅綠殼中味敵瓊英墮石樵兒拾蔽林宿鳥驚亦應倦吏守時取薦層誠日休詩山風熟異果應是供真僊味似雪腴美形如玉腦圓銜來多野鶴落處半靈泉必共玄都柰花開不計年有猿山家謂之鞠侯龜蒙詩何事鞠侯名先封在四明但爲佩王清淵林遊宦子誰爲作君卿日休詩堪羨鞠侯國碧巖千萬重煙蘿爲印綬雲壑是隄封泉遺徂公護果教彈子供爾徒如不死應得躡玄蹤其大蘭烏膽蘿壁茭湖雲頂東明雙鳳白雲南雷諸山之勝三井白龍水臺之窟鳳鳴之澗問道之石直與天台鴈蕩爭奇皆在餘姚境若夫杖錫則在鄞雪竇則在奉化皆勝跡各有寺而雪竇尤奇又有大晦小晦山云是四明南之兩峰小晦峰望如樓閣亦在奉化以俱非餘姚地故不詳著

大都四明本石窻得名其餘支隴甚多總謂之四明猶西北諸山皆謂之大行也若入山問諸樵人則隔里許即異名殆難殫述然蘿壁南雷等今則別爲著山土人不復謂四明矣永樂十三年 詔道士朱大方圖畫以上岑原道縣志云按松陵集謝遺塵者有道之士也嘗隱於四明之南雷一旦訪龜蒙陸子語以山中之奇品爲九題索詩曰石窻過雲雲南雲北鹿亭樊榭潺湲洞青櫺子鞠侯皮日休和之詩各因題附見宋施宿乃云謝遺塵所稱及皮陸諸詩世雖競傳之顧今四明山中居人乃不知異境果安所在盍與華山之華陽武陵之桃源皆神僊境可聞而不可即者也予頗貪奇嗜恠未之信後躡足四明界畧觀其勝已大奇之然求遺塵九題止得所謂石窻者諸皆無可索模乃憶施君之言良是及今作邑志登載山川四明諸薦紳先生家競來言山中之奇頗聞九題有廣濟寺僧者因處太白往來四

明閒最久予進而卬之指點圖畫者連日夜益詳哉其言之也美哉兹山溪乎殆非人境奚啻陸皮之所詠者然鹿亭樊榭則墟矣予乃昡悔昔所遊覽未有所見便以爲奇今所聞者大於昔所見矣尚須畏足入山躬歷之僧試隨予後無予告予今信足之所履信目之所視必盡有八百里之美二百八十二峯之奇以歸僧向予頂立作禮曰是直尋無上世界弟子止見太白山西一方云然予又恨施君不可作徒迷惑終其身於是志四明山特詳焉施君又云四明本屬餘姚而今明州擅其名猶嘉州之峨眉反得名於眉州華州不見華山而同州乃見之故語曰世間多少不平事却被同州看華山真是枉屈予謂四明諸山皆天下大觀非一州里所得專今造化已私於吾上顧又與夫封域者爭名哉且實在吾姚奚用名爲又其山鄞奉並占之其稱名也亦宜

〔唐施肩吾登四明山詩〕半夜尋幽上四明手攀松桂觸雲行相呼已到無人境何處玉簫吹一聲

〔又宿四明山詩〕梨洲老人命余宿杳然高頂浮雲平下視不知幾千仞欲曉不曉天鷄聲

〔宋孫應時詩〕平生抱遐尚撫劍遠行遊跡謝聲利牽心與巖壑謀東征泛滄海南鶩踰丹丘

西登岷峨𡾊北望關隴愁匡廬挽歸轡巫峽紆行舟
劍閣追險壯龍門更奇幽歷覽雖未飽勝槩略已收
邇來卧燭湖清夢長夷猶家山惟四明名字横九州
出門宛在眼欲往輙不酬人事真好乖山靈若吾仇
忽近茲可笑投老空自尤茲辰正芳春會心得良儔
羸粮幸易足快策逐所求中宵雨聲斷返曉霽色浮
天容極瑩淨風氣亦和柔瘦筇挾藍輿野服兼輕裘
逶遲循林麓欣欣聽溪流試屐清賢嶺彌盖白水湫
飛湍響淙潺怪松韻蕭颼艱哉上羊嶺喘若料虎頭
犖石跨崴期負樵歌道周百折快一眺千里森雙眸
峯巒何綿聯脉絡相纏繆化鈞妙融結神功巧雕鎪
長風動溟渤洪濤播瀛洲巨鼇出贔屓游龍繞蚴蟉
鯨鵬怒摩盪蟲魚紛疊稠萬怪各起伏千帆近行留
或坦若几案或峩若冠旒或排若劍戟或剡若戈矛
或舞若鸞鳳或驟若驊騮或戲若狻猊或搏若貔貅
儼然開明堂玉帛朝諸侯赫然會岐陽長圍方大蒐
鏖戰臨長平堅壁持鴻溝廣野列車騎中軍嚴旆斿
開闔浩茫茫變化久悠悠愕眙不得語形容那可侔
偃樹四十圍蟠根幾千秋老幹枯不死新榮翠相樛
颷馭安之來止桑田行驗否遺跡信所聞輕舉當何由

東南徑崇岡左右羅平疇人家散雞犬村塢來羊牛官徵畢薪炭春事勤鋤耰土膩少沙石氣寒無炎蜓荒蹊夾桃李客蔭開松楸是中可避世何勞更乘桴駢巖下蒼峭別岫爭崒嵂孰云二刹勝逝肯中道休杖錫既巉絕雪竇仍阻脩停雲朝漠漠剛風晝颼飀盤磴渡方橋廣宇連飛樓珠璣錯藻繡金碧照雕鎪撞鍾食千指鳴板登百篝直來天上居不涉人間憂周遭富佳致徜徉得窮搜妙峯遠色湊錦鏡波光瀏兩溪赴聒聒千丈落漉漉深瀑漂隨鳧品潭隱靈虬倒窺凜欲眩俯掬清可漱澗草高下積巖花零亂抽捫壁見猱捷食苹聞鳴呦日長轉晛晥霧晴啼鉤輈修竹奏竽瑟細溜鏘琳璆占晴喜弄鵲畏雨愁呼鳩何妨共齊鉢且復薦茶甌老僧頗好事名德肯見投隨意宿山房無眠聽更籌念昔身萬里及此天一陬登臨世界濶俯仰歲月遒榮辱兩蝸角聚散一海漚塵鞅自束縛名場相敵讐不念稼鶴怨坐令泉石羞心期晚乃愜俗駕我尚優勝具學支許奇蹤非阮劉時哉山梁雉樂矣濠上儵聊追興公賦不嘆柳子囚招招知音子爲我商聲謳

明楊維楨　洞天謠

四明山二百八十青孱顏天空四牖金鴉玉蟾兩出沒是爲

三十六洞之九別有丹山赤水非人間我夢僊人賀在客云訪雲翹子孫峯頂上登大蘭下見洪濤衮日車軸大龍光蜃景雜還翻瀰漫上有桃花美人者敎龜腦脯麟肝今我食之生羽翰路逢茅先生一笑今與古赤玉之舄墮地化爲石我一叱之力厭虎潮飛大土洞水門風析祖龍橋石柱赤玉之舄何足追下窮地脉上天維鐵船徑渡弱水羽火劍欲斫扶桑枝毛先生茅僊後千春曾醉廬山酒酒醒騎虎却入終南山笑呼彩鸞下招手石田玉子大如斗　明皇甫汸句餘入景南山競秀詩白水宮前紫氣重清天秀出玉芙蓉世間別有棲真處何必天台路始逢

句餘山山海經云無草木多金玉水經注云在餘姚縣南句章縣北今求之不得其處舊經不載想即四明山也

大蘭山在縣南八十里支連四明相傳漢劉綱夫婦

於此僊去亦名昇僊山

東明山在縣西南五十里是爲四明水口

白雲山在縣西南六十里

白水山在縣西南六十里是西四明山壁峭立其上有泉四十二道投空而下其色如練冬夏不絶是曰白水亦名瀑布泉唐施肩吾憶四明山人詩愛彼山人石泉水幽聲夜落虛窓裏至今憶得卧雲時猶自涓涓在人耳元施鈞詩萬壑歸源瀉石湫洞天名不下瀛洲聲聞大地王龍吼勢接碧空銀漢流道院晝陰微雨集玄壇秋冷濕雲浮山翁指點青松外曾見僊人跨鶴遊明王守仁詩邑南富巖壑白水尤奇觀興來每思往十年就兹觀停驂指絶壁涉澗緣危磴百源旱方歇雲際猶飛湍霏霏灑林薄漠漠凝風寒前聞若未愜仰視終莫攀石隙暑氣薄流觴淵迴瀾兹遊詎槃樂養静意所闕逝者諒

如斯哀此歲月殘探幽雖得所避時時猶難劉樊古方外感慨有餘嘆[又]千丈飛流舞白鸞碧潭倒影鏡中看藤蘿半壁雲煙濕殿角長年風雨寒野性從來山水癖直躬更覺世途艱卜居斷儗如周叔髙卧無由此謝安白水宮在其下其嶺曰瀑布嶺相傳劉綱夫婦乘羊過此亦名羊額嶺其峰曰三台峰下有龍湫其深無底有屏風巖屏風潭又有洗藥溪亦名紫溪有石屋雲根之勝别有巖曰寒草巖[元鐵宄之詩]寒草巖前春色稀桃花無數映清溪我行已到僊家窟不比漁人此路迷

烏膽山在縣西南三十里峰特秀望之如筆航海者視爲指南

靈源山在縣西南三十里有泉曰靈源冬夏不竭禱

雨輙應

聚粒山在縣西南十五里

馬渚山在縣西三十里

吳女山在縣西三十八里舊名蛾眉山唐天寶六年改今名

鴟山在縣西南十二里舊經云支道林居剡每名辰遠來鴟山或問之答曰謝安石昔來見就輙移旬日今觸情舉目不覺欣想後病甚遂移來鴟中十道志

東箱山內有嶋山僧史云支遁殁鴟中其葬處今泯世說云支終於剡之石城山戴逵過其墓曰德音未遠拱木已積姑兩存之

姜山在縣西五十里其袤十里上有五峰吴越智覺禪師延壽詩各有曰金鷄峰松蘿高鎮夏長寒透出群峰畫恐難造化功成彰五德洞天雲散露花冠峨眉峰盤空勢險露巖根深洞寒聲落白泉好似雨餘江上見水雲僧出認西天積翠峰翠壓羣峰地形直落日猿聲在空碧天風吹散斷崖雲古松長露三秋色凌雲峰煙蘿高巘勢凌雲影瀉斜陽出海門僧與支公探隱去夜寒雷雨上方聞白馬峰湖外層峰瀉危瀑天際陰陰長寒木南北行人望莫窮秋雲一片横幽谷下有小池曰姜女池又名姜女泉

熨斗山在縣西北十里

點兵山在縣西北十一里晉高雅之於此點兵馬今呼爲點碧山

巖山在縣西北十四里

芝山在縣西北二十里產靈芝

石姥山在縣西北十五里有白龍湫禱雨輙應

克山在縣西北十五里

花薷山在縣西北十五里產香薷

烏卜山在縣西北二十里

禾山在縣西北二十里宋謝靈運云山海經有浮玉山北望具區今餘姚烏道北禾山與具區相望即浮玉山

東山在縣西北四十里亦借名謝太傅者也或云安

亦嘗遊寓焉未知然否然安所隱之東山則非此矣環余支汝仇二湖間三五十里傍多支山其最名曰鷄鳴山曰杏山曰茅山曰牛屯山相去數里許皆以鷄鳴爲宗其東巖最勝林巒茂邃巖巘嶠崎嶇多奇有夏公墓又有勝琪墓有恠松枝柯拳曲狀若虬龍

鏌劍山在縣北十五里

崧山在縣北二十里

柏山在縣北二十里五代時晉陵胡輔成家此遶山種柏又名栢山

眉山在縣北三十五里海中望之如修眉然又北五

里爲巡檢司

様山在縣北二十八里

歷山在縣北三十五里相傳舜所耕也下有田曰象田井曰舜井又有石牀足蹈處雙跡宛然舊經云舜支庶封於餘姚歷山舜井之類皆子孫思舜故鄉取像於此亦猶漢新豐之義非舜所耕鑿也按蘇鶚演義云歷山有四一河中二齊州三冀州四濮州又其二不聞所云不聞者豈此山乃其一耶梁江淹歷山詩愁生白露日思起秋風年落葉下楚水別鶴噪吳田嶂氣陰不極日色虧半天酒至情蕭瑟憑尊還惘然文通永興人所題乃此山也咏中不及舜事亦知非舜所耕耳

陳山在縣東北十里高千餘仞少石饒草木遠望形

卓峭如筆至其巔則正平本嚴先生光故里先生墓在焉亦名客星山山半有華清泉亦名旋井舊有高節書院清風閣客星菴陳山寺絲風亭靈瑞塔今俱廢元黃溍詩一柱孤撑杳藹間人言此是客星山流風百世令誰嗣應詔諸賢故未還荒塚草深迂石路高齋月色滿柴關窮年漫迹滄江上及此維舟獨厚顏明皇甫汸句餘八景客星峻嶽詩富春江上一孤亭卓筆峰前釣子陵聖朝秪爲占卿月無復山中訪客星

安山在陳山北一里許臨于河下爲安山橋

孤山在縣東北二十八里南麓臨燭溪湖四峰如筆挌最秀前有墩曰漲沙墩浮出湖中雖大水溢不沒燭湖八景所謂沙丘聚鷺者即此是也

石匱山在縣東北二十二里揷燭溪湖中三面皆水西脉自梅嶺來自高山望之正方如匱山多大石礧硊登之覺下殷殷有聲上有舊烽堠跡

航渡山在石匱山東

梅梁山在石匱山南二里許梅溪水自其西出

許郎山又名海郎山在航渡山東一里許山面北向甚濶自趾至腰平可行上則陡峻必由東西逶迤乃可上山巔亦有烽堠址俗呼爲雄鵞廨

眞武山在許郎山東甚高峻北面湖自山肩東下折而中高阜隆起如人危坐拳手著於腹東龜山西虵

山前亘出湖中排列甚整自孤山望之儼然天造之勝由巔而南聯綿數十里山不絕稍東曰栢嶴

游源山在縣東北四十里游涇之水出焉其山多大谷坳僻人跡罕到最深者曰邵嶴有鬼嘯潭

繆家山在縣東北三十里山甚高登其巔北望見大海其西南陡峻不可登自北趾上則平坦可登其東綿延數里山不斷西北望如牛形負軛處脊峯宛然上有池廣數丈曰光池

烏戎山在縣東北十七里亦名烏玉山

屯山在縣東北十五里相傳晉孫恩屯兵於此

流亭山在縣東北二十里下爲石堰

虞山在縣東北二十三里太康地志云舜避丹朱於此亦傅會也

石屋山在縣東北二十三里其石空洞如屋

烏山在縣東北三十五里

澊山在縣東北三十八里下爲三山所城

埋馬山在縣東北三十五里山趾有石旳水如馬舊經云秦始皇東觀于海馬斃埋焉或云宋高宗爲金所逐徒步行中途忽得馬遂疾馳向明州至此馬化爲石盖神所幻化也

匡山在縣東北四十里亦名康山

包山在縣東北四十二里狀類襆包其嶴曰包結嶴

石人山在縣東北四十五里山之陽有石如人其陰有洞曰石人洞

蔡山金山破山俱在縣東北五十里三山相峙如鼎足因名鼎峯亦呼爲三山其破山相傳爲葛洪煉丹時剖取石云元黃叔英詩爲問當年葛稚川剖山煑石功貪天鑪殘火斷山亦合造化物者還故然金山之巔多磈石行列甚整昔有人依石結亭望溟海又名海亭山蔡山之北有望海巖

吳山在縣東北六十里其陰有吳山洞巖石嵌空高旁

產牡礪

懸泥山在縣東北七十里北浸於大海其上多橋下有湧泉冬夏不竭今俗呼爲勝山嘉靖中屯兵備倭有營房焉

仙居山在縣東北六十里相傳神仙所居其上有雲霧天卽雨人以爲占亦名雨靈山又狀類栲栳亦曰東栲栳峰西栲栳峰云西栲栳之巔有石如屋曰石谷亭山半有石平坦如掌可坐數十人曰盤蘿石旁有广是産長生草下有溪曰栲溪冬夏流沫不息旁有石高二丈餘曰鬭紫石並溪有二石一俯一仰曰

筊笠石東下有墩曰讀書墩莫子純嘗讀書焉有泉曰瀑布泉亞於四明之白水其北一隴二支曰小蟠龍大蟠龍環湖爲上林諸山宋謝景初詩山水有奇秀何必耳目親茲地世未知偶游良可珍平湖瞰其中翠巘圍四垠青松千萬植落瀑如懸巾佛廟聳殿塔裝點繪畫新清谿與斷崖水石聲粼粼峯巔見滄海日出常先晨花草時節異寧問秋夏春陵谷千萬古豈無稱道人德微言不信又恐遠故湮尊酒且樂我醉來事事均又瀑布泉詩落泉下峭壁陡絕千萬丈濺急雪片飛望若匹練廣曲嶺隔青林三里已聞響其旁有巨石平潤可俯仰愚俗所不道我輩數來賞須期秋色清攀蘿將爾上又北亦有石匱山亦大石礧磈如匱其東亦曰東山有泉曰淨聖泉大旱不枯傍有神僊之跡其趾下蹳於林湖而多支山幷以栲栳爲宗

上虞五癸山在縣北十里方屬癸上列五峰一名五

桂山堪輿家謂是縣之主山

縣後山在縣署後北城經其麓產佳茶

傘山在縣南五里舊經云形如傘也山有石室高丈餘廣數丈中析爲二山巔平衍良田數十頃橫塘漑之無水旱相傳吳道士干吉築館於此煉丹石在焉石有二圓竅深各三尺許一如臼一如釜又名太平山

長者山在縣西南二里宋周長者元吉築居其東因名之定善寺故基是也元張興翔亭其上曰一覽亭

今廢南爲山川壇

釣臺山二一在縣東南五里許下瞰深潭云葛洪釣處一在縣西南七里許西溪湖之陰舊經云山有槎大十圍陶弘景嘗乘之垂釣公旣去槎墜於潭底不復浮矣

金壘山在縣城西南隅高三丈餘廣數十畝漢魏伯陽修煉之地晉大康中浚井得金壘

坤山在縣西南十里

蔡墓山在縣西十二里或云蔡邕墓大是訛傳縣志又以爲別一蔡邕亦未確然邕實嘗亡命會稽或其

家有留葬此者傳疑可也
五龍山在蔡墓西南上有龍湫
羅巖山在縣東北七里丹崖翠壑雄冠衆山面南山半石鐫羅巖二篆字山顛有石眼大旱泉不竭旁有庵西有高嶺嶺東有赤石狀如婦人好事者名之曰玉女峰其下有牛欄山甑墩山昔陽山蘿壁山三台山磁窑山寨山黄茅墩三毬山迤北有石孔山寺樣山鑊竈山硃砂尖山皆羅巖山分支也
蘭阜山在羅巖北俗呼爲懶婦嶂
蘭芎山即蘭風山在縣西北二十五里水經注縣南

有蘭風山山少木多石驛路帶山傍江路邉皆作欄干山有三嶺枕帶長江岧岧孤危望之若傾緣山之路下臨大川皆作飛閣欄干乘之而渡謂此三嶺為三石頭丹陽葛洪遁世居之基井存焉琅琊王方平性好山水又爰宅蘭風垂釣於此孔靈符會稽記龍頭山上有蘭峰峰項盤石廣丈餘葛洪學僊坐其上縣舊志山迢遥有形勢而自東西眺之則正方與龍頭山岡巒相屬舊縣治在今百官故曰縣南九域志作蘭芎其欄干處宋紹興中鑿為磴道唐虞綸詩城闕望烟霞常悲僊路賖寧知樵子逕得到葛僊家

龍頭山一名龍山在縣西北三十里西瞰曹娥江石厓險阻潮齧其趾水經注縣東有龍頭山山崖之間有石井冬夏常洌清南帶長江東連上陂

東山在縣西南四十五里晉太傅謝安所居也宋王銍記云巋然特立於衆峰間拱揖蔽虧如鸞鶴飛舞山林深蔚望不可見逮至山下於千嶂掩抱間得微徑循石路而上今爲國慶禪院乃太傅故宅絕頂有謝公調馬路白雲明月二堂遺址至此山川始軒豁呈露萬峰林立下視煙海渺然天水相接蓋萬里雲景也山半有薔薇洞相傳太傅携妓遊宴之地雖蔓

草荒寒然古色不改宛有六朝氣象山西有太傅墓又西一里始寧園乃謝靈運別墅一曰西莊上有洗屐池東西二眺亭又西爲西小江有琵琶洲舊經云梁徵士魏道徵修道得僊於謝安山又南史杜京産與顧歡開舍授學於東山下今距山一二里有杜浦顧墅東山因太傅而名者三一在臨安傳云嘗坐石室臨濬谷悠然歎曰此與伯夷何遠東坡詩云謝公含雅量世運屬艱難獨携縹緲人來上東西山今臨安縣東西巖石室存焉一在金陵傳云及登台輔於土山營墅樓館林竹甚盛每携中外子姪往來遊集康樂志云謝安故居會稽東山後入朝乃於此營築以擬之無巖石故名土山是二山雖太傅平生所遊歷非故居之東山也惟始寧東山乃其故居世說劉尹語王右軍曰若安石東山志立當與天下共推之注引晉陽秋曰安石家於會稽上虞縣優游山

林六七年間徵召不至雖彈奏相屬繼以禁錮晏然不屑也又安石在東山畜妓簡文曰安石必出又趙中郎曰昔安石在東山搢紳敦逼恐不豫人事又安石傳云雖受朝寄東山之志始末不渝皆指此山他若史傳所記阮裕在東山蕭然無事戴逵厲操東山王修齡在東山甚貧乏道壹道人從都下還東山何胤居若耶雲門世號爲小山亦曰東山何子朗於東山受學梁虞寄自稱東山虞寄則又皆以山之處東而言非此山也大抵晉宋人稱會稽剡中類曰東山然非定名惟始寧東山以太傅著後乃直謂之東山

宋孫枝東山考嘉定四年三月余自四明來舟出上虞縣曹娥江泝流上江左右皆淤沙驛道蜿蜒而上遇山則有磴道行可四五里磴道盤入山要仰視亂石林立峭壁岌岌將壓有小江出自西南山委蛇至壁下與曹娥江合二江夾沙如背正射山壁循壁少南山忽散去地勢平行彌望牟麥如雲林藪沃澤時久不雨所在溝渚斷涸其處平湖澄泓水色紺碧野竹卧影林深没人幽趣不容摸寫余意謝康樂過舊墅詩所謂白雲抱幽石緑篠媚清漣或者其在於此詢之篙師篙師指壁之阿曰此入東山路也維舟亟

陟嶺岧蕘里所松蘿茂密左右視無所覩山椒路平有屋曰薔薇亭路出亭中十折百餘步頹垣敗壁突兀於前是爲東山國慶院晉太傅廬陵文靖公故居也主僧肅入丈室室繪文靖祠之西偏像設故暗香火牢落敗碑斷碣分寸不存唯有堂曰明月有軒曰白雲余[illegible]曰二扁與山椒亭名得非誤認陳軒金陵集所載憶東山絕句真爲李謫僊所作耶謫僊出珉峩下漢沔西歷邠汾北歷燕代徂徠鍾阜皆嘗築室老於三江七澤兩入吳會以觀海岱胷中勝槩可謂充足唯於剡中之役終身口之不置如曰湖月照我影送我到剡溪脚着謝公屐身登青雲梯等句班班在集中而此不存必軒託其名以寫金陵崇禮鄉文靖植花木土山之景非是山也臧榮緒晉書言文靖遊賞必以妓女從本傳載之既登台輔營墅土山與中外子姪遊集今晉書移之於前此唐文皇御製之差而白醉過謝公東山詩曰携妓東山去悽然憶謝公自此東山携妓遂爲口實不知白酩酊中誤用土山事耳僧闢山有始寧泉相傳以爲院之舊名於史亦有見乎曰院山在晉占籍始寧縣非院名始寧也山居賦注曰湖三面阻山山間凡五處第一谷曰石

壁精舍夫以湖之南爲嵊山則國慶院乃古之嵣山院在石壁谷中入山猶未深故靈運謂之第一谷亦曰舊園曰讀書齋文靖寓居會稽與高陽許詢桑門支遁出則漁弋山水入則諷詠屬文其地恐在於此文選有謝靈運石壁精舍詩曰昏旦變氣候山水含清暉還舊園詩曰託身青雲上棲霞浥飛泉齋中讀書詩曰矧乃歸山川心跡雙寂寞環視始寧諸山皆不足當此唯自院山南望山水含暉高出雲表使人胷埃頓除心跡閑靜舊境儼然如存則嵊山在南嵣山在其北靈運有自南山經北山詩正指嵣山也今谷呼爲東西眺謂馬路飲馬池固皆牧羊豎之妄而院極東自絕頂趨下有山徑之蹊窈窕入灌莽中百年不芸而介然成路風雨之所摧剝甃甓微出土中其勢必由所之而爲鉏畦所亂不能復續計今緩狄所家狐狸所宮鴟梟噭嘷鼯鼠飛擲處皆向時象牀置物鳴鍾易食之地特無好事者裏一月之糧披荆棘以架入其阻耳僧曰列第信可尋靈運自言父祖葬始寧丘隴柰何不存曰葬始寧者何獨靈運父祖而已考之史傳諸謝申首丘之義大率歸葬始寧靈運赴永嘉過始寧詩所謂揮手告鄉曲三載期歸旋

且爲樹枌檟毋令孤願言此言閭里之至情至唐開
元天寶間歷二百年李白過東山詩我妓今朝似花
月他妓故墳荒草寒必林莽間纍纍青塚其數未容
遽計也今去唐又五百年豈無蓬塊之可驗亦必埋
沒於荆榛中不然時方亂離盡遭椎埋之厄矣宋謝
靈運東山望海詩開春獻初歲白日出悠悠蕩志將
愉樂瞰海庶志憂策馬步蘭皋緤控息椒丘采蓮遵
大薄搴若履長洲白花皜陽林紫蘤曄春流非徒不
弭志覽物情彌遒萱蘇始無慰寂寞終可求唐李白
詩不到冬山久薔薇幾度花白雲他自散明月落誰
家又我今攜謝妓長嘆絕人羣欲報東山客開軒掃
白雲皮日休詩越艑輕似萍漾漾出烟郭人聲漸踈
曠天氣忽寥廓伊予惬斯志有似劇瘵瘼遇勝即夷
猶逢幽且淹泊俄然棹深處虛無倚巖崿霜毫一道
人引我登山閣當中見壽像欲禮光紛箔珠旛時相
鑑恐是諸天樂樹秋見觚稜林端逢赭堊洗殺池尚
在靈源曾未涸疑通鮫人道其險如邛笮悠然放吾
興欲把青天摸紫藤垂罽珥紅荔懸纓絡蘚厚滑似
漦峯尖利如鍔期須到絕頂景愈漸離㸌一片太湖
光只驚天漢落梅風脫綸帽乳水透芒屩風姿與波

彩不動渾相着既不暇供應將何以酬酢却來穿竹
徑似入清油幕穴恐水君開龕如鬼工鑿窮幽入茲
院前楯臨巨壑遺畫龍奴獰殘香蟲篆薄蜣蜋窺玉
鏡澄慮聞金鐸雲態共縈留鳥言相許諾古木勢如
虺近之恐相螫走礀聲似磬聞之意爭愽時翕倏已
嘿衆籟蕭然作遂今不羈性戀此以纏縛念彼支許
流將生赴寂寞曾無膚撓事肯把心源度胡爲儒家
流沒齒勤且恪言行既異調棲遲亦同托願力倘不
遺請作華林鶴　陸龜蒙詩　始寧丞汀洲波液浸山郭
微雨蕩春醉上下一清鄭斉蹤欲探討靈物先瘵瘼
飄然蘭葉舟旋倚煙霞泊吟談亂篙櫓夢寐離巘崿
纖情不可逃洪筆難暫閣豈知楞伽會乃在山水箔
金仙著書日世界名極樂薝蔔冠諸鄉琉璃代華堊
禽言經不斁象口川寧涸萬善信爲城嶢嶢扞羣惡
清晨欲登造安得日無愕險穴駭坤牢高蘿掛天笮
池容澹相向恠較如可摸若蔽石髓根蒲差水心鍔
嵐侵答摩髻日照後絁絡仰首乍眩旋廻眸更煇爗
簷端礙飛羽磴外浮碧落到洞觧風襟臨幽濯雲屩
塵機性非便靜境心所着自取海鷗知何須尸祝酢
峯圍秋鏡寒浪皺翠綃幕瀛艷豈尭遭峨嵯非禹鑿

王朱

潛聽鍾梵處別有松桂聲靄重燈不光泉澄綃僧薄僮能躡孤刹鳥慣親撒鐸服道身可遺乞閒心巳諾人間亦何事萬態相毒蠹戰壘競高深儒衣謾裒博宣尼名位達未必春秋作管氏包伯圖須人解其縛伊予采樵者蓬藋方索寞多言富適采識度兩清恪詎生寵滅詞肯教夷夏錯未爲堯舜用且向煙霞託我亦擺塵埃他年附冥鶴

胡曾詩　五馬南浮一化龍謝安入相此山空不知携妓重來日幾樹鶯啼谷口風

王丘詩　高潔非養正盛名亦險艱偉哉謝安石携妓入東山雲巖響金奏空水灧朱顔蘭露滋香澤松風鳴珮環歌聲入空盡舞影倒池閒香聄同天上繁華非待閒卷舒混名迹縱誕無憂患何必蘇門子冥然閑清關

宋林逋詩　水痕秋落蟹螯肥閑過清明晩未歸魚覺船行沉草岸犬聞人語出柴扉眺埋蒼桂寒雲重寺隱丹楓夕照微却憶當時謝太傅風流未解借簑衣

蘇軾詩　謝公含雅量世運屬艱難況復情所鍾感慨萃中年正賴絲與竹陶情有餘懽常恐兒輩覺坐令高趣闌却携縹緲人來上東西山放懷事物外徙倚弄雲泉一旦功業成管蔡復流言慷慨桓野王哀歌和清彈挽鬚起流涕始知使君賢意長日

月促卧病已辛酸慟哭西州門柱駕那復旋空遺行
樂處古木昏蒼煙[陸游詩三首]絶頂松風透膽清謝
公曾此養高情山横兩眺暮雲碧江浸一天秋月明
林下有僧敲錫响石邊無客聽棋聲薔薇洞口庭前
水留得當年洗屐名[又]老慣人間歲月催強扶衰病
上崔嵬生爲柱國細事耳死盡雲臺何有哉熱計提
軍出清海未如賢客到金罍明朝日出春風動更看
青天萬里開[又]今日之集何佳哉入關劇飲始此回
登山正可小天下跨海何用尋蓬萊青天肯爲陸子
見妍日似趣梅花開有酒如酪緑可愛一醉直欲空
千罌酡酥鵝黄出隴右熊肪玉白黔南來眼花耳熱
不知夜但見銀燭高花堆京華故人死太半歡極往
往潸生哀聊將豪縱壓憂患鼓吹動地聲如雷[朱晦
翁詩]江路經由數十回無因到此爲潮催當聆文靖
留遊後欲問薔薇幾度開今日擊身推案去暫將秉
燭入山來高僧不問誰家客獨許雲軒自把杯[元薩
天錫詩]千里拏舟過始寧江山無樣尚堪登水流花
落已無主雲散月沉空有亭塵跡猶思尋草莽風情
何處醉娉婷可憐鬭食傳僧火特采溪毛奠故陵[韓
性詩]遠山倚空青濛濛剡溪白匹來天東天機不捲

芳草碧中有行地雙蟠龍扶藜欲出人間世俯仰明
河在平地長松忽動鶴飛來萬里剛風起衣袂薔薇
開落春復秋洗屐何人繼清遊凭闌一笑衆山小邏
指雲氣看齊州【明李東陽詩】謝公昔卧東山麓山中
無日無絲竹美人笑捧如花顔飲酒賦詩權不足古
來同樂必同憂公能不爲蒼生謀征西司馬亦何事
猶使桓兵窺上流賊兵在郊公在墅天中江水局中
睹老温病死强秦奔一代功名荷天與太平宰相休
云云清言非晕亦非勳四郊多壘一身樂吾憶治城
王右軍【趙寛詩】溪上青山一逕微烟霞無改昔人非
荒亭千古照明月幽洞幾番開紫薇籍甚風流超魏
晉隱然勳業在淮淝蒼茫不盡懷賢意西眺巖前對
落暉

石鏡山在東山下二里【明董玘詩】石鏡崔嵬剡水西尋芳勝日共攀躋圓岳半壁山腳月危磴千尋馬飲溪江繞青練斜渚露烟浮翠盖遠林迷謝公兩眺晴霞接萬古風流合與齊

馬目山水經注曹娥江濱有馬目山洪濤一上波隱

是山勢淪嵊亭歷數縣行者難之

桂林山在縣西南四十里十道志謝靈運著山居賦處或云即東山也一作楙林

壇讌山在縣西南五十里水經注成功嶠西有孤峰特上飛禽罕至嘗有採藥者沿山見通溪尋上於山頂樹下有十二方石地甚芳潔還復更尋遂迷前路言諸仙之所醮讌故以壇讌名山孔曄會稽記十二方石悉如坐席許大皆作行列舊經又作檀燕山云上有栴檀香氣襲人

雙棋山在縣西南五十里山巔有石棋局兩旁列石

可坐西有江渡曰沐憩渡世傳昔有二仙沐浴憩息至此對奕下有勝因寺廢址

昇相山在縣南三十五里有瀑布滙于潭

嶀山在縣西南四十二里高數百仞銳如卓筆其巔坦夷有瓦礫廢址存焉舊經云漢東陽駱夫人於此上昇有石井丹竈歲久蕪沒今山崖南有二石蘚紋圓白鄉人謂之日月石舊志會稽縣東亦有嶀山疑即此山今兩存之

揞石山在縣西南四十五里舊經云上虞有立石所謂揞石者俗呼爲公嶄言舜登此石

握登山在縣西南四十里有握登聖母廟下有虹樣

村東西赤岸傍文有虹樣山舊志謂握登生舜之地生舜時金虹照兩岸云

象田山在縣西南四十里其山平衍俗呼小天台南有舜井

白樓山在縣南十里約高五里重岡複嶂層層可望見與縣相對若琴屏然最高者名大雷尖山腰有平地數十丈漢魏伯陽嘗居此上有南山白水二菴

石壁山在縣西南四十五里十道志其南有小山形方正如樓世號鼓吹樓寰宇記云有飛翬樓宋謝靈運石壁精舍還湖中詩昏旦變氣候山水含清暉清暉能娛人游子憺忘歸出谷日尚早入舟陽已微林壑斂暝

色雲霞收夕霏芰荷迭映蔚蒲稗相因依披拂趨南
徑愉悅偃東扉慮澹物自輕意愜理無違寄言攝生
客試用此道推

裊罍山在縣西南三十里舊經云山有神曰白鵞旱
時見則雨

龍塘山在縣西南四十里一名鵞鼻山有上下二潭
上潭泉脉不竭下潭多枯歲禜禱於此有驗里人結
屋覆之

崑崙山在縣西南四十里有神祠舊志云昔有崑崙
奴行水中

含珠山在縣西南五十里亂山蜿蜒中一小阜孤立

如羣龍護珠

鳳山在縣北四十里南有長慶寺東有清風峽月林書院故址在焉

鎮山在鳳山西

龜山二一在縣東十里大查湖中一在縣西二十五里曹娥江西岸

夏盖山在縣北六十里山形如盖無奥谷深林卓然一頑石高出天半世傳夏禹嘗駐盖焉南距夏盖湖北障海海北即海鹽縣上有龍潭南麓有淨衆寺宋張即之書其門曰大禹峰一名夏駕山讖書云夏駕

山浮可避甲申水災

䲑簟山馬家山犖山石竹山荷葉山土長山渠家山鯉魚山洋山刺山符家山柴家山共十二山俱在夏盖湖中

蓮峰山在縣東二十里與餘姚接境山腰有蓮峰寺

獨山在縣北二十里白馬湖中

伏龍山在縣北四十五里夏盖湖東狀如龍伏首東俯而尾西掉下瞰小越市山巔有巨石壙長四丈許世傳吳越公主墓南有小越閘北有磨劍井

福祈山在縣北四十五里巋然當夏湖上與盖山作

賓主

横山在縣北五十里其峰列九亦名九峰山横枕夏盖湖左

佛跡山在縣西北四十五里夏盖湖塘南上有石逕尺許深一寸如巨人足跡

西莊山在縣西南四十里舊志云葛僊翁嘗隱此有石窟如臼者五小者容一二升大者容斗山足有三石鼎足而立曰銚架石道傍石版有馬蹄跡中有泉不竭山下有洗藥溪水底石如丹砂

歷山在縣西南四十里（今郡中三歷山一蕭山一餘姚一此）

蔡山在縣西南五十里曹娥江西岸下爲蔡山渡宋高似孫詩江上人家被竹門潮來水長浸籬根紫魚一尺枇杷小放溜船來酒滿尊

銅山在縣西南二十五里兩峰廻抱號上石下石山舊産銅今無矣泉流爲湖亦名銅湖

寶盆山在縣南四十里有石如眠牛有巖如龜唐乾峰禪師坐禪石上有雲氣下覆如寶盆後人建寺其下

嵊剡山在縣治西北其巔爲星子峰秀聳特立梢下又屹然一小峰曰白塔崗其支隴環十數里自東下爲戴安道宅南下爲剡坑相傳秦始皇東遊使人斷

此山以泄氣今土坑深千餘丈出二里許爲縣治又西南六十步更名鹿胎山有惠安寺下爲圓超寺又西爲儒學至西嶺爲社稷壇下爲剡溪跨山臨溪爲剡城唐趙嘏發剡中詩正懷何謝俯長流更覽餘封識嵊州樹色老依官舍晚溪聲涼傍客衣秋南岩氣爽橫郛郭天姥雲晴拂寺樓日暮不堪還上馬蓼花風起路悠悠宋王銍剡坑探梅詩嶺上寒梅自看栽山斜一半似屏開春寒點點枝頭雨上有東流水過來李易題剡山所見詩剡中無數野薔薇黃雲爛熳相因依玉杯淺琢承墜露金鍾倒掛搖晨暉班竹笋行三畝地紅藥花開一尺圍豈角嘗新小麥秀來禽長向櫻桃肥歌舌隨風柳外轉翠花帶水烟中飛魚跳破浪奮赤鬣鶴唳投松翻縞衣鄉關萬里久無夢巖壑四年今息機叮嚀杜宇往江北爲喚故人今早歸

艇湖山在縣東五里出剡山之左晉王子猷雪夜訪

戴安道舟至此返因名艇湖山俗呼爲並湖山山上有塔下有子猷橋訪戴亭

竹山在縣東十里出艇湖山之左

象駱山在縣西五里出剡山之右其形如駝昂首臨溪而顧縣城其下多人家客舍舊時剡西鳥船會宗于此

福泉山在縣西十里出象駱山之右半山有冽泉焉

以上四山堪輿家謂是縣之輔弼

簟山在縣東三十里山勢平如筦簟舊經云山有白岩龍祠碧潭淵淵用干霖雨其下衆流趨導湍石迅

激浮險四注

石鼓山在縣東五十里所謂石鼓者人踐之石輙答響沃洲記云北對四明而金庭石鼓介焉按古録云疊石玲瓏頗奇怪中可坐一二十人世傳王右軍池中鵞嘗飛至此山中故又名靈鵞山有鼓石罄石劒石筆石硯石鍋石帽石屛石枕石笏石下有石鼓道院

動石山在縣東五十里山下溪中巨石磊磊天欲雨石必先動山有深潭以宅靈物

錦山在縣東七十里狀如錦屛舊志云有澗流亘山

趾遇石壁折旋西去數十步有石如鎖狀貫澗中名石鎖傍有石卓立圓淨如米廪自石鎖沿澗下又數十步左右石皆坡有石溜濶可三尺許深八尺長可五丈許澗流東入其中至溜口入石井井濶丈餘圓潔如琢磨成澄澈無底南有小溜濶尺許深二尺奇長二丈井水南循小溜而出井東平卧石龜大可三丈許跨溜上卬首南向下則空洞可坐十餘人龜尾有人履跡二龜足有石鼓扣之硿硿有聲有石梁驟雨水溢井溜莫别稍霽則漱石注玉泠泠然可玩其石井相傳以爲龍窟昔有以物投井者後自海畔人家

見之因謂與海通稱爲海眼云今居人水旱祈焉

龜山在縣東七十里兩山皆如龜狀若母子然界乎二水合流之內

三峯山在縣東七十里三峯鼎峙中有龍池

覆卮山在縣東七十里北爲上虞南爲嵊盤踞二縣間地名烏坑相傳謝靈運常登此山飲罷覆卮石上中有龍眠石石竅水流不涸絶頂四望東大海西會稽皆彷彿可見

金庭山在縣東七十里天台華頂之東門也道經云越有金庭桐柏與四明天台相連剡錄云積翠縹緲

雲霞所興神仙之宮也二池在山巔可二丈許水赤色勻之潔白因名丹池山山有桐柏合生故又名桐柏山眞誥曰桐柏山高一萬五千丈周圍八百餘里四面視之如一其一頭在會稽東海際其一頭入海中是金庭不死之鄉在桐柏之中方四十里上有黃雲覆之樹則蘇紆珠碧泉則石髓金精其山臺盡五色金也經丹水而行有洞天從中過在剡臨海二縣之境東岡舊志云山之西有小香爐峰南有卓劍峰前有五老峰後有放鶴峰東有毛竹洞天洞口有竹生毛節覆一節亦奇物也唐裴通記云剡中山水之

奇麗金庭洞天爲最其洞即道家所謂丹霞赤城第六洞天也其北門在小香爐峰頂人莫能見之晉王右軍家於此書樓墨池舊跡仍在南齊道士褚伯玉置金庭觀乃右軍之宅也嘉泰志云桐栢在天台金庭在剡舊又以金庭爲桐栢盖其山隴聯屬故爾唐裴通詩寂寂金庭洞清香發桂枝魚通左慈釣鸞踏右軍池

太湖山即金庭之東峯

花山在縣東北三十里山多怪石奇松宛然圖畫下臨碧溪行舟如織漁樵歌唱遠近相應又益助其勝也明夏雷詩舟過碧灘漁唱杳雲收斜谷雨聲殘生來老檜龍皮皺削出奇峯石骨寒

嵊山在縣東北四十五里剡溪之曰嶀浦之東凡游謝鄉之水皆會於山南名嵊溪至花山下横入剡溪而嵊溪以北臨水諸山皆接嵊山山下舊有嵊亭

車騎山在縣東北六十里舊經云車騎將軍謝玄爲會稽内史嘗於此山立樓居止後人因以爲名

方山在縣南十里平正如裁剪而土色又黄一名黄榜山

花鈿山在縣南十里

馬鞍山在縣南十里

姥山在縣南十五里林木蓊鬱君翠剡之南望也山

外爲新昌境

上壁山在縣南十五里

金鷄山在縣南二十里世傳是山有金鷄鳴

中白山在縣西南三十里上有龍湫中有飛鶴峰峰前有書院山相傳宋進士求移忠讀書處

獨秀山在縣西南三十里舊名刻石山有衛夫人碑十道志一名穿山相傳以刻石爲名不知文字所在宋昇平末縣人倪襲祖行獵見石上有文凡三處苔生其上刮苔視之其大石文曰黃天皇蕭字道成得賢師天下太平小石文曰刻石者誰會稽南山李斯

也唐寶元元年元楨使人訪碑不獲王十朋會稽賦云苔封石刻謂是也山巔有晉王右軍墨池山半有井相傳井中有蛟宋李易上居是山詩訪戴溪長近若耶金庭雪對赤城霞召從鵠舉添蕭索峯似鸞翔解歎差無愛林間百種蝶難忘竹外四時花刻川圖上他年指獨秀山前是我家

遁山在縣西南四十里下有白雲塢漢車騎將軍求恭嘗隱于此

亞父山在縣西南七十里相傳有老農嘗採薪於山遇一老人曰吾亞父也當宅此山明日見巖石間有足跡甚大云石名亞父石巖下有潭亦以亞父名

貴門山在縣西南七十里其山嶐嶂千雲崚嶒森錯

壁立萬仞一峰尤卓然佳木老樹陰翳森挺下有仙人洞可受數人又有三泉迸出石穴曰三懸潭寒氣逼人六月如秋好遊者或登之則衣裘而往下有普濟龍祠

宋李易貴門上築詩 亂後伇亦擇居笠山山輒許居民百餘家喜甚手欲舞云久聞公名此幸殆天與感慈鄭重意將節共鷄黍剡川非沃野地僻民更寠趣時務擷茗餘力工擣楮寡婦念遺秉污池憐數畝我欲教耦耕盡力循南畝桃杏種連山深君可長處東鄰有節士酒酣乃發語公昔起布衣高誼權前古親擢類平津決見逢真主兩宮佇六飛萬乘思一舉交侵正倔強蠢起盆旁午浩然公獨歸偶出寧有補默塞復何言長歎汗如雨

桂山在縣西二十五里俗呼爲杜山相傳爲姜神顯跡之所

東湖山在縣西三十里有張倫藏書樓舊趾

石姥山在縣西四十里多楓樹宋王内敬詩石姥上穿雲楓葉秋如錦

鹿苑山在縣西六十里上有葛仙翁祠山巔有二小石穴泉自穴湧出流至山半有石甕泉復自甕間出一里許石崖壁立懸瀑十數丈下注石澗滙爲龍潭有鹿苑上下寺

太白山在縣西七十里絶高者爲太白次爲小白面東者爲西白面西者爲東白在東陽者曰北白按剡錄云峻極崔嵬吐雲納景趙廣信昇仙處也雙石筍對立如闕有廣信丹井水冽於氷在山之陽瀑泉怒

飛清被巖谷懸下三十丈稱瀑布嶺産仙茗山有白猿赤玃又有鳥如鷄文彩五色口吐緑綬長數尺號吐綬孔曄會稽記剡縣西七十里白石山上有瀑布水巖際有蜜房採蜜者以葛藤連結然後至劉宋時褚伯玉嘗隱於此在東白山立嘯後亭踞山軒西白山有二禪師道場齊雲閣唐戎昱送清徹遊太白詩卷經歸太白躡薜到蘿龕若履浮雲上須看積翠嵐倚身松入漢瞑目月離潭此境堪長往塵中事可諳宋釋仲皎詩放意在雲表飄然更自由挂烟羣木冷啼月一山秋梟梟清風裏凄凄碧澗頭三聲聒妙聽行客若爲愁又啼切孤猿曉更哀柴門半掩白雲來山童問我歸何晚昨夜梅花一半開又無地卓錐生計難且空雙手到林間偎隨碧水瞻明月堅打白雲睬好山巖石空邊依草舍藤蘿低處着松關年來老去知何許合向人間占斷

開又遇雪看山西白名山處那堪帶雪看四圍銀世界一色玉峯巒夜色和天冷清暉放月寒溪梅初一二着意爲渠看跳山軒竹外泉聲急松心月色寒人間推曠絶只自倚闌干東西二道場勝境東西白髙僧一二禪只知行道處不記在山年澗月平分照林花各自妍披雲尋舊址猶在絳峯邊齊雲閣山雲吹斷路頭開此處疑穿月脇來恠底行人看碧落笑談容易作風雷

葛峴山在縣西北二十里僧竺法常居之

石門山在縣西北二十五里山有石洞洞有石床床有石枕前有石巖傍有龍湫上下有沸水出穴不竭謝靈運集石門新營所住四面髙山迴溪石瀨茂林脩竹舊志石門在縣北五十里與此不同豈謝靈運隱居别有一石門耶不可考矣宋謝靈運石門新營詩躋險築幽居披雲卧石門苔滑誰能步葛弱豈可捫嫋嫋秋風起萋萋春草繁美人遊不還佳期

何由敦芳塵凝瑶席清醑滿金樽洞庭空波瀾桂枝徒攀翻結念屬霄漢孤景莫與諼俯擢石下潭仰看條上猨早聞夕飈急晚見朝日暾崖傾光難留林深響易奔感往慮有復理來情無存庶持乘日月得以慰營魂匪爲衆人說冀與知者論

又登石門最高頂

晨策尋絶壁夕息在山棲疏峯抗高館對嶺臨迴溪長林羅戶庭積石擁基堦連巖覺路塞密竹使逕迷來人忘新術去子惑故蹊活活夕流駛噭噭夜猨啼沉溟豈別理守道自不携心契九秋幹目玩三春荑居常以待終處順故安排惜無同懷客共登青雲梯

五龍山在縣西北四十里按舊錄云重岡複嶺巖巒蟬聯老木虬松青蓊失日水自真如山其來迢迢或奔或滙爲龍潭者五有晉高僧白道猷道場一名烏猪山産茶味最香美就其水烹之茶葉浮於杯面

紫巖山在縣西北七十里有仙巖上接雲霄有石洞

盤古松前爲獨秀峯有三井龍潭

上周山在縣西北七十里舊名子周山

金波山在縣北三里今呼明心嶺嶺北有泉嶺間明心寺有白塔宋僧仲皎居此構閑閑菴

餘糧山在縣北十五里舊名了山禹治水功畢其餘糧委棄在此化而爲石因名禹餘糧有禹祠在焉傍有石蒸籠甑山遺跡

謝巖山在縣北三十里舊錄云山隩深峭被以蓁箭有巨澗奔激清湍瀰騰映帶左右入于溪下爲三墜嶺其深淵迂裊紺碧一色謝靈運嘗遊於此囬顧放

彈丸即落處爲祠今有大石如丸有謝仙君祠在焉

舜皇山在縣北四十里山最崇矗岡嶺盤複中有舜

井深無底相傳井有蛇生角今爲沙土所淤

嶀山在縣北四十里輿地志云自上虞七十里至溪

口從溪口遡江上數十里兩岸峭壁勢極險阻乘高

闞下有深林茂竹表裏輝映名爲嶀嵊奔瀨迅湍以

至剡也水經注嶀山與嵊山接二山雖曰異縣而峯

嶺相連其間傾澗懷烟泉溪引霧吹畦風馨觸岫延

賞是以王元琳謂之神明境事備謝康樂山居記北

有石牀謝靈運嘗釣于此下爲剡溪口水深而清曰

嶀浦錢武肅王常遊嶀山於舟中望其嵯峨嘆其異境駐舟賦詩

宋王十朋嶀山賦

名境嶀山程途往還望高坡而峭峻登聳嶠以塡彎上與雲齊霧擁於煙蘿之內下臨水際舟橫於巨派之間原夫勢接江湖岐分吳越嶒崚峰巒崔巍崱屴懸崖則時時瀑布深谷則年年積雪華岡蔚峉南乘謝眺之巖崧景陰森北倚趙公之阜上多名木內足坑谿猛獸或過酒蕩靈禽忽翥廬栖兩邉澗流四面雲低武肅王駐舸吟哦嘆斯境絶異謝靈運彈飛巖嶂慕此地堪棲夜夜雲生朝朝霧起岝峉嶔崟岧嶤嵔嵓三春之桃李芬芳九夏之林巒蓊翠梁王別室歸建業以登天陳廓漂流立靈祠於此地杳杳冥冥勢連嵊亭龍吟虎嘯水白松青上錦嶺兮龍宮梵宇箬嶼嶺兮夫人石形有良工而巧琢或走獸以奔星豈勞羸政後鬼神之力休說梁元呈圖畫之靈昌一邑之黎元疲民蘇矣鎮三方之上地訟者咸寧至異哉記此山體而最奇形容殊麗黃沙碌礫兮水岸碧嶂嵯峨兮雲際樹矗崚嵴枝纏薜荔石闌干險以崎嶇何繙水潄而搖洩周圍四顧相同華頂之前宛轉群峯會

若苧蘿之勢西原伏豹東塢飛龍塹突屼兮白竹水潺湲兮烏峰綠雲映於野外翠羽鳴於山中洞倚巑屼之石巖歆偃蹇之松嶺峻則月華易度林高則霜霰難融鄭郭祠前且見井坑之跡皇書亭畔又看麋滯之蹤莫不雲雨蕭蕭枝柯浩浩或賢者玩而升騰或智者賞而辭藻懿乎可以壽真思之而悟道

逍遥山在縣北五十里趙將軍隱於此

新昌五馬山一名五龍山在縣北二里其下有光鼓潭俗稱五馬飲泉堪輿家謂是縣之主山

南明山在縣南二里形若駱駝下有寶山稱駱駝郤

寶山頂有石塔又有石棋枰方廣二丈餘厚五尺許閣於崖顛而上棋跡猶存相傳仙人嘗奕於此縣之賓山

書案山一名五山在縣東南二里五峰相連如貫珠

正對學宮之前儼如書案降而平衍爲縣治縣之來脈山石城山在南明之前嵬巖攢簇石壁千仞古藤絡其上花時如錦城僧端辯云天台之西門也一名隱岳舊志晉僧曇光棲跡於此自號隱巖支道林昔葬此山下齊僧護夜宿聞笙磬仙樂之聲亦名南明山錢惟演重修寶相寺碑云武肅王改曰南明步自石牛鎮而入有鋸解巖斷石中裂章得象云狀如鋸截相傳以爲昔造佛者試鋸於此【宋僧顯忠詩】蒼崖危不倚中裂勢難圖始鑄陰陽鋸誰開造化爐藤擢疑落眉樹欹若分符瀑出飛泉影長垂一帶孤有白雲莊白蓮菴千佛洞有夾谿塘循塘而行有白鷴塢隱岳洞【宋李

邴詩宴坐鵲巢肩觀花栁生肘幽人夜半至古月明戶牖僧顯忠詩融結自何時會爲幾陵谷不見昔賢踪空遺此巖腹一徑斷煙榛千岑老雲木尋常人更稀虎豹暗棲宿明舉人俞應星更於洞內鑿小池疊石爲山崆峒幽邃築精舍其間有未了堂眺月臺境甚佳麗又有濯纓亭宋朱文公建其內是爲寶相寺錢王鏐建山門榜張即之書曰石城曰松巖又榜米元章書曰南明山有紫芝巖仙髻巖僧顯忠詩首出衆峰間龍蟠勢孤聳雲映鬢光浮月生梳影動可櫛謂新沐未巾疑乍籠幸免旦暮理誰復歎種種巖頂有天井巖下穹窿巨洞梁天監中建安王造彌勒石佛像其中高百尺劉勰撰碑嘉泰志云其文存焉又云石佛螺髻上有靈芝之香聞數十步夜

有光煜然何德陽偁言嘗登山遥望見之有大蛇環守不可輒近又有錢鏐所造三層閣甚宏偉今燬惟礎存旁有狻猊二石舊傳天台僧智顗卒有二獸至號吼作仰天叩地狀遂化爲石僧顯忠詩庭除兩狻猊一仰復一俯告天與叩地似欲訴憂苦世傳智顗死二獸來瞻覲逡巡化爲石埋沒在深土事怪固難詰但見形可取風雨駁蒼苔萬古萬萬古右入有小佛殿上有巖曰月峽兩崖峭削中開一罅方正如門有雙松挺立中秋月落峽間如寶鏡開奩也明李詠詩咽咽石根泉離離峯頂雪竹樹寒不凋蒼苓更奇絕凭闌送落星坐久鑪香歇安得紫玉簫婆娑弄明月對面有望月臺今廢有石縫梅古梅一株生石罅中又有齊相井及書堂井方廣二丈

淵深不竭相傳是唐齊顗所居皆勝跡山有十五題嘉祐中僧顯忠各有詠寶慶志云見掇英今不盡傳止得四首

［唐孟浩然臘月八日於剡縣石城寺禮拜詩］石壁開金相香山遶鐵圍下生彌勒見回向一心歸松竹禪亭古樓臺世界稀夕嵐爭氣色餘照發光輝講夕邀談衲禪堂施浴衣願成功德水從此濯塵機［羅隱詩］會稽詩客謝能卿往歲相逢話石城正恨古人無上壽喜聞廊宇有高情山朝絶巘層層聳水接飛沙步步清兩火一刀離亂後會須乘興月中行［宋章得象詩］天台西面列如屛洞穴幽奇地最靈百尺巖中真像在千年澗畔古松青路旁斷石留入跡壁上題文缺舊銘我是丹丘仙郡守暫來遊覽覺魂醒［陳堯佐詩］白雲樓殿翠林間終日軒窓四面山却愧勞生多事客清凉分得片時閑［王十朋詩］脩逕入幽壑梵宮磨碧霄仰頭驚突兀跬步怯岧嶤寶相石間湧鍾聲雲外飄明朝南北路身世各塵囂［石聲之詩］秖應尋勝到林泉四抱回峯萬景連僧過不知山隱寺客來方見洞開天浮圖照水光相映

古木依崖影倒懸風露了非人世界濯纓秋後玉壺天周道父詩信與諸山宿有緣十年幾度草鞵穿佛盤青嶂裡頭坐僧在白雲深處眠月峽夜深銀世界濯纓秋後玉壺天我來興盡出山去數點昏鴉落照邊明方廷璽詩霹靂一聲天地裂兩山開峽虛映空大佛十丈踏脚底虬龍雙鬢蟠空中素秋千里抱孤月恠石四壁呼寒風夜半忽聞虎豹嘯白雲飛下仙人峯呂光洵詩吳會多名山茲山更幽寂梵宇嵌穹崖偃榕劃懸壁徑杳晝欲迷林深翠疑滴洗屐從軒輶忘疲恣探歷雲滃隱曦輝石轉驚霹靂佳木鬱蒼蒼修篁粉籊籊移席藉清陰飛觴散煩愁高論絕凡囂玄機共研析平生塵滓心冷然淨如滌緬彼齊梁間衲子卓其錫峻宇麗雕甍重階錯文甓悠悠千載餘金碧化為礫不聞閣上鏞惟聽野中笛盛衰自有期代謝如箭激至人遺世情洞覽無今昔杯酌且綢繆一笑忘忻戚潘晟詩秣陵懷舊侶香界幾招尋慷慨常悲古睽違竟迨今荷公紆絳節仍此入珠林宦思恬休沐朋遊喜盍簪披蘿沿曲磴扶屐上危岑石洞煙霞護龍宮草木森張筵迎竹色移席傍花陰鑿石談空相開茅證道心微言追絕聖大雅振遺音醉

德欣依主論心媿斷金境勝情偏洽機志與轉深臨池還暫憩倚盍又重斟已謝長鳴志惟航故國詮靜中聊得意塵外且開襟

俞應星詩

築室白雲隈陋逾囬也巷違遥蘿松筠遥空列屛障梵宫摩碧霄闍黎隱寶相偃蹇傲明時蔵修秉微尚欲問伊吕津時瞻朱石像傳呼驄馬來共識蒼生望追隨三數公榼攜野田餉逢迎出深林一笑形俱忘入門謁金仙繡斧停青嶂禮佛鉢龍馴把蘿巢鶴倡玄言失筌蹄至禮非揖讓衣冠鄒魯餘咏歌沂水上隔竹起茶烟前山發樵唱杯至客不停歌酣韻靡亮君本命世英况廼今世匠昨日過石梁新篇多鳫宕揺筆寫金淵山水無遺狀幸承千傾波獨慚麗鼠量森陰午谷寒虛明晚塘漲霜輅不可留匆匆忽西向

鼓山又名屛山在縣西五里脉自鷄峯降於平衍巋然突起頂圓平若鼓若屛有泉池可田山横截水滸爲邑門戶舊有希聲庵真聖院俱廢今有石子重書

院及吕尚書祠

旗山在縣西七里其形如旗一名天樂山又名墭山

獨秀山在縣西北三里五馬山支隴也有靈山洞下

爲醴泉村

南巖山在縣西十五里山巖陡險皆沙石積成如築

墻狀以物觸之紛紛落時或有崩墜者世傳大禹治

水東注積沙成巖巖石間或有螺殼舊志云巖下乃

海門唐李紳龍宫寺碑南巖海跡高下猶存是也上

有瀑布泉下數百尺驚雷濺雪動人耳目有滴水巖

巖下清泉一滴烈日凍雨皆無盈縮味清甘甲於衆

水宋章充國詩石罅泫微緑滴瀝如珠璣東雨不爲溢炎高豈能晞又有乳香巖大師巖半壁有釣磯相傳任公子釣魚處莊子任公子以五十犗爲餌蹲於會稽投竿東海經年而得巨魚唐齊顗題南巖云南巖寺本任公釣臺今尚在巖腹有仙骨巨棺其險不可梯宋方臘寇入山從絕頂垂綆下窺見所斃骨甚大與今人異其色微紅如餘霞也後山之巔有古釣車云是任公子釣時所作宋章充國詩那知任公事近藏北海坳萬載朽不盡輪輻餘周遭想當垂綸時意氣嵩岱高得魚厭楚越壯志絕煩歊宋張浚祖印院記南巖是海門三山坡陀環繞其東斷如玉玦東晉不和歲中高僧釋暉始小築於此

自天姥嶺驛斗折入小徑松杉排立如人物可數夾徑有兩浮圖前有乳香巖雜花叢竹陸離可觀宋盧天驥詩不着烏紗只岸巾尋山還得愛山人半空飛雨侵依潤入座晴嵐照眼新風過松杉猶蘊藉雪消巖壑更精神何時亦把任公釣坐釣日東橫海鱗范仲淹詩滄海三神山北斗千歲鼇靈鼇戴神山亘古凌洪濤伯禹水既治一峯留此地鼇去犗牛在任公無復爾桑田從變遷由來不記年千時峙峻嵾紺宇羅金仙余屬山林興釣筞來尋勝髙步出青霞杳在無塵徑明縣令蕭敏道記環新昌皆山也其西南諸峯南織錦者王女機也巖之南白雲鋪石新月垂釣野竹巖尤美巖之上石洞嶙峋巋然天半日月飛梭雲霞成竿林花結餌者釣臺也巖之前非笙非鏞鏘鏘晝夜散亂珠飄澄清盤瀲者滴水崖也龍橋薛君羡慕其景約往遊焉是日也烟雲晦㝠風雨驟作寒氣沍凝行人稀跡及期薛君不負約先至余偕同寅二張君司訓董君暨春元俞君亦繼至薛君曰美哉景也余曰公之所見者特山之常景耳未盡其勝槩也若

夫日出而鸞鳳啣月高而徠鶴鳴岫雲往來篆浮而盖結者朝暮之異狀也草木爭芳葵櫑吐色薜收囬杓菊黄而梅白者四時之異景也補衲剪雲翻經坐月泯空色於相忘付名利於不聞者老僧之涅槃也古之詞人墨客寄情傲興於其間者具載碑刻别若扶鮮尚可揣讀而想望其手采余與諸生録名仕籍心方苦於形役安能棲巖飲壑日脩然於此耶于是張筵肆殺洗盞酌酒投壺較矢觥籌交酢夜半燒燈頽然罄輿傍有小樓數十椽遂施席就卧破壁峭風侵肌撲骨而不知也詰旦東方開霽萬里一碧從者報門整衣而起仰視青天雲和日旭廼攀蘿躡蹬眺玉女機觀任公臺陟滴水巖復茵草而坐引白而酌忘形骸披胸臆俯仰上下鴻濛浩刼真不知山之為我我之為山也已而夕陽在山寒鴉歸樹攜手同行長揖而别

天姥山在縣東五十里高三千五百丈圍六十里其脉自括蒼山盤亘數百里至關嶺入縣界層峰疊嶂

萬狀千態最高者名撥雲尖次爲大尖細尖其南爲蓮花峰北爲芭蕉山道家稱爲第十六福地宋書郡國志與括蒼山相連石壁上有刊字科斗形高不可識春月樵者聞簫鼓笳吹之聲元嘉中遣名畫寫狀於團扇即此山也巖間又有楓樹高十餘丈舊志東接天台華頂峰西北通沃洲山

唐李白夢遊天姥吟

海客談瀛洲煙濤微茫信難求越人語天姥雲霓明滅或可覩天姥連天向天橫勢拔五嶽掩赤城天台四萬八千丈對此欲倒東南傾我欲因之夢吳越一夜飛度鏡湖月湖月照我影送我至剡溪謝公宿處今尚在緑水蕩漾清猨啼脚著謝公屐身登青雲梯半壁見海日空中聞天鷄千巖萬壑路不定迷花倚石忽已瞑熊咆龍吟殷巖泉慄深林兮驚層巓雲青青兮欲雨水澹澹兮生烟列缺霹靂丘巒崩摧洞天石扇訇然中開青冥

浩蕩不見底日月照耀金銀臺霓爲衣兮風爲馬雲之君兮紛紛而來下虎鼓瑟兮鸞回車仙之人兮列如麻忽魂悸以魄動怳驚起而長嗟惟覺時之枕席失向來之烟霞世間行樂亦如此古來萬事東流水別君去時何時還且放白鹿青崖間須行即騎訪名山安能摧眉折腰事權貴使我不得開心顔

又別儲邕之剡中

借問剡中道東南指越鄉舟從廣陵去水入會稽長竹色溪下綠荷花鏡裏香辭君向天姥拂石卧秋霜

杜甫壯遊詩

剡溪蘊秀異欲罷不能忘歸帆拂天姥中歲還舊鄉

元宋無詩

欲去不得返自將蘿蔦捫相逢採藥叟偶入落花村晴草鹿眠軟雨潭魚上渾無人動烟火應取燒霞吞

明呂不用追和李謫仙吟

支郎避沃洲江中司馬記中求歸帆拂天姥杜陵野老詩中靚萬山從此空從横截天拔出東南城勢如周王坐鎬京臣妾億兆心皆傾太白平生慕東越夢裏分明招日月上山日在山渡溪月在溪山靈爲白導其路山鬼不敢當前蹕列宿守可摘天街足可梯山頭見拖犢雲中看養鷄或行或息興靡定倏而朝兮倏而暝銀潢萬丈飛來泉玉虹掛在丹崖巔採黃精以沽露尋紫芝以踏烟子喬既朽赤松亦

擢黃母老死蟠桃不開金銀之氣固自有何所得置仙人臺胥吾車兮秣吾馬御風坐我兮天姥下鳴鷄啞啞雜紡車山人戶戶皆桑麻藹仙藹仙乃狂客一夢千載令人嗟昔髙㢛之想像即天姥之雲霞古來好事多若此茫茫總是江河水東魯諸公望汝還三百酒杯一日間却笑夢中吟好山鳴呼峨眉亭前秋水色使我空

憶公容顏

沃洲山在縣東三十五里山高五百餘丈圍十里與天姥山對峙道家稱爲第十五福地晉白道猷法深支遁皆居之戴許王謝十八人與之遊號爲勝會亦白蓮社之比也吳虎臣漫錄沃洲天姥號山水奇絕處有鵞鼻峰支遁放鶴峰唐姚祐詩我遊放鶴峯試作招鶴篇山光照孤碧溪猨籠輕烟可啄亦可飲俛仰聊窮年須臾發清淚翱翔出山巔幽姿入望迴遴集如爾賢長眉貫朱頂雙

眼如青錢豈無隱居士歌舞逐管絃君不見衛公好鶴乘雲軒北山餘怨昭君編不如放汝歸芝田九臯聲音聞青天　養馬坡又有石封門題字巖靈徹錫杖泉有瀑布泉飛注雪潭又有鍾井疾者飲之或愈通剡四明山外繞大溪［晉白道猷詩］連峯數十里脩竹帶平津茅茨隱不見鷄鳴知有人閑步踐其逕處處見遺薪始知百歲下猶有上皇民開此無事迹以待踈恪賓長嘯自林際歸此保天真［唐耿湋詩］沃洲初望海携手盡時髦小星開鵬翼新萱長鷺濤目如芳草遠身比夕陽高全祐傷風景誰云異我曹［白居易沃洲山禪院記］沃洲山在剡縣南三十里禪院在沃洲山之陽天姥岑之陰南對天台而華頂赤城列焉北對四明而金庭石鼓介焉西北有支遁嶺而養馬坡放鶴峯次焉東南有石橋溪出天台石橋因名焉其餘卑巖小泉如子孫之從父祖者不可勝數東南山水越爲首剡爲面沃洲天姥爲眉目夫有非常之境然後有非常之人棲焉晉宋以來因山洞開厥初有羅漢僧西天竺人白道猷居焉次有高

僧竺法潛支道林居焉次有乾興淵支遁開威蘊崇實光識裴藏濟度逞印凡十八僧居焉高士名人有戴逵王洽劉恢許玄度殷融郄超孫綽桓彥表王敬仁何次道王文度謝長霞袁彥伯王蒙衛玠謝萬石蔡叔子王羲之凡十八人或遊焉或止焉故道猷詩云連峯數十里脩林帶平津茅茨隱不見鷄鳴知有人謝靈運詩云暝投剡中宿明登天姥岑高高入雲霓安期還可尋盖人與山相得於一時也自齊至唐玆山寖荒靈境寂寥罕有人遊故辭人朱放詩云月在沃洲山上人歸剡縣江邊劉長卿詩云何人住沃洲此皆愛而不到者也太和二年春有頭陀僧白寂然來遊玆山見道猷支竺遺跡泉石盡在依依然如歸鄉戀不能去時浙東廉使元相國聞之始爲卜築次廉使陸中丞知之助其繕完三年而禪院成五年而拂事立正殿若干間齋堂若干間僧舍若干間夏臘之僧歲不下八九十安居遊觀之外日與寂然討論心要振起禪風白黑之徒附而化者甚衆嗟乎支竺殁而佛聲寢靈山廢而法不作後數百歲而寂然繼之豈非時有待而化有緣邪六年夏寂然遣門徒僧常贄自剡抵洛持書與圖請從叔樂天乞爲禪院

記云昔道猷肇開茲山後寂然嗣興茲山今樂天又再文茲山興乎哉沃洲山與白氏其世有緣乎宋陳東之詩我本名山人屢作名山典天台一住三十年畫日捫蘿陟雲磴上攬四萬八千丈之高秋參差明河兩肩金下瞰三百六十度之朝暾滅沒飛烟八荒淨或隨仙氣得丹床雙闕夜深看斗柄今年積雨天地晴一策快作西南征沃洲最佳天姥勝連山直下秋崢嶸竹箭脩纖會稽箭芝徑菌蠢商山英秋陽不碎空翠影絕壑倒瀉銀河聲山腰細路如絲直三兩漁樵行落日炊烟暝色小茆屋松子石聲斷崖石飲流溪脩胡麻香土軟春膏霜朮白送書松際有猿公問酒澗陰皆木客青冥樓閣仙人家鬱藍流光瀉晴碧霓旌隊下鶴萬群絳節朝回雲五色人間但有桃花源桃花春香流水渾三生凡骨不得到兩耳夜半空聽猿李白尋真不得返支遁卜築還費錢至今山靈護光怪石蘿山薜餘秋研陳即故宅更深閟溪犬林塘隔塵世清秋着屐一登之路僻夕陰門半閉盤陀石在長楠陰脫畧塵纓換秋意晴窓示我兩山圖老眼摩挲觀一二便揮健筆寫我詩惜哉賞音今絕稀謫仙一去五百載人間山水無清輝舊時仙人白

雲唱恠我白首歸何依生我白首歷浩刼眼中億萬蟲沙春夢非陳郎挽我十日住掉頭不顧自有南山期飡霞絕粒鍊精魄長生之學非荒媱三千年前有宿約來已不早歸不遲長揖群仙謝兒輩倒扶萬里冥鴻飛【曾衍詩】我來作簿山水縣家家屛障詩題徧有客請賦沃洲山却慚未聞沃洲面沃洲好在賢人心誰其主者支道林禪床有月藤花落丹竈無人桂樹深曾夢群峯接天姥煙霞微茫不可數幾時結托芙蓉巢而與青蓮居士伍石橋溪寒氷可敲磨劍當斬溪潭蛟文章不入金馬格難解年來山鬼嘲雲自去來山自老鶴書無向蓬萊島作詩寄與山中人明月相從把琴早

劉門山在縣東三十五里相傳劉晨阮肇自剡採藥至此山有採藥徑劉阮廟沿溪而上有阮公壇山下居民多劉姓者【唐曹唐劉阮遇仙子詩】樹入天台石文新細雲和雨淨無塵烟霞不是生前事水木空疑夢後身徃徃鷄鳴巖下月時時犬吠洞中春不知何地歸依處須就桃源問主人【又仙子】

洞中有懷劉阮不將清瑟理霓裳塵夢那知鶴夢長洞裏有天春寂寂人間無路月茫茫玉沙瑶草連溪碧流水桃花滿澗香曉露風燈易零落此生無處問劉郎又劉阮到天台不復見仙子再到天台訪玉真清苔白石已成塵笙歌寂寞閑深洞雲鎖蕭條絕舊鄰草樹總非前度色烟霞不是往年春桃花流水依然在不見當時勸酒人元稹詩芙蓉脂肉綠雲鬟罨畫樓臺翠黛山千樹桃花萬年藥不知何事憶人間明阮鶚詩慇懃相送出天台仙景那能得再來雲液既歸須強飲玉書無事莫頻開花當洞口應常在水到人間定不回惆悵溪頭從此別碧天明月照蒼苔

彩烟山在縣南八十里與東陽界其上平衍勢盤旋葹茢四面皆崇山峻嶺居民雜處其間

山背山在縣東三十里四面相距四十里旁皆峻嶺嶺之外環以大溪山上有小山盤伏如鰲故又名鰲

峯宋楊萬里宿深總之宅詩四面環溪溪外山置身渾在水雲間山中隱者頭如雪清夜安眠白晝閒

東岇山在縣東四十里晉僧法深支遁皆隱居此世說支道林好鶴住剡東岇山又嘗就深公買岇山深公曰未聞巢由買山而隱一名遠望尖

九峯山在縣東南六十里

寒雲千疊山在縣東三十里山高二百餘丈圍四十里四面層崖如疊地氣高寒夏多挾纊宋楊養晦詩松竹陰森護上方老仙蓬髮一簪霜閒來欹枕松風裏歸夢不知山水長

九巖山在縣東南三十五里其下有蒙泉井

掛簾山在縣東南三里其形如簾旁有象蹄山

雪溪山在縣東八十里其地陰寒冬多霜雪高五百餘丈圍二十里有溪盤繞山中其東有石棋枰鍾鼓巖其南有筆架峰文筆峰其西有石印笏眠牛石靈猫石香爐石攢峰列戟交數十重其水緣崖而下飛薄如雪

鬬鷄山在縣東北十五里兩山之首昂然而前若鬬鷄狀與石塚山對峙

三山在縣南二十里三峯並出如筆架然

柘溪東山在縣東南八里山下小山如圓月

旋綱山在縣東二十里山頂有巖嵬聳峻峭幾十餘

丈其形如綱

渡王山在縣北十五里相傳大禹治水時登之以望

東海諸山

遁山在縣西四十里僧支遁所居綿亘二十餘里

釣泉山在縣東一百里

御山在縣東北二十里下有大明寺今廢

梓山在縣東南八十里有梓木

木隊山原名抹黛山在縣東南三十里上多雜木

巖屏山一名蒼龍戲珠山在縣南三十里

孟塘山在縣東十里有宋尚書黃度愛山亭

南山在縣南四十里脉從天姥來群峯疊拱如環城其中稍寬廣容數百家

象鼻山在縣東八十里形如兩象交鼻兀時遣兵鑿斷脉其跡猶存

紹興府志卷之五

水蕪圖
東蕪山

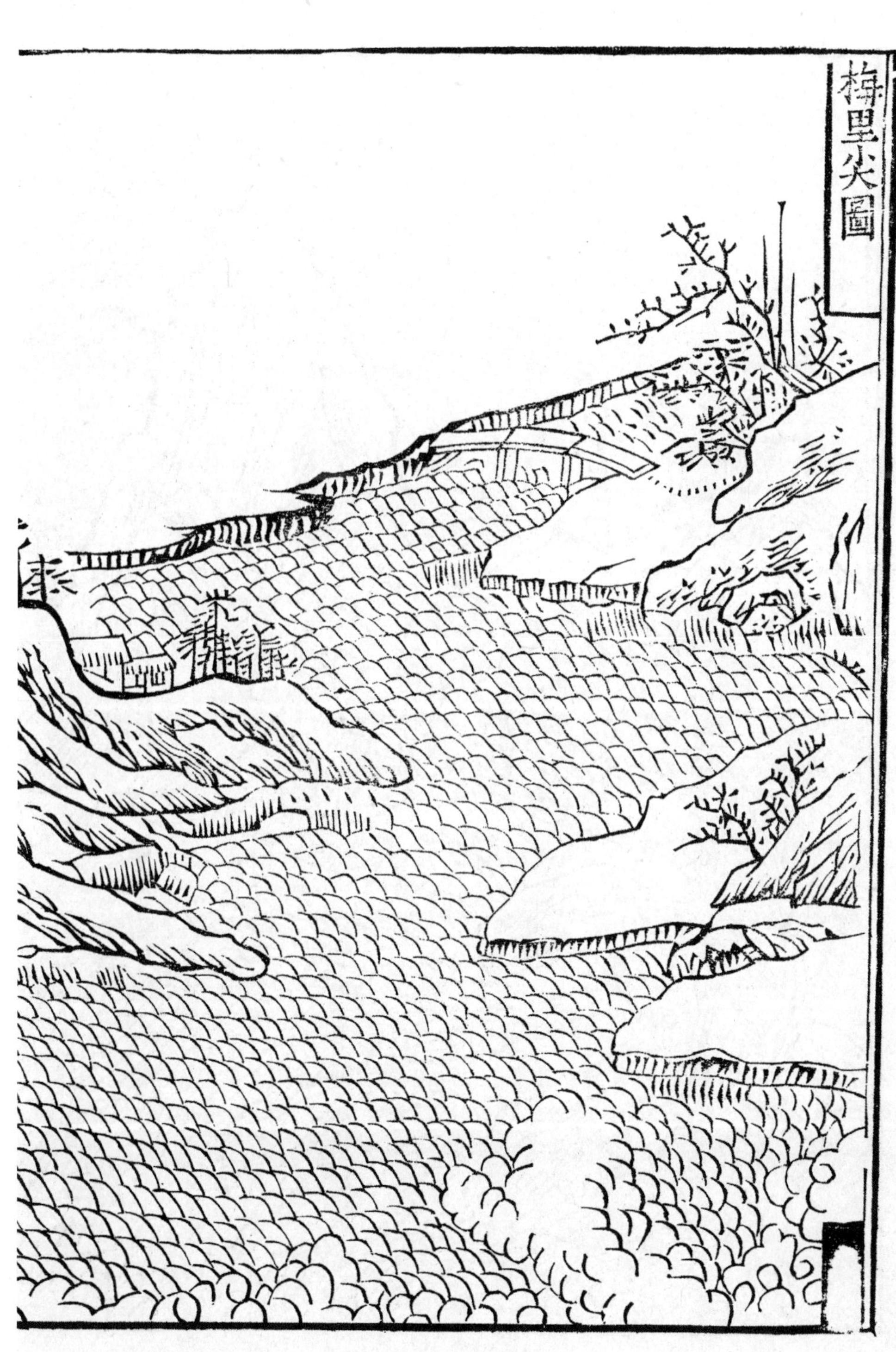
梅里尖圖

梅里尖
梅仙塢

紹興府志卷之六

山川志三

嶺　峯　尖　崢　臯　巖　嶠　嶼　洞
穴　窠　石　塢　島　丘　岸　林　野
源　砦　古地名

嶺

山陰古博嶺在府城西南四十五里羣峯交峙中有一逕南達楓橋至諸暨界曠寂稀人煙往往虎豹棲止俗訛爲虎博嶺云宋姚寬詩北風獵獵駕寒雲低壓平川路欲昏人馬忽驚俱辟易一聲乳虎下前村

不負嶺在府城西三十里舊傳唐蕭翼得蘭亭帖至

此喜曰不負此行矣因名

巧溪嶺在府城西南七十里以溪名

看怕嶺在府城西南八十里其路峻嶮行者懼焉

白峯嶺在府城西南一百十里多白石且崎峭

蕭家嶺在府城西南一百里居民多姓蕭

懽潭嶺在府城西南一百三十里以潭名

刑塘嶺在府城西五十五里世傳禹築塘於此斬防風氏

古城嶺在府城西六十里越王允常築城處

石斑嶺在府城西七十五里產五色石

箬嶺在府城西六十二里
紫砂嶺在箬嶺北有紫砂
大嶺在府城西六十五里一名梅山嶺延聯七峯
低嶺在府城西六十三里比大嶺爲低
會稽憶家嶺在府城南十五里會稽山之東北麓
觀嶺在會稽山因告成觀名
駐日嶺在府城西南八十里刻石山南諸暨縣界
王顧嶺在府城東南六十里相傳宋高宗避金時過
此見山水之佳既去猶回顧故云王顧
陶晏嶺在府城東南四十四里王顧嶺北舊經陶弘

景隱居於此

日鑄嶺在府城東南五十五里產茶最佳歐陽脩歸田錄草茶盛於兩浙日注第一黄氏青箱記日鑄茶江南第一華初平云日鑄山巖天真清冽有類龍焙昔歐冶子鑄五劒采金銅之精於山下時溪涸而無雲千載之遠佳氣不泄蒸於草芽發爲英榮淳味幽香爲人資養也日鑄他書及土人皆作鑄字惟歐陽公歸田錄作日注疑公自有所據其後亦有書作注者蓋自歐陽公始也唐獨孤及詩冶工鑄劒今已遠此地空餘日鑄山弔古尚傳三竈在清遊曾有幾人閑天廻鳥道蟠窮壁地接銀河帶淺灣夜夜禪床瞻斗氣五精何日更飛還明蕭昱詩旭日高晴散紫煙嶙峋長劍勢參天晴光露氣如秋水何似當年出匣看

駐蹕嶺在府城東南八十里日鑄嶺南鸕鷀峯下宋高宗避金幸台溫回時駐蹕於此上有天華菴頗深雅

干山嶺在府城東南四十里靜林山唐方干隱於此

五峯嶺在日鑄嶺東北五峯如蓮花

龍池嶺在府城東南八十五里東小江之右有龍池龍王廟

蕭山黨旗嶺在縣南六十里昔有鄉兵結黨樹旗以拒寇云

壕嶺在縣南六十五里諸暨縣界

諸暨白水嶺在縣東南八十里東陽縣界

善坑嶺在縣西南六十里義烏縣界

皁莢嶺在縣東七十里嵊縣界

陽塘嶺在縣西五十里浦江縣界

餘姚鴈嶺在江之南五里許小黃山邉以漢虞國致雙鴈而名縣東小黃山亦名鴈嶺蓋以二黃山名相同而訛云

姥嶺在縣東北十五里東入燭溪湖由此

梅嶺在姥嶺東五里許燭溪西湖南岸由此入梅溪

大古嶺小古嶺在縣東北四十里邵嶴北西走銀塘

東入上林

桃花嶺在縣南二十里有古桃樹大可數圍

茭湖嶺在縣南五十里山徑特峻語曰事可省莫上

茭湖嶺

九曲嶺分水嶺俱在縣南八十里大蘭山東

清賢嶺在縣西南三十里鴨山南晉謝安支遁許詢

數往來焉

墖子嶺在縣西北三里即勝歸山西南隴

上虞孝聞嶺在縣北十里東漢包全居之其女以孝

聞

姥婆嶺二一在縣北七里五桂山西姥婆墓在焉一在縣西南十里坤山西南

筆竹嶺在縣東二十里接餘姚境

白道猷嶺在縣南五十里晉天竺僧白道猷卓菴於此

嵊東林嶺在縣東七十里壁立高數百丈登前則衝膝難於舉足下則股栗不能留步山頂或戲擲瓦礫必及趾方定無中止者

陳公嶺在縣東七十里舊名城固嶺宋知縣明州陳著有惠政及代去民攀輿泣留祖帳夾道送之嶺上

因易今名嶺陡難行宣德初邑人王斯浩捐貲修砌凡二十餘里又剏菴嶺下以棲行旅捨田供茗漿焉

白楓嶺在縣西九十里東陽縣界

大昆山嶺在縣西八十里高數百丈山峽峻逼下臨深坑路窄處不容足斫木爲棧無異蜀道

重疊嶺在縣西五十里明張爚詩松間疊石步高低啼鳥幽林聽隔溪七尺枯笻可扶老青鞋香汚落花泥

穀來嶺在縣西北七十里十道志舜耕於此天降嘉穀蓋亦傅會

清風嶺在縣北四十里舊多楓木名青楓嶺巖石甚

峻嶮下瞰深淵波溜迅急宋臨海王烈婦死節於此因易今名

新昌白步街嶺在縣南三里凡游石城寺者多由此

朱母嶺在縣東六十里洪武中知縣賈驥過嶺腹甚餒出所懷乾餅啖之有父老自山谷中持蜜湯以獻不受民乃歌曰清泉不與盜泉同何事賢侯忍腹空從此區區朱母嶺行人今古挹清風

韓妃嶺在縣南五十里有韓妃墓

銀硃嶺在縣東三十里土紅可作硃

黄罕嶺在縣北五十里唐咸通中觀察使王式敗裘甫處

蘇木嶺一名松木嶺在縣東北九十里五季時劉萬户董彦光破馮輔卿於此

喬木嶺在縣南二十里石笋卓立名曰天燭

峯

會稽石傘峯是會稽山之别峯下有范蠡養魚池唐齊抗於峯下置書堂後爲精廬唐顧況石傘峯銘亭亭石傘有物有名如蓋若傾如如芝之一莖石傘山東山銜日宫石傘山西山銜月宫南巒北阜首出屹雄元和初楊於陵與其屬來遊賦詩刻石今不存宋元厚之詩奇峯如傘見遥青玉笥山頭地有靈三逕荒涼丞相隱一篇清絶放夫銘

義峯在縣東六十里稷山之東南峯頂有黑白二龍池土人建祠焉祈雨輒應其上時有龍見峯下有石

名鳳凰窠

上虞楊梅峯在縣西南五十里小江上日鑄嶺東林壑茂密上多楊梅元隱者王癸築友樵齋賦續騷焉

玉屏峯在縣東二十里自餘姚烏膽山來狀如列屏

大寒峯小寒峯在縣北三十里大峯峩峩卓立前淼五湖萬頃沉碧北臨海驚潮突來峩湧雷迅吞之毛骨竦然小峯相連在西北形稍僂然俯

嵊九州峯在縣西八十里絕頂可盡八縣境

新昌蓮花峯在縣東四十五里天姥之西群峯攢簇如蓮花高二十五百丈周三十里

嶢坑峯在縣東八十里崔嵬峻峭高千丈周十里
菩提峯在縣東八十里與天台山接上有石似佛
尖山陰梅里尖在府城西南十八里以梅福里得名
東有梅仙塢多桃李梨梅來禽自塢度一小嶺有異
境煙水直至郡城與卧龍相直
餘姚孫家尖在縣東北十五里南趾臨燭溪西湖最
高而尖秀
白石尖在縣東北四十里游源山南群山中
新昌黄栢尖在縣東一百里高二千五百丈廣八十
里登之可見東海亦名望海岡

第一尖在縣東一百里

崢　山陰越王崢在府城西南一百二十里越王句踐棲兵於此又名棲山上有走馬岡伏兵路洗馬池支更樓故址明王文轅詩每恨高崢未易梯數峯長與白雲齊青浮秦望千尋上影落湘湖萬頃西絶險始知天去遠臥崖頻見鳥飛低十年一踏煙霞頂雨後寧辭沒脛泥

皁　嵊趙公皁在縣北二十里晉永嘉二年石勒亂太常伶人趙姓者與其徒二十餘人避地於此

巖　山陰秋巖在越王山宋葛慶隆藏修之所後卒因葬焉有洞曰仙人洞

會稽郎官巖在火微山宋楊圮詩碧玉莫遮千嶂石黃金難買一溪雲歌鍾沸地

徒誇盛爭似
松風竟夕聞

諸暨斗子巖在縣南四十里形如斗高出群峯危峻不可上無草木多蜜

餘姚寒草巖在白水山

東巖在汝仇湖邊是東山之支隴

上虞蝘蜓巖在縣南五十里覆卮山右積石玲瓏狀如蝘蜓長百餘丈南即嵊縣界

嵊蒼巖在縣西南二十五里是爲石山嵊人用石多取於此周童二姓以爲業歲久巖遂成洞洞中積水成池南出半里許爲石獅巖踞於溪滸頭尾四足皆

具天成非椎鑿也又西北一石獅抱毬回顧有情勢如牝牡下有蒼崖草堂傳爲俞母石氏課子昂讀書處

聖巖在縣北七十里高百丈長一里上有行路下可避風雨

新昌掛榜巖在縣學右南明山支隴也蒼翠壁立數十丈下臨碧澗形如張榜其上爲駝峯有巨松一株遠望若蓋巖側有普陀別境

穿巖在縣西五十里其峯十有九曰鸑鼻曰纜舡曰獅子曰暘出岫曰泗州曰文殊曰普賢曰幞頭曰蒸

餅曰香鑪曰筆架曰望海曰覆鍾曰卓劍曰棋盤曰新婦曰攏旗曰磬曰馬鞍有石室廣二十餘丈高掛石壁間中有圓竅東西通隔岸視之如圭竇然故曰穿巖諸峯羅列其上如畫稍寬平處有泉有田獅子峯在田中開口如獅舊有穿巖菴已廢今洞左有伴雲菴也

白傳巖在縣西北五里四面皆蒼赭色中白色一帶如傅粉舊有北鎮廟今移入城内

蝙蝠巖在縣西南十里許巖内有洞其深委迤不可測好事者持燈而入多白蝙蝠

掛鐘巖在縣西南十五里俗傳巖下舊有鐘後飛去跡存

百丈巖在縣西二十里兩山壁立上合下開中露天光一線有玉華峯瀑布泉蓋奇景也

鷄巖在縣東八十里巖壁高百丈中有洞百尺許

熊口巖在縣東七十里山頂有石如獸直立張口

響鼓巖在縣東七十里平闊如鼓拍之有聲

嶠

上虞成功嶠在縣西南三十里浦陽湯浦之滙入始寧門也嶠屹立臨之世傳謝玄破符堅歸爲會稽内史縣人榮焉因共表其里門蓋磨平石巖大書深

刻其上云水經注浦陽江東北逕始寧縣嶀山之成功嶠嶠壁立臨江欹路峻狹不得併行行者牽木稍進不敢俯視

嶼　山陰姚嶼在府城南十五里與徐山相近是一小山舊在鑑湖中故名嶼

洞　山陰碧山僊洞在府城西北四十八里巖碧色洞口如井下視莫測北通巨海嘗有人持火深入聞櫓聲隱隱而鳴南有捍沙大王廟

會稽陽明洞在宛委山洞是一巨石中有罅長組龍瑞宮旁舊經道家之第十一洞天也一名極玄太元

之天龜山白玉上經會稽山周回三百五十里名陽明洞天皆仙聖天人都會之所則第十一洞天蓋會稽諸山之總名不獨此石鑄也石名飛來石上有唐宋名賢題名洞或稱禹穴唐觀察使元稹以春分日投金簡於此有詩白居易和焉明王新建守仁以刑部王事告歸時結廬洞側因以爲號今故址猶在其謫龍塲也名其東洞曰小陽明洞天以寄思云

唐元稹春日投簡陽明洞天五十韻全詩闕止録四句

偶因投秘簡聊得泛平湖穴爲探符坼潭因失箭刳嘉泰志云有刻石在龍瑞宮今不存

白居易和投簡五十韻

青陽行已半白日坐將徂越國強仍大稽城高且孤利饒鹽煮海名勝水澄湖牛斗天垂象台明地展圖瓌奇塡市井佳麗溢闉闍勾踐遺風霸西施舊俗姝

舡頭龍天竒橋脚獸雕肝鄉味珎螃蚏時鮮貴鷓鴣
語言諸夏異衣服一方殊㩗練蛾眉妍鳴根娃角奴
江清敵伊洛山翠勝荆巫華表雙棲鶴聮墻幾䵢烏
煙霞分渡口雲樹接城闉澗遠松如畫洲平水似鋪
綠科秧早稻紫笋折新蘆暖踏泥中藕香尋石上蒲
雨來萌盡達雷後蟄全蘇柳眼黄絲纇花房絳蠟珠
林風新竹折野燒老桑枯帶𢌿長枝蕙錢穿短貫榆
暄和生野菜甲濕長街蕪女浣紗相伴兒烹鯉一呼
山魈啼稚子林狖掛山都産業論蠶蟻孳生計鴨鶵
泉岩雪飄灑苔壁錦漫糊堰限舟航路堤通車馬途
耶溪岸回合禹廟徑盤紆洞穴何因鑿星槎誰與刳
石凹仙藥臼峯峭佛香爐去為投金簡來因挈玉壺
貴仍招客宿健未要人扶問望賢丞相儀形美丈夫
前駈駈旌旆偏坐列笙竽刺史旟韉隼尚書履曳鳧
學禪超後有觀妙造虚無髻裹傳僧寶環中得道樞
登樓詩八詠置硯賦三都捧擁羅將綺趨蹌紫與朱
廟謀藏稷卨兵畧貯孫吳令下三軍整風高四海趍
千家得慈母六郡事嚴姑重士過三哺輕財抵一銖
送觥歌宛轉嘲妓笑盧胡佐飲時炮鱉蠲酲數鱠鱸
醉鄉雖咫尺樂事亦須臾若不中賢聖何由外智愚

伊予一生志我爾百年軀江上三千里城中十二衢
出多無伴侶歸只是妻孥白首青山約抽身去得無
宋徐天祐詩何年靈石措夸娥洞穴雲深鎖碧蘿巨
木千章陰翳日陽明時少晦時多施釣詩誰扁陽明
日洞天瓊樓朱戶萬松寒前山倩鶴收仙籙古穴藏
龍護法壇欲對杳爐介坐石就開玉笥借書看葛洪
知我非凡子來饋靈巖換骨丹元楊仲弘詩憶昔神
禹奠九州茲山會計功始休諸侯玉帛湫何許但見
萬水從東流衣冠永閟陽明洞夜聞鬼哭巖之幽珠
宮貝闕號龍瑞天造地設非人謀槎牙怪樹凍不死
化作千丈蒼龍虬舟洞呀然仙掌裂翠峯巧矣娥眉
修梅梁飛去鐵鎖斷往往雷雨生靈湫軒轅緱神極
秘怪海上笙鶴時相校平生閑門讀史記子乃探穴
先吾遊明當裌子騎汗漫題詩更在最上頭不妨山
水樂吾樂豈有饑溺憂民憂故家喬木尚可求有子
有孫百世留卧橫玉簫泛歸舟吹散江南萬斛愁韓
性詩洞天深窅行客疑飆輪碧簡誰能稽倚松長嘯
巖壑動放懷未必今人非石氣盤空散成霧檜子無
風落青雨草間欲問苗龍壇薜荔鱗鱗絡銅虎又詩
蕙草雪消蜂蝶疑遊子挈榼來何稽少待山桃綴紅

椮回首巳憐春事非青風成雲濕成霧洞天深沉栢花雨山深玉殿鎖碧苔天上通明羅九虎□日日携壺坐釣磯眼看門外軟紅飛巳無遊騎尋芳事却訪幽人入翠微石磴欲青春雨足酒爐初冷絮花稀悠然自解登臨意十里香風一棹歸

禹穴之稱蓋自司馬子長始史記太史公自敘上會稽探禹穴漢書司馬遷傳注張晏曰禹至會稽因塟焉上有孔穴民間云禹入此穴水經注會稽山東有硎去禹廟七里深不見底謂之禹井云東遊者多探其穴然自舊經諸書皆以禹穴繫之會稽宛委山今里人蓋即以陽明洞爲禹穴云唐宋之間有遊禹穴回出若耶詩亦不著其處寶曆中鄭魴於宛委山書

禹穴二大字元稹銘而魴序之刻石存焉若據張說似謂穴即禹陵據酈說又似指禹井惟舊經稱飛來石下爲禹穴傳云禹藏書處則指陽明洞然韓昌黎送惠師詩云常聞禹穴奇東去窮甌閩越俗不好古流傳失其真則禹穴不可定名久矣宋陳鵠耆舊續聞稱問之洪景盧言禹穴當以陽明洞爲是正德中閩鄭郎中善夫著禹穴記謂得之菲井之上南知府大吉因刻大禹陵碑石則又謂陵爲穴而近日成都楊修撰慎論禹穴又云在巴蜀汶南陳僉憲燿文復駁正之今並錄焉唐宋之問遊禹穴詩禹穴今朝到耶溪此路通著書聞太史煉藥有

仙翁鶴往籠猶掛龍飛劍已空石帆掁海上天鏡落湖中水底零露白山邊墜葉紅歸舟何處晚日暮使樵風

鄭魴禹穴碑銘

惟帝聖世時必有符命在昔黄帝始受河圖而定王籙宓羲得神著而垂皇策堯配璇璣玉衡以齊七政舜繼成六德文王獲赤雀丹書而演道定謨予亦以謂禹探其穴得開世之符而成乎水功夫神人合謀而行變化天地定位陰陽潛交五行迭王斗建司節嶽尊山而瀆長川乃至日星雷風禎祥秘奥三綱五紀萬樂百禮人人物物各由身生無非玄功冥持至數胎合以及之者王者奉天而行故聖神焉帝皇焉彼聖如仲尼有德而無應故位止於旅人福弗及生靈乃歎曰鳳鳥不至河不出圖吾已矣夫然後知元命者軒后命者義受命者曰唐與虞成命者禹備命者文仲尼不受命乃假人事而言故有宗予之説後代無作焉立言者一仁義以束世教瞽聵蚩蚩使絶其非望使業之外存而不論予讀夏書無是説司馬子長自叙始云登會稽探禹穴不然萬禩何傳焉惑矣蒼山之渚呀如淵如陵徙谷遷此中不騫雨洗煙空敞然莫窮噫寔禹迹之所始終唐興二百八祀寶曆庚午秋九月予從事于是邦

感上聖遺軌而學者無述作禹穴碑廉察使舊相河南公見而銘之曰禹穴宜載夏與秦胡爲而不載古而不載遷與鄭胡爲而載予以謂天德統萬止言其蓋地德統萬止言其載堯德統萬止言其大千川萬山皆禹之會一符一穴不足爲最故夏與秦俱不之載而人以之昧雖山之堅雖洞之藏有時而堙有時而兑歲其萬千風雨濤汰亡其嵌岈叢是翳薈鄭與遷斯碑斯載斯時之賴〔宋陳鵠耆舊續聞〕內翰洪公帥會稽日余嘗乘間問曰禹穴有二處其在禹廟告成觀穴上有窆石是也其一去禹廟十餘里名曰陽明洞天即稽山之麓有石徑丈餘中裂爲一罅闊不盈尺相傳指此爲禹穴圖經云禹治水投玉簡於此穴中未知孰是公云禹穴二字出司馬遷書雖其事不經必是秦漢以來相傳如此張晏注漢書云禹廵狩至會稽而崩因葬焉上有孔穴民間云禹入此穴又不經之尤者要之子長謂上會稽探穴言極其高深也探者取極深之義今陽明穴中投物於中不知其底止當以此爲禹穴可也非謂禹葬之地〔魏了翁詩〕禹穴無從一罅通禹陵元在亂山中飲泉窆石皆如舊誤却東遊太史公〔王十朋詩〕好古貪奇司馬遷

胥中史記越山川如今禹穴無尋處洞鎮陽明石一拳

［明］鄭善夫禹穴記 禹穴在會稽山陰昔黃帝藏書處也禹治水至稽山得黃帝水經於穴中披而行之而後水土平故曰禹穴世莫詳其處或曰即今陽明洞是也又云禹既平水土會諸侯稽功于塗山尋崩遂葬於會稽之陰故山曰會稽穴曰禹穴至今窆石尚存或然也後二千餘年而司馬遷氏來探書禹穴歸而作史記文章煥然爲百代冠說者謂是山川之助也又後千餘年而晉安鄭善夫氏及山陰朱君節王君琥氏來復探禹穴尋黃帝藏書處乃毗梅梁摩挲窆石觀先聖王遺像得禹穴於非井之上徘徊瞻眺想其卑宫而菲食爲之喟然興懷又想其執中用智與皋夔稷禼之爲臣又爲之憮然自失也夫自禹稷以後三千年間遊者不知其幾而惟司馬氏顯此山川之能發爲文章亦惟司馬氏夫三千年而僅得一人於山川顧止以文章顯何哉豈山川之能僅足以煥人文章邪世有不爲文章者於山川何取也自昔至人見轉蓬而造車觀遊魚而造舟得河圖而成卦因洛書而作範咸取諸物也子在川上曰逝者如斯夫不舍晝夜余乃今知所取於山川矣禮登高而

賦余未能賦姑記余言如此云高廩詩古稱宛委穴郎是陽明府靈氣朝霞舒神光夜蟾吐中有玉字書襲以金龍徂藏之自軒轅發之從夏禹流傳後世人指說無定所吁嗟昌黎公譏俗不好古楊慎丹鉛錄司馬子長自敘上會稽探禹穴此子長自言徧遊萬里之目上會稽總吳越也探禹穴言巴蜀也後人不知其解遂以爲禹穴在會稽而作地志者以禹廟旁小坎如舂臼者當之噫是有何奇而辱子長之筆耶按蜀之石泉禹生之地謂之禹穴其石杳深人迹不到頃廵撫儀封劉遠夫修蜀志搜訪古碑刻有禹穴二字乃李白所書始知會稽禹穴之誤大抵古人作文言簡而括若禹穴在會稽而上云上會稽下又云探禹穴不勝其複矣禹貢曰雲土夢作乂雲在江南夢在江北互言而括千餘里又曰蔡蒙旅平蔡山在雅州蒙山在雲南今名蒙樂山上有碑具列其事亦四字而括千餘里鄭玄孔穎達蔡沈夏僎皆所未至而謬云蒙山亦在雅州如此則禹貢所紀山川無乃俗所謂關門閉戶掩柴扉乎陳耀文正楊史自敘云遷生龍門耕牧河山之陽年十歲則誦古文二十而南遊江淮上會稽探禹穴窺九嶷浮於沅湘北涉汶

泗講業齊魯之都觀孔子之遺風鄉射鄒嶧戹困鄱薛彭城過梁楚以歸於是遷仕爲郎中奉使西征巴蜀以南南畧卬笮昆明還報命本傳固自明白未浮沅湘輒探蜀穴太史公無乃太闊步乎末又有巴蜀之言更爲何地乎異哉晉書載記云符堅欲伐晉謂釋道安曰朕將與公謁虞陵於虞嶺瞻禹穴於會稽泛長江臨蒼海不亦樂乎安曰東南區區地下氣厲虞舜遊而不返大禹適而弗歸何足以上勞神駕下困蒼生今云李白所書豈太白在晉漢前耶

風洞在刻石山遇陰雨聞鼓樂聲

玉洞在剡滽山宋齊唐詩白石洞間路吾家在其中琴窻與書閣一半是雲封

諸暨王京洞在洞巖山今人但謂之洞巖其洞十數重深數十里必秉火以入入必以物記其處洞門相似者多不則迷出路矣宋刁約吳處厚遊焉有詩傳

於世嘗有往遊者向余道云洞口有石人二蓋因巖石刻成者將入時見居民大呼來云宜帶席或乾草初不解其意時亦無從得席止携草數擔比入其中洞門乃有甲狹處須傴僂匍匐以行下甚濕必藉以席或草乃可洞中寬廠崎嶇不一火光燭之巖石甚奇峭光潔如洗流水濺濺或滙爲池亦瀉爲溪中一處上乃有竅仰視如巨星屏火視之光射下徵辨色石狀在焉又入則蝙蝠羣來觸撞人面不可前遊者多自此返未有窮其所止者或云深處須行二三日可抵錢塘江蓋亦臆說耳［宋］刁約詩千巖萬壑幾重重勢勝回環聳翠峯風靜

殿堂無燕雀雲間洞穴有虬龍前山樵爇曉聲喧斧別寺齋初響答鍾幸有林間三二友藍輿追賞共從容

【吴處厚詩】洞穴嵌空五六重旁邊突起一孤峯平冉花竹常啼鳥早歲風雷或起龍流水聲中僧洗鉢亂雲堆裏客聞鍾莫爲林下歸休計朝德身推許孟容

【又】秉燭携筇步步前玉京迢遞訪神仙四時自有壺中景一罅都迷物外天

【明鄭天鵬詩】我會踏破天下三十六洞白雲缺何如此洞真奇絶一級一級探之窈莫窮幽深奇怪陟降百千折外有片片如剪赤霞封中涵老子所秘丹符訣坐忘四子怪石巖回首塵凡俄隔越乳窟津津飲玉泉飛霞仙鼠白如雪頓覺羽化而登仙少室禹穴那能埒我吹洞庭紫鐵簫鳳吟龍嘯聲清烈聲清烈一聲吹破巖頭雲二聲吹破天邊月三聲四聲兮千巖萬壑金石俱嘶裂忽聞雲中仙樂韶護相和鳴疑近瀛洲閬苑蓬萊闕醉以麻姑酒援筆如揮帚湔磨石骨十丈餘寫我胸藏山水詩千首識吾今日共尋幽敢謂神鬼驚兮蛟龍走山靈笑我李賀狂五色心肝疑盡嘔書罷椽筆擲下地希夷偓佺忽相遇授以工金八石丹脱屣牽裳留我住住却三日始歸來歸來世上桃花結實已千歲【劉

昺詩紫壑丹符秘青春玉騎來捫蘿緣熟徑掃石落荒苔入海三山近通天一竅開卽令懸弱水直欲訪蓬萊

仙巖洞在五泄山宋縣令劉述嘗禱雨有應宋宋禧詩翠巖仙洞白雲深躡石捫蘿一訪尋劉述詩英英洞口雲觸石纔一縷須臾徧空山霈然作霖雨

餘姚潺湲洞在四明山

石人洞在縣東北石人山洞北向高廣各丈六尺許常若埽溉其石壁如粉昔有浮屠裹糧持炬而入洞中邃杳不可窮越信宿聞艣聲乃還

吳山洞在縣東北吳山洞面滄海巨浪激撞巖石嵌空旁產牡蠣

上虞薔薇洞在東山是謝太傅遺跡

仙姑洞在縣東南二十五里雙崖峭立高十餘丈中懸石如墜磬下爲洞闊丈餘飛瀑濺沫常若風雨相傳昔有仙女乘鸞來土人因立祠祀之號鳳鳴洞主是洞亦名鳳鳴洞今歲旱禱焉宋史唐卿詩何年雷斧鑿山裂六月蒼崖瀉飛雪孤鳳一聲去不聞海水桑田幾興滅我知仙去仙尚存時見真形坐巖穴青天半夜玉簫寒喚醒幽人舞明月

嵊白雲洞在縣東七十里與金庭山相近風月之夕山中有聞吹笙者相傳王子晉僊去後主治天台華頂號白雲先生往來金庭之間大率恠誕今山下建

白雲祠肖立白雲遺像天亢暘輒往禱洞口雲横雨即霖霈

毛竹洞即金庭洞洞口有竹生毛

趙廣信洞在太白山石沓起如屋可容數人

新昌眞溪洞在縣東四十里洞高四尺闊三尺在山之半壁深不知其底有持炬入者僅數十步風自洞出疾甚炬滅竟不得入匝洞舊植碧桃花時可愛亦名碧桃洞自宋時堯蹊已寢廢今則更蕪棘矣或云曾有入者見天梯石棋枰坐具

隱嶽洞在石城山

水濂洞在縣東四十里大坑之中高十丈廣三丈餘洞口有飛瀑一派從高噴薄而下若垂簾然隨風東西光煇奪目洞中懸石如猪肝紫色水滴下微紅下有石盆盛之前有石方丈許面有跡若馬蹄名馬蹄巖旁多禹餘糧石其形如拳碎之内有屑如餡或類麻或類豆隨人所欲而應俗傳蓋禹所棄餘糧今化爲石云濂亦作簾宋朱文公熹題任氏壁舟兮子猷剡溪也屐兮謝安東山也不舟不屐其水濂乎水濂其人乎人其水濂乎任公成道遊於斯詠於斯朝而往暮而歸其樂豈有涯哉又詩水濂幽谷我來遊拂面飛泉最醒眸一片水簾遮洞口何人捲得上簾鈎明知府沈啓記新昌之東南萬山嵯峨去縣治四十里有泉出自山巔名曰水濂談越之勝者歸焉嘉靖己酉從監司觀風至天姥而還倚南明之絕

壁潄沃洲之清漪迴隨蹊剪棘百折遡迴抵昌法寺寺之南北爲水濂洞自洞之外觀之環山擁翠谿崖如龕龕之上石壁峭立三十丈許壁頂有泉深含廣蓄泓出溢施噴吐成珠聯絡成組蕩漾成文懸浮洞口真若濂然即洞之下觀之掩映成幌凝止成鑑流布成澤濡沫成潤利亦溥矣又即洞之內觀之可竈可床一罅沁乳或謂下有異藏焉莫可的也惟濂之外繁花皎月隱約熹微遠隔凡界快然虛朗胡然乎寺廢路榛捐沒空谷嗚呼騏驥鹽車梗楠側室統綺裞褌珠玉褻器皆夫是也余不忍其蕪沒捐俸命道人舉其寺葺之繚其門垣峹其複蓋俾後之知勝賞者床於是竈於是汲清流以自飲於是採藥於是煑禹餘糧之石以爲石於是寧非此遭之偶爲之歷云時同遊無錫俞汝成憲覇州王慎徵遴皆余同官夙有山水之趣者

穴　蕭山許玄度隱穴　世說許玄度隱在永興南幽穴中每致四方諸侯之遺或謂許曰嘗聞箕山人似不

爾耳許曰筐篚苞苴故當輕於天下之寳耳

窠

會稽鳳皇窠在義峯下石有一圓竅深一尺廣四尺俗傳鳳毓二雛自此而翔傍有上鳳下鳳沉鳳等村

石

山陰磨鏡石在鏡湖邉任昉述異記世傳軒轅氏鑄鏡於此今石尚存石畔常潔不生蔓草

磨針石在法華山舊傳曇翼誦經山中久無所得乃下山逢老嫗磨鐵杵於石上云欲爲針遂感悟還入山修業

淬劍石在越王山

牛口石在寶林山西址石二片出土中如牛吻

笋石在塗山北石出水中如筍

會稽坐石在會稽山南輿地志方石數丈是始皇坐其兩邊方石八所丞相斯以下坐

飛來石在禹穴側世傳自安息飛來上有索痕三條唐宋名賢多題名其上

酒甕石在射的山足三石品峙其狀如甕舊經巨石三在鏡湖東時人謂之秦皇酒甕石按齊唐鑄浦録絶湖而濟巖壑相望雙石若瓻號秦皇酒甕華鎮考古集若耶溪傍雙石如甕而大世言始皇之所遺也

今甕石實有三與齊華二公所記不合以舊經爲正

胡孫石在射的山下臨樵風涇涇水漲石常不没里人以此候水

烏石在義峯之西石甚奇

研朱石在宛委山側華初平云葛稚川旣仙去遺朱研於玉笥山得丹砂之力歲久爾大今爲一巨峯又舊記有牛角石在玉笥山顛不知即此石否宋林景熙詩牛頭一星化爲石

葛仙翁釣石在若耶溪葛稚川嘗投竿坐憩於此謝康樂兄弟皆嘗遊每至輙酬唱忘歸宋華鎮詩聞說風流謝客兒鴒

原相應日忘歸僊翁遺跡雲深處攜手行吟送落暉又一在嵊星覺寺前絕奇恠上有釣竿痕甚分明

蝦蟆石在宛委山與龍瑞宮對昔宮廪失粟蹤跡莫知盜者有方士言盜者朝山之異物也羽流信之命工鑿損石口患遂息

金雞石在下竈之前其方數丈世傳有見金雞飛鳴石上石遂迸裂舊記會稽有裏金雞外金雞唐羅隱詩金雞不向五更啼

落星石在曹娥江中高丈餘寰宇記江潮浩漫石亦不沒舊傳云星隕而化石也宋歐陽修嘗得吳越國

封落星石爲寶石山制其制稱寶正六年知其嘗改元然落星石吴越間多有其所封者未知孰是餘姚江中亦有落星石舊志亦謂吴越時封焉數破舟邑人莫若禺椎去之

蕭山望夫石在鳳凰山石崖間上紅下緑陰雨時望之宛然一婦人也相傳是里婦其夫溺於海登山佇立以望久之遂化爲石舊郡國志消山下有夫人祠山北湖陰又有消御史廟孤石聳出似婦人艷粧而坐

諸暨新婦石在紫薇山神仙洞傍明楊維禎石婦操峩峩孤竹岡上有

石魯魯山夫折山華歲歲山頭歌石婦行人幾時歸東海山頭有時聚行人歸啼石枉石婦岑岑化黃土

又詩 亭亭獨立傍溪濱四傍無人水作隣苔髮不梳千古髻翠眉空鎖萬年春霜爲韶粉憑風傅霞作臙脂仗日匀莫道巖前無寶鏡一輪明月色常新

又會稽山巔亦有新婦石

西施浣沙石在浣江中

唐李白送祝八之江東賦得浣沙石 西施越溪女明豔光雲海未入吳王宮殿時浣沙古石今猶在桃李新開映古查菖蒲猶短出平沙昔時紅粉照流水今日青苔覆落花君去西秦適東越碧山青江幾超忽若到天涯思故人浣沙石上窺明月

樓頴詩 西施昔日浣沙津石上青苔思殺人一去姑蘇不復返溪邊桃李爲誰春

一在會稽若耶溪旁

唐宋之間 浣沙篇贈陸上人 越女顏如花越王聞浣沙國微不自寵獻作吳王娃女藪半潛匿苧羅更蒙遮一行覇勾踐再顧傾夫差艷色奪常人敎顰亦相誇一朝還舊都靚糚尋若耶鳥驚入松網魚畏沉荷花始覺冶容妄方悟羣心邪欽子秉幽意世人共稱嗟願言托君懷倘類蓬生麻家住雷門曲高閣凌飛

霞淋漓翠羽帳旖旎采雲車春風艷楚舞秋月綿胡笳自昔專嬌愛襲玩惟矜奢達本知空寂棄彼猶泥沙永劉偏執性自長薰修牙携妾不障道来上妾西家是詠若耶溪者也在蕭山者名紅粉石不云浣沙

石鼓在五泄山巔狀如鼓擊之有聲又三二在嵊一在新昌

石門在縣西宋僧咸潤詩雙峯起雲際彷彿五侯門

雞籠石在草湖港中狀如雞籠

兎頭石在大江側蕭山縣界

餘姚盤薤石鬪紫石筊笠石俱在縣東北仙居山

牛眠石在縣西南三十里狀如牛卧田中相傳稻熟時曾出食稻今爲人椎損云

石鼈在鳳亭鄉其地多生古苔梅

上虞雙筍石在釣臺山通澤廟前高百餘丈若人晃而立者對峙溪上其巔有異花每杜鵑啼時開若霞錦宋神宗崩三年不榮高宗崩花忽變白孝宗崩三年若枯旣而復茂正統中郭南作縣志云花已無宋華

鎮詩千尺相高卓犖瑕雨餘雲外露嶙峋鬥湖龍去蒼髯斷三載叢花不記春

聚星石在資聖寺右方廣約五丈高七八尺

葛稚川煉丹石在太平山

藥臼石銚架石馬蹄石俱在西莊山馬蹄石是石上有馬蹄跡一蹄有泉脉不竭又一在嵊縣東北三十里相傳是秦始皇東巡馬蹄所踐跡

嵊禮拜石在縣西六十里真如寺山腰石上两穴如膝跡相傳白道猷禮拜跡也

安禪石在縣北三十里天竺寺前又有破石平破爲兩片

石欄干在縣西南四十五里與嶀浦相連是溪山奇絶之地宋紹興中有方士李季憩道傍遇異人自石欄下揖季曰君來何爲季曰秦太師遣往桐楯設醮請福其人太息曰秦今死矣張浚劉錡皆當起爲將相秦豈得存耶季大駭亟去比至天台則秦凶問至矣

石筍在西白山長五六丈對立如闕亦奇觀也

石鼓在縣西二十里悟空寺側石形如鼓履之亦響

所謂西鄉石鼓非靈鷲山石鼓也

新昌疊石在縣東七十里三石疊起側臨清澗下有石盤承之並天成非人力也其地名疊石村

松化石在縣南三十里長潭王氏園中形如松高四五丈亭亭可玩枝節膚理畢具獨無葉耳

石牛在縣西一里官明邉

石龜三一在縣東八十里南洲村一在疊石村一在長潭村

石筆在南洲石龜傍尖秀如筆

塢

山陰防塢越絕書越所以遏吳軍也

會稽尚書塢在府城東南三十里齊孔稚圭山園也

澹竹塢在諸暨山左山圍折如城隅嘗產瑞竹巔峯拔起數百丈其尖如斛名石斛尖

蕭山朱室塢水經注勾踐百里之封西至朱室謂此然又以爲在浙江西岸今縣新志有朱家塢在洛思山麓云漢朱儁之後俱葬於此

餘姚嚴陵塢在客星山下十道志嚴子陵避光武聘居此

新昌桃花塢在縣南八里明王洪詩石溪溪上媚春光萬樹夭花絳雪香不似天台流水處胡麻仙飯引劉郎

島 會稽方干島在會稽山東北麓俗呼寒山唐方干
别墅也舊在鑑湖中故曰島一名笋莊干自爲詩寒山壓鏡心此
處是家林梁燕窺春醉巖猿學夜吟雲連平地起月
向白波沉猶自聞鍾角棲身可在深 又 世人如不容
吾自縱天慵落葉憑風掃香秔倩水春花朝連郭霧
雪夜隔湖鍾身外能無事頭宜白此峯 又 前山含遠
翠羅列在窗中盡日人不到一樽誰與同家隨蓮葉
雨暑避柳條風豈分長岑寂明時有至公 又 散拙亦
自遂粗將猿鳥同飛泉高瀉月獨樹迥含風果落盤
盂上雲生篋笥中未甘明聖日終作釣魚翁 又 莫問
終休否林中事已成盤飡憐火種歲計付刀耕搆水
皆花氣聽松佔雨聲書空翹足臥避險側身行果傍
閑軒落蒲連濕岸生禪僧知見理妻子笑無名吏擬
教詩苦何曾待酒清石溪魚不大月樹鵲多驚砌下
通樵路窗間見縣城雲山任重疊難隔故交情 又 樵
獼兩三戸澗蹊是近隣風雷前鑿雨花木後巖春文
字不得力桑麻難救貧山禽欺稚子夜犬吠漁人未
必聖明代長將雲水親知音不延薦何路出泥塵 又

日與村家事漸同煑松啜茗學隣翁池塘月撼芙蕖浪窗戸涼生薜荔風書幌晝昏嵐氣裡巢枝夜折雪聲中山陰釣叟無知已窺鏡尋多鬓欲空【又】欹枕亦吟行亦醉卧吟行醉更何營貧來猶有故琴在老去不過新髮生山鳥踏枝紅果落家童引釣白魚驚潜夫自有孤雲侶何要王侯知姓名【又】汐邊貫客喧漁市島上潛夫醉笋莊【又西島言事】歲計有時添橡栗生涯一半在漁舟【齊已詩】賀監舊山川空來近百年聞君與琴鶴終日在漁舡島露深秋石湖澄半夜天雲門幾回去題徧好林泉【崔塗詩】把君詩一吟萬里見君心華髮新知少滄洲舊隱深潮衝虛閣上山入暮窗沉憶宿高齋夜庭枝識海禽【李山甫詩】咬咬嘎嘎水禽聲露洗松陰滿院清溪畔印沙多鶴跡檻前題竹有僧名問人遠岫千重意對客閑雲一片情早晚塵埃得休去且將書劍事先生【鄭谷詩】野岫分開徑漁家並掩扉【宋徐天祐詩】平生心事白鷗知一卷雲菴處士詩占得鏡中奇絶處秪緣身值廣明時

【丘】上虞姚丘在縣西四十里一名桃丘俗傳舜所生

處傍有虞濱嬀石風土記云舜生於姚丘嬀水之内楷石之東蓋後人傅會其說也

岸

上虞東西赤岸在縣西南四十五里舊志云舜生時垂虹所照下有虹様村有握登聖母祠

新昌藕岸在縣北二十里

竹岸在縣東三十里

林

山陰南林在府城南吳越春秋范蠡在越見處女出於南林越王聘之問以劒戟之術華鎭考古云處女善劒隱於南林句踐招訓戰士遇叟自稱袁公求較藝以策爲劒而試之技窮投策化爲白猿入林

會稽鳳林華鎮考古云在五雲門外世傳禹受圖籙是時鳳皇鳴飛依於林木今鳳林鄉取此

嵊袁稠家林〔唐李端寄稠詩〕花洞滿沉沉仙壇隔杳林漱泉春谷冷採藥夜窗深石上開仙酌松間對玉琴戴家溪北住雪後去相尋

〔野〕會稽樂野在府城東七里越絶書越王弋獵大野故謂樂野其山上石室勾踐所休謀也又名樂讀村

〔源〕嵊桃源在縣南三里舊經劉晨阮肇剡縣人入天台過仙此其居也〔宋林槩詩〕繡被歌殘人竟遠桃花源靜客忘歸

〔砦〕蕭山西陵砦皮光業譔錢武肅廟碑云漁浦龜石冀張下營蕭山西陵林次列砦

古地名　古冶在府城東南舊經引會稽志銅牛鐵冶越王鑄劍之所所以銅滓不生草木

東冶嚴助傳閩王舉兵於冶南注會稽山名也今名東冶

雙童吳越備史唐光啓二年錢王鏐以錢爽守雙童　唐宋之問詩溪邊逢五老橋下覓雙童　又李紳西陵詩未見雙童白鶴橋

秦稽古詩多用之蓋似謂秦望會稽云　宋顏延年和謝靈運還舊園詩跂予問衡嶠易月瞻秦稽　唐孟浩然久滯越中詩未能忘魏闕空此帶秦稽

越王都水經注湖中築塘直指南山北即大越之國秦改爲山陰縣會稽郡治也吳越春秋所謂越王都

坪中在諸暨北界山陰康樂里有地名邑中者是句踐所立宗廟在城東明里中

大吳王村小吳王村水經注并是闔閭夫差伐越所舍處也今悉民居然猶存故目又名吳王里

孟村在上虞始寧鄉以孟嘗所居得名今仍多孟姓者

强口剡録王謝諸人雪後泛舟至剡徘徊不能去取水飲之曰雖寒强飲一口今其地出布名强口布在縣北二十里

九里舊記後漢丘龍蓑隱居處也山多龍鬚竹徐伯

珍嘗移居之階戶木生連理石壁夜有赤光俄頃滅

淮陽里一名淮陽宮舊經引夏侯曾先地志越王之宮范蠡立於淮陽今會稽縣北三里甘滂巷是也越絕書離臺周五百六十步今淮陽里丘未詳

蜂扶里在漁浦湖傍傳是舜漁處村民繞湖亂居故名其地爲蜂扶里

粟里舊經舜供儲在此

弘訓里在嵊縣水經注吳黄門郎楊哀明居弘訓里

紹興府志卷之六